中国社会科学院创新工程学术出版资助项目

世界农业：
格局与趋势

杜志雄 等 著

World Agriculture:
Situations and Prospects

中国社会科学出版社

图书在版编目（CIP）数据

世界农业：格局与趋势/杜志雄等著.—北京：中国社会科学
出版社，2015.11
ISBN 978 – 7 – 5161 – 6984 – 1

Ⅰ.①世…　Ⅱ.①杜…　Ⅲ.①农业经济—经济发展—研究—
世界　Ⅳ.①F313

中国版本图书馆 CIP 数据核字（2015）第 251156 号

出 版 人	赵剑英	
责任编辑	喻　苗	
责任校对	王佳玉	
责任印制	王　超	

出　　版	中国社会科学出版社	
社　　址	北京鼓楼西大街甲 158 号	
邮　　编	100720	
网　　址	http://www.csspw.cn	
发 行 部	010 – 84083685	
门 市 部	010 – 84029450	
经　　销	新华书店及其他书店	

印刷装订	三河市君旺印务有限公司	
版　　次	2015 年 11 月第 1 版	
印　　次	2015 年 11 月第 1 次印刷	

开　　本	710×1000	1/16
印　　张	22.25	
插　　页	2	
字　　数	332 千字	
定　　价	79.00 元	

凡购买中国社会科学出版社图书，如有质量问题请与本社营销中心联系调换
电话：010 – 84083683

目　录

导论 ·· （1）

第一节　写作背景 ··· （1）

第二节　研究和写作思路 ··· （2）

第三节　写作过程 ··· （4）

第四节　主要内容 ··· （5）

第一章　世界农业资源、生产与市场 ···················· （10）

第一节　世界农业资源分布 ······································ （10）

第二节　世界农业生产发展概况 ································· （13）

第三节　世界农业区域发展特征 ································· （30）

第四节　世界农产品价格变化 ···································· （41）

第五节　本章小结 ··· （60）

第二章　世界农业技术进步 ································ （61）

第一节　世界农业技术变迁历程 ································· （61）

第二节　世界农业技术进步模式 ································· （66）

第三节　世界主要国家农业科技发展的重点领域 ·········· （70）

第四节　世界农业技术进步特点 ································· （72）

第五节　技术进步对世界农业发展的影响 ··················· （76）

第六节　世界农业生物技术问题 ································· （84）

第三章　世界农业贸易发展 ·················· (99)

　第一节　世界农业贸易体制 ·················· (99)

　第二节　世界农业贸易演变 ·················· (115)

　第三节　世界农产品贸易环境的新变化 ·················· (132)

第四章　世界农业政策:演变及其角色 ·················· (136)

　第一节　农业政策的类型、角色及其选择 ·················· (136)

　第二节　主要国家(地区)的农业政策演变 ·················· (143)

　第三节　各国农业支持政策和农产品贸易政策调整 ········· (158)

第五章　世界农产品的库存变化与中国因素 ·················· (172)

　第一节　引言 ·················· (172)

　第二节　全球农产品库存变化 ·················· (173)

　第三节　中国因素 ·················· (180)

　第四节　政策讨论与启示 ·················· (187)

　第五节　发展方向与策略选择 ·················· (190)

第六章　世界农业可持续发展问题 ·················· (194)

　第一节　农业可持续发展的产生背景 ·················· (194)

　第二节　农业可持续发展的现状 ·················· (199)

　第三节　典型国家农业可持续发展的政策与借鉴 ·················· (208)

　第四节　农业可持续发展的未来趋势 ·················· (219)

第七章　农业多功能性 ·················· (227)

　第一节　农业多功能性概念的源起、争议与进展 ········· (227)

　第二节　农业多功能性的主要内容 ·················· (238)

　第三节　农业多功能性对农业发展的影响 ·················· (253)

第八章　世界食品安全形势及其治理对策 ·················· (256)

　第一节　前言 ·················· (256)

第二节　世界食品安全问题的发展历程 ……………………（258）

第三节　食品安全的全球化治理 ……………………………（265）

第四节　世界食品安全面临的新挑战 ………………………（269）

第五节　世界食品安全的全球治理对策 ……………………（279）

第九章　全球粮食安全形势及其国际治理 ………………（286）

第一节　全球粮食安全问题的现状 …………………………（286）

第二节　目前国际粮食价格上涨的原因分析 ………………（290）

第三节　粮食安全的国际治理机制 …………………………（295）

第四节　全球粮食安全合作面临的挑战以及我国的

对策措施 …………………………………………（302）

第十章　后现代农业思潮与新型农业模式 ………………（306）

第一节　现代农业发展成就 …………………………………（306）

第二节　后现代农业思潮 ……………………………………（309）

第三节　新型农业模式发展状况 ……………………………（315）

第四节　新型农业模式与未来农业 …………………………（330）

参考文献 …………………………………………………（335）

导　论

第一节　写作背景

中国国外农业经济研究会是成立于改革开放初期，以介绍世界各国农业发展情况与经验、研究各国农业政策法律、开展国际农业学术交流合作为宗旨的国家一级学会。学会自成立以来，积极引导会员开展对世界农业发展特征和规律的研究和探索，产生了一大批有影响的成果。2012 年 8 月，中国国外农业经济研究会新一届理事会成立。一大批目前活跃在我国农业经济和农村发展学科研究和教学领域的中青年学者走上了学会领导岗位。新一届理事会积极探索在新形势下更好践行研究会宗旨、服务发展大局的新路径、新方法。

农业是个古老的产业，是人类赖以生存的基础。在漫长的几千年中，虽然灿烂的农耕文明主导着整个历史，但由于生产力水平低下，温饱问题仍一直困扰着人们。直到最近一百多年，随着科学技术的进步，世界农业才有了大的飞跃，出现了许多新发展、新变化。这种发展和变化，满足了人们对农产品不断增长的需求，支撑了世界经济和社会持续发展。世界各国的农业发展模式高度依赖自身的资源禀赋条件、市场环境和政策环境。但从长期看，农业在国民经济中的地位和发展模式既呈现某些具有规律性的一般特征，也具有阶段性特征。

众所周知，自 20 世纪 90 年代以来，世界农业发展具有几个引致发展变革的标志性事件：一是以 1994 年 WTO 成立以及 WTO 农业贸易协定通过为标志，农产品贸易首次被纳入国际贸易治理规则。农业全球化虽然不可能由一个行为主体对农业资源在国际间实现优化配置，但已使各个具体国家利用农业贸易自由化规则，合理配置本国农业资源，实现资源利用最优化成为现实；二是农业生物技术在这一时期的突飞猛进的发展。开始于20世纪30年代的农业基因工程、细胞工程、发酵工程、酶工程等到20世纪90年代末，研究规模不断扩大，新成果也不断涌现。特别是其中的原生质体培养、植物体细胞杂交、快繁和人工种子等技术突破使世界农业不再完全受制于传统的资源约束成为可能；三是以1992年里约热内卢世界环境发展大会为标志的世界对环境保护重视的可持续发展世界行动，以及此后不断深入的对气候变化对农业影响的研究、对农业生物多样性的保护和农业碳排放等的关注，使农业发展受到超越传统的环境硬约束。总体上看，WTO农业贸易协定对世界农业格局的影响是最根本的，它也是其他引致农业发展格局变迁的渠道和平台。

这三个标志性事件，正在重新型塑世界农业发展的格局。由此，人们自然会对下面的问题产生兴趣，即20世纪90年代以来世界农业究竟发生了怎样的变化以及这些变化背后有什么样的规律？尽管中国农业已经成为世界农业中不可或缺的组成部分，但中国农业又是怎样既对世界整体格局产生影响同时又受到世界农业发展格局影响的？

中国国外农业经济研究会认为，研究会有责任动员广大会员对上述问题做出回答。2013年年初，经杜志雄会长提议、会长办公会决定，于2013年下半年启动此项工作。

第二节　研究和写作思路

研究最近20多年世界农业发展格局的变化，需要有此前世界农业发展情况作参照。所幸的是，研究会早期骨干会员的相关著作①，特别是研究会常务副会长、中国社会科学院农村发展研究所研究员丁泽霁先生撰写的《世界农业：发展格局与趋势》正好可以发挥这样的作用。

丁先生出版于1991年的这部著作，讨论了世界农业演进的历史阶段、当代世界农业的总格局、农业现代化三个总体性问题以及农业技术、农业能源、高技术与农业三个专题性问题。该书最后展望了21世纪农业，提出发展中国家将实现农业现代化，发达国家的现代农业将朝向合理化方向发展。这些预见的趋势都已然成为现实（现实的发展又远远超出当初的估计）。

我们把这项研究和写作工作界定为对丁先生著作的延续。

以前述世界农业发展中的三个标志性事件为线索，客观地看，最近20年世界农业发生了一系列重大变革和变化。简要列举其中若干变化有：传统意义上的农业现代化技术的极致应用导致对土壤、水资源等的过度消耗以及对气候变化的担忧，进而引发低碳农业、有机农业、食品短链等替代性农业模式的发展；新技术应用对农业发展提出的挑战，如生物能源技术以及农业转基因技术引起的争议；农业多功能性议题的发酵及其对国际贸易体制的挑战；国际金融危机所引发的农产品价格危机及其对农业发展的影响；等等。

正是在上述背景下，研究会会长办公会经过慎重讨论决定，延续历史传统，在研究会内组织会员集体开展研究，梳理和分析过去20余年世界农业在多个领域发生的重要变化及其原因，以便于对当前错综复杂的世界农业形势有更加全面的理解。

基于上述研究和写作目的的考虑，我们达成一致的理解，各章内容应注意反映各个专题内的总体格局和变化主线，既要讲清楚世界农

---

① 例如，《改造传统农业的国际经验》（陈宗德、丁泽霁主编，中国人民大学出版社1992年版）、《各国农业概况》（第一卷至第三卷，主编分别是刘从梦和唐正，中国农业出版社1996—2000年版）、《非洲各国农业概况》（第一、二卷，陈宗德主编，中国财政经济出版社2000年版）。这些著作不仅在当时填补了学科空白，更证明本研究会有周期性地研究和反映世界农业发展重大变化的传统。

业的某个方面目前的情况，静态地反映到目前为止变化的结果或现状，更要动态地反映最近20余年这个方面变化的过程。我们看到，在过去的20余年里，世界农业发展总体上取得了巨大的进步。尤其是农业进入世界贸易协定体制，各国加强和改善了农业支持政策，跨国资本和高新技术在农业领域得到极大发展和应用。这些因素极大地促进了农业增长和农产品供应。但是进步不意味着完善或完美，世界农业在发展过程中不仅已有的问题仍然存在，又出现了很多新的问题，面临着更为深刻的可持续性发展危机。新老问题结合在一起，集中地体现为发展中国家追求农业现代化过程中面临的资源和环境不可持续性、多维度的全球不平衡、全球贸易体制变革迟缓、全球性农业危机、资本化和生物技术应用的冲击、全球性食品供应链或食品体系角度的不可持续性等问题。本书的重点在于阐述最近20余年，世界农业发展取得的进步以及与其相伴生的各类问题和危机，并反思未来农业发展需要改进的领域以及发展中国家农业现代化的方向。

第三节　写作过程

2013年3月，在决定此项写作任务之后，研究会秘书处随即成立了编写工作小组，草拟出总体提纲、章节设置以及各章节的内容要求和写作思路。该提纲在会长办公会范围内进行了讨论、修改。随后，研究会秘书处向会员发函，请大家自愿认领写作任务，得到了广大会员的积极响应。编写工作小组本着"最适合的人承担最适合的写作任务"的原则，综合考虑研究积累、对章节写作内容的理解、时间保障等因素，经过认真双向沟通，最终确认以11位会员为主承担写作任务，其中不乏农业经济领域的资深专家。在初稿的基础上，为加强各章之间协调性，对部分章节的内容进行了调整、合并，其作者也做了相应调整，最终各章作者如下。

导论：杜志雄

第一章：韩一军、姜楠

第二章：张莉侠

第三章：刘合光、韩一军、杨东群

第四章：杨东群、李丽原、韩一军

第五章：胡冰川

第六章：张宇、朱立志

第七章：何秀荣、楚嘉希

第八章：周永刚、黄圣男、王志刚

第九章：卢国学

第十章：檀学文

2013 年 5 月—7 月，各作者根据写作提纲和思路要求，提出本人承担章节的具体写作提纲和思路，随后与编写工作小组进行双向互动，修改或确认各自的写作提纲，避免发生思路背离的情况。

2013 年 8 月起，各作者相继进入各自的章节写作。在此过程中，编写工作小组也随时与各位作者保持沟通。从 2013 年 12 月起，各作者陆续完成并提交初稿。编写工作小组对初稿进行了初步的浏览，将一些明显的问题反馈给作者进行初步修改，包括数据问题、框架问题、内容缺失问题等。编写工作小组还根据写作提纲和各章节稿件具体内容对部分章节进行拆分和重组，以确保逻辑一致性。2014 年 6 月起，编写工作小组将经过初步修改的章节初稿，根据研究专长，在副会长范围内选择多位专家进行评审并提出修改意见。这些修改意见被反馈至各作者做进一步修改完善。在出版过程中，我们对各章节格式、体例进行了统一，只是保留了少量差异以尊重作者的写作习惯，同时也保留了各章节之间可能存在的不同学术观点。

第四节　主要内容

全书共由 11 部分组成。其中，第一部分是导论，介绍了本书的来龙去脉、主要内容，对未来农业发展进行了展望；除此之外的 10 个章节相当于 10 个专题。

第一章描述世界农业资源分布与生产格局演化，提供关于世界农业发展的基础性信息。这一章首先介绍世界农业资源分布，除农业土地资源外，还包括气候资源和水资源。接下来描述 20 世纪 90 年代以来世界农业生产发展情况：一方面是分种类的情况，包括谷物、棉花、油料、园艺产品、畜产品以及渔业产品；另一方面是分区域的情况，分别介绍了各大洲及其区域内主要国家的农业发展特征。随后本章还描述了世界农产品问题，对近年来世界农产品价格波动及其长期规律进行了分析。

第二章论述世界农业技术进步。这一章首先从与绿色革命进行比较的角度论述世界农业技术变迁历程，尤其是后绿色革命时期人们对新型农业技术进步的期待。接着将农业技术进步模式划分为三种类型，对美国、日本、荷兰等国家和地区的农业技术进步模式进行具体阐述，并介绍了日本、美国和欧盟三个国家和地区的农业科技发展重点领域。接下来，从新技术应用的三个方面归纳当前世界农业技术进步的特点以及未来的发展趋势，指出现代农业科学技术的日益交融成为未来农业科技发展的主流。关于技术进步对农业发展的影响，这一章分别从积极贡献和负面影响两个角度来论述，呼应了前文对技术变迁历程的划分。最后，专门论述了世界农业生物技术问题，不仅介绍了其快速发展的趋势和积极贡献，也讨论了各国政策以及对其潜在负面效应的反思。

第三章概括世界农业贸易发展情况。自 20 世纪 90 年代以来，世界贸易体制进步体现为两个方面，分别是农业进入 GATT 以及从 GATT 向 WTO 转变以及区域贸易安排（RTA）的产生。世界贸易体制演变以及各国农业政策变革也对各国农业结构、农产品贸易等产生了一定影响，该章对此进行了具体阐述。在此基础上，该章对世界农产品贸易的发展与地位演变、区域（国别）格局、商品格局演变进行了细致梳理，归纳了贸易格局变化特点和影响，包括对农业和其他经济部门的影响。最后该章还从贸易不确定性、贸易竞争环境不公平等六个方面论证了世界农产品贸易环境的新变化。

第四章论述世界农业政策的演变及其在各国和世界农业发展中的

角色。自20世纪90年代以来，世界农业政策大致可归纳为农业补贴政策、农业科技政策、农产品贸易政策以及农产品质量安全保障政策四种类型。农业政策在各国农业和世界农业中扮演着十分重要的角色。该章按照政策类型分别予以阐述，指出农业政策为各国农业发展创造良好的内外环境，推动世界农业发展进程，并决定着世界农业发展方向。自20世纪90年代以来，受关贸总协定谈判以及WTO体制的影响，世界各国先后依据自身条件对本国农业政策做了调整，各国农业政策之间的关联程度得到提高。这一章认为，美国、欧盟、日本、中国以及印度、巴西、俄罗斯和南非八国（地区）代表了世界农业的主体以及主要类型，故以这些国家（地区）为对象，分别阐述它们的农业政策演变历程以及农业支持政策和农产品贸易政策的最新调整。该章最后还对世界农业政策相互依存和博弈以及部分趋同的演变规律进行了概括。

第五章专门论述世界农产品库存问题。从食品角度来看，由于农产品消费在任意一个连续时期内的变化相对较小，库存变化对价格与市场的影响更为显著。库存既是既往市场运行的必然结果，同时又会对预期市场产生相关影响。该章分别描述了水稻、小麦、玉米、棉花、食糖五类大宗农产品的库存变化情况，指出从整体上看，全球大宗农产品的库存在过去50年中基本保持了相对稳定，其波动基本都呈现出合理的规律性。该章接着描述了中国对应的五类农产品的库存情况，指出由于市场切割形成的"水坝效应"，当前中国主要农产品库存明显偏高，降低了生产效率，造成了强大的财政支持压力。结合中国农业政策体系提出了对策建议。

第六章讨论世界农业的可持续发展问题。该章系统阐述可持续发展问题的产生背景和含义，从资源制约及其缓解、能源问题对农业可持续发展的冲击、农业可持续发展的制度变迁和环境保护实践方面描述农业可持续发展现状，以日本"环境保全型"农业、美国农业资源和生态环境保护、欧盟的农业生态补偿政策作为案例讨论主要的农业可持续发展政策。该章认为，绿色经济和生态农业等新型农业模式代表着未来农业可持续发展的方向，但是经济全球化格局也给发展中国家的农业可持续发展带来一定的挑战。

第七章系统性阐述全球农业多功能性问题。这一章主要描述全球农业发展过程中农业多功能性的凸显，包括农业多功能性概念的源起、国际争议与研究进展。尽管对农业多功能性的认识得到了深化，但由于研究方法上的困难，其国际争议依然存在。农业多功能性的内容具体可以概括为 8 个方面，此外近年来还不断涌现新的功能。该章专门强调的是，由于各国所面临的问题不同，农业功能的侧重点也就不同，作者用日本、美国、欧盟等的例子对此进行了阐释。农业多功能性引发了对农业的再认识，影响了农业发展规划和社会发展战略，对具体农业政策的形成也会产生影响。

第八章概括世界食品安全问题的演变历程及其全球治理机制。世界食品安全问题的发生从 20 世纪初到目前，可以划分为初期发展、快速发展和全球化发展阶段，即超脱国家或区域范围而具有全球化特征。目前世界上已经建立一些食品安全的全球化治理机制，如食品质量控制标准化、食品安全风险共担化等。但是当前世界食品安全面临诸多新挑战，包括粮食供需失衡和价格波动异常、转基因食品安全性存疑、食品安全事件频发、食品安全监管不足、检测门类和手段复杂多样等，这就对世界食品安全提出了更高的全球治理对策需要。

第九章阐述粮食安全的全球治理问题。1994 年农业在乌拉圭回合贸易谈判被纳入世界贸易体制以来，农业和食品产业逐渐从一个独立、分散的产业演变为一个已经被纳入全球治理、具有全球重要性的产业。粮食安全的全球治理机制存在于全球性以及不同的区域性层面，对促进全球粮食安全发挥了巨大作用。这一章从 2006—2014 年的全球粮食供求、价格、饥荒以及食品安全形势变化出发，分析 2006—2014 年全球粮食价格上涨的原因和当前全球粮食安全面临的基本矛盾，主要是国际粮食权力的过度集中与政治化问题以及粮食的"能源化"和"金融化"问题。该章详细论述了联合国系统、世界贸易组织、世界银行、国际货币基金组织、二十国集团等国际组织或国际合作机制的粮食安全治理机制，并以 APEC 为例对其局限性和潜在能力进行了深入阐述。最后，该章还分析了全球粮食安全合作面临的挑战以及我国的对策措施。

第十章专门论述建立在对现代农业反思基础上的各种新型农业发展模式。该章梳理了各种新型农业理念的逻辑关系及其与现代农业以及新型现代农业的关系，并在此基础上较为系统地论述若干种典型的新型农业模式的实际发展情况。最后，该章对新型农业模式的发展状况进行了评价，指出它们呈现出迅猛的发展势头，但是依然存在局限，且未能扭转常规现代农业发展势头。未来农业的总体发展方向将是现代农业的调整、改进和深化，而不是各种新型农业模式对常规现代农业的替代或取代。

上述专题研究中，有多个章节对应丁泽霁先生所著的《世界农业：发展格局与趋势》。其中，现著第二章对应前著第四章，现著第六章大体对应前著第四章和第五章，现著第十章大体对应前著中关于未来"合理农业"的部分。资源与环境问题、新技术应用问题、未来的可持续发展以及发展潜力问题均在两本著作的多个章节中反复出现，显示了这些问题的重要性和长期性。此外，食品安全、世界治理、价格危机、多功能性等问题则是新时期尤为突出的新问题。

第一章

世界农业资源、生产与市场

第一节　世界农业资源分布

一　土地资源

（一）土地面积

2012 年世界各国土地总面积（不包括内陆水域面积）为 13003419.79 千公顷，占世界国土总面积的 97%。其中居前十位的国家分别是俄罗斯 1637687 千公顷，中国 932749 千公顷，美国 914742 千公顷，加拿大 909351 千公顷，巴西 845942 千公顷，澳大利亚 768230 千公顷，印度 297319 千公顷，阿根廷 273669 千公顷，哈萨克斯坦 269970 千公顷，阿尔及利亚 238174 千公顷。这前十个国家的总面积占世界总面积的 55%。其中，中国居世界第二位，占世界总面积的 7%。相对国土总面积而言，由于内陆水域面积有限，中国、加拿大、阿尔及利亚的土地面积在世界各国中的位置排名有所靠前。按照土地的使用情况，可将世界土地面积进一步划分为耕地和多年生作物面积，永久性牧场、森林和林地面积，以及其他土地面积。

（二）耕地面积

按照联合国粮食与农业组织（FAO）的解释，耕地（Arable Land）是指种植短期作物的土地，供割草或放牧的短期性草场，供应菜市场的菜园和自用菜园所用的土地（包括玻璃暖房），以及暂时休耕和闲置的土地。2012 年世界各国耕地和多年生作物总面积为1396279.54 千公顷，占各国土地总面积的 12%。其中居前十位的国家分别是美国 160162.50 千公顷，印度 157350 千公顷，俄罗斯121500 千公顷，中国 111598.50 千公顷，巴西 65200 千公顷，澳大利亚 47678 千公顷，加拿大 42968 千公顷，尼日利亚 36000 千公顷，乌克兰 32499 千公顷，印度尼西亚 23500 千公顷。这前十个国家的总面积占世界总面积的 58%。其中，中国居世界第四位，占世界耕地总面积的 8%。

（三）森林和林地

2012 年世界各国森林和林地总面积为 4027468.01 千公顷，占各国土地总面积的 32%。其中居前十位的国家分别是：俄罗斯 809150千公顷，巴西 517327.60 千公顷，加拿大 310134 千公顷，美国304404.80 千公顷，中国 209623.94 千公顷，刚果 153823.6 千公顷，澳大利亚 148376 千公顷，印度尼西亚 93747 千公顷，印度 68579 千公顷，秘鲁 67842 千公顷。这前十个国家的总面积占世界总面积的67%。其中，中国居世界第五位，占世界森林和林地总面积的 5%。

（四）其他土地

2012 年世界各国土地面积中，除了作物用地、畜牧及草场用地以及森林和林地，其他土地面积包括未被使用而具有生产潜力的土地、建筑用地、荒地、公园、公路、小巷、不毛之地以及其他未分类的土地等，估计为 4076305.71 千公顷，占各国土地总面积的 30%。

（五）渔业（内陆水域）资源

2012 年世界各国内陆水域（包括主要的河流和湖泊）总面积为457714.85 千公顷，占各国土地总面积的 3%。其中居前十位的国家分别是：加拿大 89116 千公顷，俄罗斯 72137 千公顷，美国 68409 千公顷，印度 31407 千公顷，中国 27251 千公顷，伊朗 11660 千公顷，埃塞俄比亚 10430 千公顷，印度尼西亚 9300 千公顷，刚果 7781 千公顷，澳大利亚 5892 千公顷。这前十个国家的总面积占世界总面积的 73%。其中，中国居世界第五位，占世界总面积的 6%。

二　气候资源

世界各地区的气候错综复杂、各有特点，可分为 8 个气候带和高山气候：赤道气候带、热带气候带、亚热带气候带、温带气候带、亚寒带气候带、苔原气候带、冰原气候带、高山气候带。光能资源的多少和利用率的高低，决定了一个地区基础产量的高低。世界太阳总辐射的分布从高纬度的 2000—3000 兆焦/平方米，到低纬度的 7500—8400 兆焦/平方米。热量资源有较大的地区差异：高纬度少，低纬度丰富。世界年平均降水量约为 975 毫米，地域分配极不均衡。总趋势以赤道一带最多，其总量达 1500 毫米以上，由此向南、北极地方向递减。但在南、北纬 20—30 度地带出现一条明显的少雨带，在南、北纬 45—55 度则出现 1000—1250 毫米的次多雨带。

三　水资源

水资源指地球水分中可供人类利用的水量。世界水资源多种多样：有气态水、液态水、固态水；有咸水、淡水；有海洋水、陆地水（地表水、地下水）、大气水；等等。目前人类农业生产所利用的主要是陆地淡水。

据联合国国际"水文计划"资料显示，地球上水体总储量约为 13.86×10^8 立方千米，其中 13.38×10^8 立方千米是海洋水，占 96.5%。人类主要利用的 3.5×10^7 立方千米为陆地淡水，包括河水、湖水、冰川和地下水，仅占世界水量的 2.53%，其中大部分水体（约占 69%）集中在南极和格陵兰岛的冰川冰盖内，这些水资源的水质固然很好，但目前无法利用。

世界陆地的水资源概况是：平均年降水量 800 毫米，折合体积为

119.00×1012 立方米；平均年江河径流量 314 毫米，折合体积为
46.80×1012 立方米；平均年地下水更新量占江河径流量的30%，折
合体积为13.32×1012 立方米。

农业生产利用的陆地水资源，主要是大气降水及由大气降水产生
的地表径流和地下水。自然降水是地球上淡水的补给源，在世界共约
11.9 万立方千米年降水量中，约有 4.68 万立方千米以河川径流与海
面蒸发形式参与陆地与海洋之间的水循环。但其中的三分之二以洪水
形式很快散失，不仅无利还造成灾害，因此地表上可以利用的稳定水
资源量约为1.4 万立方千米。地球上的年降水量和年径流量的地区分
布很不均衡，有人居住的地区最多拥有全部径流量的40%，约为
1.87 万立方千米。

第二节　世界农业生产发展概况

从 19 世纪中叶开始，世界农业经历了空前的变革，生产水平大
幅提高。特别是自 20 世纪 80 年代以来，由于现代要素投入增加和技
术进步，世界农业生产力显著提高，农业生产水平大幅提高，谷物、
油料和棉花等主要农作物的单产保持上升趋势，世界谷物生产总量年
均增长保持在 2% 左右，高于同期人口年均增长水平。2013 年世界谷
物总产量已达 23.98 亿吨，比 1991 年增长了 45.9%。其中，大米产
量为 4.94 亿吨，小麦产量为 7.09 亿吨，玉米产量为 9.94 亿吨，分
别比 1991 年增加了 42.8%、30.3% 和 101.2%。大豆产量为 2.53 亿
吨，比 1991 年增长 1.2 倍。棉花产量为 2555.4 万吨，比 1991 年增
长 27.8%。肉类和水产品产量也大幅增长。2013 年世界肉类总产量
达到 3.08 亿吨，比 1991 年增长 67.4%；世界鲜奶及奶制品产量达到
7.80 亿吨，比 1991 年增长 47.2%；水产品产量达到 1.56 亿吨，比
1991 年增长 52.9%。目前，大部分发达国家生产过剩，而大部分发
展中国家产不足需。

一 谷物生产

(一) 世界谷物总产

世界农业在"二战"后取得了巨大进步。1991—2013 年，世界谷物①总产量从 17.12 亿吨增加到 24.98 亿吨，增加了 45.91%，年平均增长率为 1.73% （图 1-1）。世界谷物主要生产国中国从 1991 年的 3.37 亿吨增加到 2013 年的 4.85 亿吨，美国从 1991 年的 2.36 亿吨增加到 2013 年的 4.32 亿吨，印度从 1991 年的 1.56 亿吨增加到 2013 年的 2.40 亿吨，同一时期加拿大的产量从 0.53 亿吨增加至 0.59 亿吨，巴西从 0.34 亿吨增加到 0.96 亿吨，阿根廷从 0.22 亿吨增加到 0.48 亿吨，但是日本谷物产量从 1991 年的 0.09 亿吨降至 2013 年的 0.087 亿吨。

百万吨

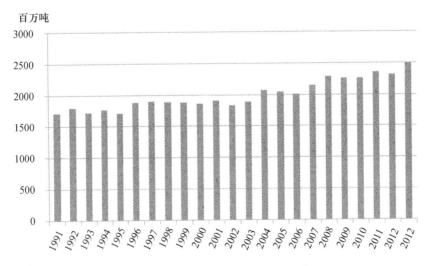

图 1-1 1991—2013 年世界谷物产量变化

数据来源：FAO 世界农业统计数据库 （FAOSTAT）。

---

① 谷物产量统计的是碾碎大米的产量，下同。

如图 1-1 所示，从谷物产量变化的趋势看，20 世纪 90 年代以来，世界谷物总产量持续增长，1991—2001 年世界谷物总产量平均增长速度为 1.1%，2001—2013 年谷物总产量平均增长速度增加至 2.3%，较上一个十年提高了 1.2 个百分点。

但是世界主要谷物生产国平均增长率有很大的差异。1991—2001 年，美国、印度、巴西和阿根廷谷物年均递增速度均超过世界平均水平，分别为 1.49%、2.34%、4.83% 和 5.14%；中国增长较为缓慢，平均增速为 0.06%，低于世界平均水平；加拿大谷物产量有所下降，年均递减 2.14%。2001—2013 年，中国、美国、加拿大、巴西和阿根廷谷物产量有较快增长，年均递增速度均超过世界平均水平，分别为 3.04%、2.49%、2.59%、4.95% 和 2.52%；印度增长速度有所放缓，平均增速为 1.69%，低于世界平均水平。

由于各主要谷物生产国的谷物增产速度不一，因此在世界谷物总产量中所占的份额发生了较大的变化。中国超过美国成为世界上最大的谷物生产国，1991 年占世界谷物产量的 20%，2001 年降到 17.88%，2013 年回升至 19.42%。美国 1991 年占世界谷物产量的 16.21%，2001 年略增至 16.89%，2013 年增至 17.03%。印度 1991 年占世界谷物产量的 9.1%，2001 年增加至 10.31%，2013 年略降至 9.61%。加拿大 1991 年占世界谷物产量的 3.15%，2001 年降至 2.28%，2013 年略增至 2.36%。日本从 1991 年的 0.53% 降到 2013 年的 0.35%。与此相反，巴西和阿根廷在世界谷物总产量中所占的比重不断上升。1991—2013 年巴西谷物产量占世界谷物产量的比重由 1.96% 提高到 3.84%，阿根廷由 1.26% 提高到 1.92%。

（二）世界谷物单产变化情况

20 多年来，随着农业科技不断进步，世界谷物单产水平明显提高。单产从 1991 年的 2684 千克/公顷增加到 2012 年的 3282 千克/公顷，平均每年每公顷增长 28.48 千克；增长了 34.5%，年均增长 1%（表 1-1）。发达国家如美国、加拿大、法国在此期间单产分别增长

31.33%、37.19%和15.09%；发展中国家如中国、印度在此期间单产分别增长42.68%和56.34%。谷物主产国中发展中国家的年均增长速度超过世界平均水平，也快于发达国家。分品种来看，各品种单产增长存在一定差异。1991—2012年单产平均增长最快的是玉米，单产从每公顷3688千克增加到4944千克，增长34.06%，年均增长1.6%；其次是小麦，从每公顷2449千克增加到3115千克，增长27.2%，年均增长1.2%；水稻单产从3535千克增加到4395千克，增长24.3%，年均增长1.1%。具体见表1-1。

表1-1　　　　　　　　1991—2012年世界主要粮食作物单产　单位：千克/公顷

年份 作物	1991	1995	2000	2002	2004	2006	2008	2010	2012
谷物	2684	2763	3063	3075	3363	3286	3554	3233	3282
水稻	3535	3659	3885	3851	4033	4121	4307	4334	4395
小麦	2449	2508	2720	2688	2917	2791	3086	3007	3115
玉米	3688	3799	4242	4358	4939	4766	5129	5183	4944

资料来源：FAO世界农业统计数据库（FAOSTAT）。

（三）世界谷物结构变化

自20世纪90年代以来，世界粮食生产在单产不断提高、总量不断增加的同时，水稻、小麦和玉米三大作物在谷物生产中所占的比例显著提高。由表1-2所示，三种作物占谷物总产量比重由1991年的80.8%增加到2013年的88%，增加了7.2个百分点。其中，玉米在谷物总产量中所占份额由28.8%提高到39.8%，上升了11.0个百分点；水稻在谷物总产量中所占份额由20.2%略降到19.8%，下降了0.4个百分点；小麦由31.8%下降到28.4%，下降了3.4个百分点。这表明，世界粮食生产越来越集中于水稻、小麦和玉米三种作物上，特别是玉米产量的增长迅速，在粮食中的比例显著提高（表1-2）。

表 1-2　　　　　　　1991—2013 年世界粮食生产结构　　　　单位:%

比重		1991	1995	2000	2002	2004	2006	2008	2010	2013
占谷物 总产的比重	水稻	20.2	21.3	21.5	20.7	19.6	21.2	20.1	20.7	19.8
	小麦	31.8	31.6	31.4	31.1	30.4	29.7	30.0	29.0	28.4
	玉米	28.8	30.2	31.9	33.0	34.8	35.0	35.9	37.4	39.8
	合计	80.8	83.1	84.8	84.8	84.8	85.9	86.0	87.1	88.0
占三种作物 总产的比重	水稻	25.0	25.7	25.4	24.4	23.0	24.7	23.4	23.8	22.5
	小麦	39.3	38.0	37.1	36.7	35.7	34.5	34.9	33.3	32.3
	玉米	35.7	36.4	37.6	38.9	41.3	40.8	41.8	42.9	45.2

数据来源:根据 FAO 世界农业统计数据库（FAOSTAT）数据计算。

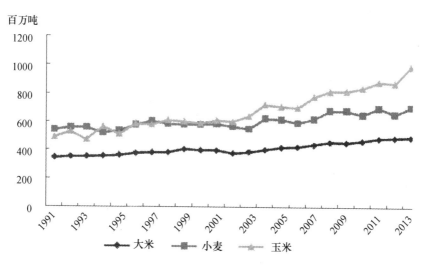

图 1-2　1991—2013 年世界三大粮食作物产量变化

数据来源:根据 FAO 世界农业统计数据库（FAOSTAT）数据计算。

　　同时，由于各种作物单产增长速度的差异，谷物生产结构发生了明显变化。玉米的相对份额呈上升趋势，而水稻和小麦的相对份额则有所下降。由图 1-2 所示，1991—2013 年，玉米在水稻、小麦和玉米三种作物中所占的比重由 35.7% 上升到 45.2%，增加了 9.5 个百分点；同一时期，水稻在水稻、小麦和玉米三种作物中所占的比重由 25.0% 下降到 22.5%，下降了 2.5 个百分点；小麦在三种作物中所占比重由 39.3% 下降到 32.3%，下降了 7.0 个百分点。世界粮食生产结构的变化反映了世界粮食市场的需求状况。玉米份额的上升表明，世界人均收入水平提高使动物性食品消费需求增加，推动饲料需求的增长，从而刺激了玉米生产。

（四）世界谷物区域变化

世界谷物生产分布越来越向发达国家集中，发展中国家缺粮现象仍比较普遍。世界谷物生产的总体格局是南北美洲、欧洲、大洋洲、亚洲是主要谷物产区。南北美洲年产谷物 6 亿吨左右，人均 625 公斤；欧洲年产谷物 5 亿吨左右，人均 570 公斤；大洋洲年产谷物 4000 多万吨，人均超过 1000 公斤；亚洲虽然是生产谷物总量最多的洲，年产量 11 亿吨，但它有 30 亿人口，是人口最多的地区，所以人均只有 330 公斤，与世界平均水平持平；非洲人多粮少，人均不到 200 公斤。谷物相对充裕的国家和地区越来越集中在美国、加拿大、欧盟、俄罗斯等经济较为发达的国家，谷物生产总量、单产和人均占有量都比较高，充分表明谷物作为国民经济基础的重要性，也是国家发达程度的标志。发展中国家缺粮现象比较普遍，中国虽然谷物总产量较高，但由于人口众多，人均占有量并不高，欠发达国家和地区的谷物生产总量、单产和人均占有量都比较低，仍有一些国家谷物严重短缺，主要集中在发展中国家。

二　棉花

1991—2013 年，世界棉花种植面积总体稳定在 4.5 亿—5.4 亿亩，平均种植面积为 4.9 亿亩。其中 1995 年种植面积最大，约为 5.4 亿亩；2009 年种植面积最小，约为 4.5 亿亩。20 多年中尽管棉花种植面积相对稳定，但有些年度间种植面积增减幅度波动性较大，增幅较大的年份有 1995 年、2004 年和 2010 年，这三年比各自上一年增长接近甚至超过 10%；减幅较大的年份有 1993 年、2002 年和 2008 年，这三年的减幅均在 7% 左右。

1991—2013 年，世界棉花产量稳中有增。其中，1991—2003 年世界棉花产量基本稳定在 2000 万吨左右；2004—2007 年世界棉花产量增长显著，保持在 2500 万吨以上；2007 年之后开始下降，至 2009 年棉花产量下降到 2205.6 万吨，与 2004 年产量高峰值相比下降 16.83%。2011 年，世界棉花产量回升至 2760.8 万吨的水平，之后再度减少，2013 年产量减至 2555.4 万吨。

从世界棉花生产总格局来看，棉花产量居世界前七位的国家为中国、印度、美国、巴基斯坦、巴西、乌兹别克斯坦和澳大利亚，七国棉花产量合计占世界棉花总产量的 87% 左右。其中，中国、印度和美国占据世界棉花产出主要地位，1991—2013 年三国棉花产出合计占世界棉花总产量的 60% 左右。

中国是棉花生产大国，棉花产量呈波动增长趋势。1991—2012 年，中国棉花产量从 567.5 万吨增加到 684.0 万吨，增长了 20.5%。近年棉花产量增长较快，2001—2010 年中国年均棉花产量为 621.2 万吨，比前十年产量平均值增加 174.8 万吨，增幅达 39.2%。棉花产量占世界总产量的比重基本维持在 20%—30%，近几年所占份额波动较为显著，2008 年高达 31.9%，近两年则连续下降。

三 油料作物

大豆是世界上种植面积最广、产量最高的油料作物，2012 年播种面积和产量分别达到 1.1 亿公顷和 2.5 亿吨。20 世纪 90 年代以来，世界大豆播种面积稳定增长，产量不断增加，单产水平有所提高。1991—2012 年，世界大豆播种面积从 0.55 亿公顷增加到 1.1 亿公顷，增长了 100%，年均增速为 3.36%，但从不同阶段来看，近十年播种面积的年均增长速度为 3.0%，较上一个十年慢 0.5 个百分点。同一时期，世界大豆产量从 1.03 亿吨增至 2.53 亿吨，增长了 1.46 倍，年均增速达到 4.37%，从不同阶段来看，近十年产量年均增长速度为 3.4%，较上一个十年低 0.7 个百分点。世界大豆的单产水平有所提高，从 1991 年的 1879 千克/公顷提高至 2012 年的 2374 千克/公顷，增长了 26.34%，年均增速不足 1.12%，分阶段来看，近十年的年均增速同样慢于上一个十年，分别为 0.3% 和 1.2%（图 1-3）。由此可见，世界大豆产量的增加主要得益于种植面积的扩大，且近十年的发展速度明显落后于 20 世纪 90 年代。

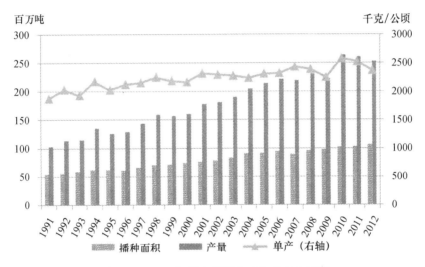

图 1-3   1991 年以来世界大豆生产变化情况

数据来源：根据 FAO 世界农业统计数据库（FAOSTAT）数据计算。

油菜籽是世界上仅次于大豆和棕榈仁的重要油料作物，自 20 世纪 90 年代以来，世界油菜籽生产稳步发展，近年来呈快速发展趋势。如图 1-4 所示，1991—2012 年，世界油菜籽播种面积平稳增加，从 0.2 亿公顷增加到 0.34 亿公顷，增长了 70%，年均增速为 2.56%，从不同阶段来看，近十年播种面积的年均增长速度为 4.1%，明显快于上一个十年 1.3% 的增长速度。同一时期，世界油菜籽产量快速提高，从 0.28 亿吨增至 0.65 亿吨，增长了 1.32 倍，年均增速达到

4.09%。从不同阶段来看，近十年产量年均增长速度为6.5%，较上一个十年高3.9个百分点。世界油菜籽的单产水平有所提高，从1991年的1396.3千克/公顷提高至2012年的1892.0千克/公顷，增长了35.5%，年均增速为1.46%，分阶段来看，近十年的年均增速同样快于上一个十年，分别为2.3%和1.2%（图1-4）。由此可以看出，世界油菜籽播种面积扩大和单产水平提高都对产量的增长产生重要影响，且近十年油菜籽产业的发展明显加快。

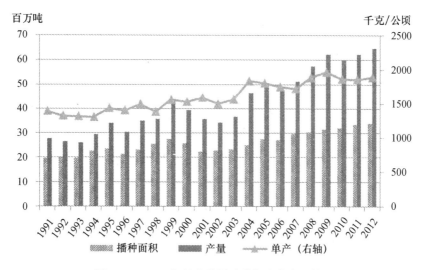

图1-4 1991年以来世界油菜籽生产变化情况

数据来源：根据FAO世界农业统计数据库（FAOSTAT）数据计算。

葵花籽也是重要的油料作物之一，自20世纪90年代以来播种面积有所扩大，产量不断增加，单产水平略有提高。如图1-5所示，1991—2012年，世界播种面积有所增加，从0.17亿公顷增加到0.25亿公顷，增长了47.06%，年均增速为1.85%。从不同阶段来看，近十年播种面积的年均增长速度为2.4%，较上一个十年快1.6个百分点。同一时期，世界葵花籽产量快速提高，从0.23亿吨增至0.37亿吨，增长了60.87%，年均增速为2.29%。从不同阶段来看，近十年产量年均增长速度为 4.2% ，明显快于上一个十年 1.2% 的水平。世界葵花籽的单产水平略有提高，从 1991 年的 1344.4 千克/公顷提高至 2012 年的 1482.3 千克/公顷，增长了 10.26% ，年均增速仅为 0.47% 。（图 1-5）

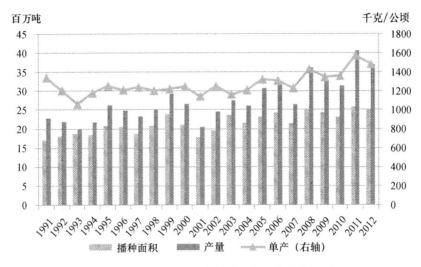

图 1-5   1991 年以来世界葵花籽生产变化情况

数据来源：根据 FAO 世界农业统计数据库（FAOSTAT）数据计算。

芝麻也是重要的油料作物之一，近年来播种面积和产量均有所增长，单产水平不断提高。1991—2012 年，世界芝麻播种面积有所增加，从 0.06 亿公顷增加到 0.08 亿公顷，增长了 33.33% ，年均增速为 1.38% 。从不同阶段来看，近十年播种面积的年均增长速度为 2.6% ，而上一个十年的增速为 -0.4% 。同一时期，世界芝麻产量快速提高，从 0.02 亿吨增至 0.04 亿吨，增长了 100% ，年均增速为 3.36% ，从不同阶段来看，近十年产量年均增长速度为 3.9% ，较上一个十年高 2.4 个百分点。世界芝麻的单产水平有所提高，从 1991 年的 345.1 千克/公顷提高至 2012 年的 517.6 千克/公顷，增长了 49.99% ，年均增速为 1.95% （图 1-6）。

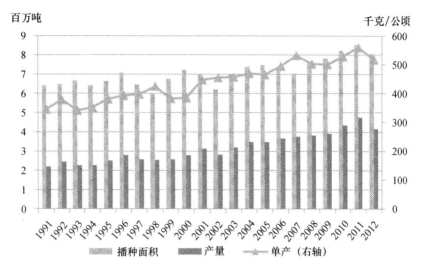

图1－6　1991年以来世界芝麻生产变化情况

数据来源：根据FAO世界农业统计数据库（FAOSTAT）数据计算。

从世界油料作物生产总格局来看，产量居世界前七位的国家为印度尼西亚、马来西亚、美国、中国、巴西、阿根廷和印度，七国油料作物产量合计占世界总产量的67%左右。其中，印度尼西亚、马来西亚、美国和中国占据世界油料作物产出主要地位，2012年四国油料作物产出合计占世界总产量的一半左右。

四　园艺作物

1991—2011年，世界苹果种植面积呈现先增加后减少的趋势，产量不断增长，单产稳步提高，产量的增加主要来自单产水平的提高。据联合国粮农组织统计，1991年世界苹果种植面积为490.8万公顷，1995年增至629.7万公顷，之后呈下降趋势，1998年降至572.6万公顷，2002年进一步降至400多万公顷，2008年为461.9万公顷，之后略有回升，2011年为474.5万公顷。从产量来看，世界苹果产量呈明显增加趋势。1991 年，世界苹果产量为 3638.8 万吨，1992—1995 年为 4000 多万吨，1995—2003 年为 5000 多万吨，2004—2008 年为 6000 多万吨，2009 年增至 7063.4 万吨，2010 年略降至 6994.8 万吨，2011 年再度增至 7548.5 万吨，较 1991 年增长约 1.1 倍，年均增长 3.7%。从单产来看，世界苹果单产水平提高较快。1991—2011 年，世界苹果单产从 7414.5 千克/公顷增加至 15906.8 千克/公顷，增长了约 1.15 倍，年均增长率为 3.9%，快于产量的增长。

1991—2011 年，世界柑橘种植面积缓慢增加，产量平稳增长，单产有所提高。据联合国粮农组织统计，1991 年世界苹果种植面积为 328.7 万公顷，随后缓慢增长，2008 年达到 402.7 万公顷，2009 年有所下降，2010 年再度增至 405.7 万公顷，2011 年降为 391.3 万公顷，较 1991 年增长了 19%，年均增长率为 0.9%。从产量来看，世界柑橘产量呈平稳增加趋势。1991—1995 年，世界柑橘产量为 5000 多万吨，1996 年突破 6000 万吨，达到 6083.3 万吨，之后有所增长，2008 年达到 6961.1 万吨，2009—2010 年有所下降，2011 年增至 6946.2 万吨，较 1991 年增长了 33.65%，年均增长 1.5%。从单产来看，世界柑橘单产水平提高较快。1991—2011 年，世界柑橘单产从 15810.2 千克/公顷增加至 17752.5 千克/公顷，增长了 12.3%，年均增长率为 0.6%。

1991—2011 年，世界蔬菜种植面积和产量增长较快，单产水平略有提高。据联合国粮农组织统计，1991 年世界蔬菜种植面积为 1053.3 万公顷，1993 年增至 1129.8 万公顷，1995 年为 1233.0 万公顷，1998 年达到 1305.5 万公顷，2001 年增长至 1534.6 万公顷，2003 年猛增到 1710.2 万公顷，之后呈现下降趋势，2006 年之后再度恢复至 1700 万公顷以上，2010—2011 年均为 1880.0 万公顷左右，较 1991 年增长了 78.5%，年均增长 3.9%。从产量来看，世界蔬菜产量呈稳定增加趋势。1991—1993 年，世界蔬菜产量在 1.6 亿吨以下，1994—1998 年保持在 1.7 亿—1.8 亿吨之间，1999 年猛增至 1.9 亿吨，2000 年之后均在 2.0 亿吨以上，2011 年增至 2.7 亿吨，较 1991 年增长了 68.8%，年均增长 3.4%。从单产来看，世界蔬菜单产水平缓慢提高。1991—2011 年，世界蔬菜单产从 13064.5 千克/公顷增加至 14257.2 千克/公顷，增长了 9.13%，年均增长率为 0.44%。

五 畜产品

（一）世界畜产品总量变动情况

1991—2013 年，世界肉类生产量平稳增长，从 1.84 亿吨增长到 3.08 亿吨，增长了 67.4%，年均增长 2.37%，其中近十年的增长速度较快，为 2.39%。同一时期，蛋类的生产量也呈现较大幅度的增加，从 3899.6 万吨增长到 7061.6 万吨，增长了 81.1%，年均增长 3%，其中 1991—2001 年的年均增长速度达到 3.7%，较 2001—2013 年快 1.4 个百分点。世界奶类的生产量也有所增长，由 1991 年的 5.3 亿吨增加到 2013 年的 7.8 亿吨，增长了 47.2%，年均增长 3.3%，其中 2001—2013 年年均增长率达到 3.6%，明显高于前十年 1% 的年均增长率（表 1-3）。

表 1-3 　　　　　不同时期世界畜产品产量　　　　　单位：万吨

年份	肉类总产量	蛋类产量	奶类产量	猪肉产量	禽肉产量	牛肉产量
1991	18350.2	2512.3	53345.0	7039.5	4320.6	5362.9
1995	20252.3	3045.6	54019.8	7687.6	5463.8	5306.7
2000	22996.2	3899.6	57898.7	8591.6	6858.7	5606.6
2005	25570.0	4667.9	64950.6	9433.8	8077.4	5927.6
2010	29324.2	5510.6	72296.4	10741.7	9920.2	6318.8
2011	29887.1	6113.5	73936.3	11027.0	10224.9	6281.3
2012	30407.8	6943.2	7656.2	11266.6	10490.2	6744.0
2013	30829.2	7061.6	7802.5	11461.0	10680.7	6754.4

数据来源：FAO 世界农业统计数据库（FAOSTAT）。

从不同时期看，2001—2013 年是肉类和奶类增长较快的时期，其中肉类的平均增长速度已达到 4.6%，奶类的增长速度为 3.6%；蛋类这一时期的速度有所放缓，仅为 2.3%，明显低于上一个十年的增长速度。

（二）肉类产品结构变动情况

1991—2013 年肉类产品中，猪肉一直是第一大肉类消费产品，从 7039.5 万吨增加至 11461 万吨，增长了 62.8%；其次是禽肉，在 20 世纪 90 年代中期超过牛肉成为第二大肉类消费产品，从 4320.6 万吨增加至 10680.7 万吨，增长了 1.47 倍；牛肉产量增长较为缓慢，从 5362.9 万吨增加至 6754.4 万吨，增长了 25.9%。在肉类产品中，禽肉产量的增长速度最快，达到 4.4%；其次是猪肉产量的平均增长速度，达到 2.3%，但仍低于肉类的平均增长速度；而牛肉产量的增长速度仅为 0.8%，明显低于肉类的平均增长速度（表 1 - 4）。

从不同时期看，猪肉和禽肉产量从 20 世纪 60 年代一直到 90 年代的增长速度一直高于肉类增长的平均速度，其中猪肉在 60 年代增长最快，年均增长速度曾经达到 4.72%；禽肉一直保持高速增长的势头，60 年代和 70 年代的增长速度分别为 6.74% 和 6.49%，即使在肉类增长速度最慢的 1991—1999 年，禽肉的增长速度仍然达到了 4.95%；牛肉的增长速度在 60 年代最高，为 4.10%，而后增长速度持续滑落，1991—1999 年，增长速度仅为 0.58%。

表 1 - 4　　　　　　**1991—2013 年世界肉类产品结构**　　　　单位:%

年度	牛肉	猪肉	禽肉
1991	29.2	38.4	23.5
1995	26.2	38.0	27.0
2000	24.4	37.4	29.8
2005	23.2	36.9	31.6
2010	21.5	36.6	33.8
2011	21.0	36.9	34.2
2012	22.2	37.1	34.5
2013	21.9	37.2	34.6

数据来源：FAO 世界农业统计数据库（FAOSTAT）数据。

由于猪肉、禽肉和牛肉的增长速度不一，因此造成肉类结构发生明显变化。如表1-4所示，在肉类总产量中，牛肉所占比重逐步降低，1991年牛肉在肉类总产量的比重为29.2%，到2013年比重降至21.9%，下降了7.3个百分点。猪肉在肉类总产量中所占的比重略有下降，从1991年的38.4%降至2013年的37.2%，下降了1.2个百分点。同一时间，禽肉所占比重上升较快，从1991年的23.5%上升到2013年的34.6%，增长了11.1个百分点，成为仅次于猪肉的第二大肉类消费产品。

近年来，随着收入增加和城市化进程加快，一些以传统谷物为主要食品消费的国家和地区，逐渐向以富含蛋白质的动物性食品消费方向转变，发展中国家肉类消费明显上升。其中以亚洲国家和地区变化最为显著，特别是在中国。近20年来中国经济迅速发展，居民收入水平提高，带动了肉类产品消费量的增长。同时，肉食消费结构发生转变，由传统的红肉消费逐渐向更加健康营养的白肉消费转变。猪肉和牛肉一直是传统消费量最多的肉类食品，但近年来随着人们对健康的关注，消费观念逐渐转变，禽肉消费的增长速度明显快于猪肉消费和牛肉消费的增长速度。

六　渔业

世界渔业发展稳定，进入21世纪后增长速度有所放缓。1991年，世界鱼类及渔产品生产量为1.02亿吨，此后快速发展，1993年突破1.10亿吨，1994年达到1.21亿吨，1999年增至1.32亿吨，2004年突破1.40亿吨，2005年达到1.51亿吨，2008年突破1.60亿吨，2011年增长到1.78亿吨，较1991年增加74.5%，年均增长2.8%（图1-7）。其中，1991—2001年，世界鱼类及渔产品生产量年均增速为2.85%，较2001—2011年的速度快0.11个百分点。2011年，世界海水鱼类总获量为0.7亿吨，淡水鱼类总获量为0.45亿吨，洄游鱼类总获量为0.06亿吨。

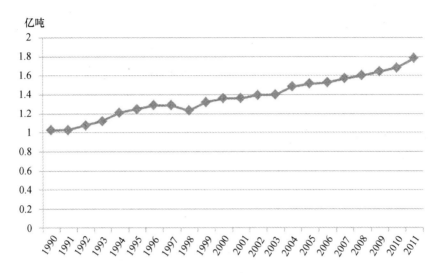

图 1 - 7 1990 年以来世界鱼类及渔产品生产量变化情况

数据来源：FAO Fisheries & Aquaculture 数据库。

从结构来看，鱼类是世界鱼类及渔产品生产量的主要组成部分，但近年来所占比重呈现下降趋势。1991 年，世界鱼类生产量为 0.84 亿吨，占总生产量的比重为 81.7%；2011 年，世界鱼类生产量增至 1.22 亿吨，占总生产量的比重则降为 68.2%，较 1991 年下降了 13.5 个百分点。同一时期，除鱼类之外的其他渔产品生产量也有所增长，如甲壳类生产量从 0.05 亿吨增加至 0.12 亿吨，软体动物从 0.09 亿吨增加至 0.21 亿吨，其他渔产品生产量合计占总生产量的比重从 18.3% 上升至 31.8%。

在鱼类产品中，海水鱼类所占比例最高，但随着淡水养殖业的快速发展，淡水鱼类生产量快速增加，海水鱼类所占比例呈明显下降态势。1991 年，海水鱼生产量为 0.67 亿吨，此后呈现增加趋势，1996 年达到 0.74 亿吨，之后连续两年下降，1998 年降至 0.65 亿吨，1999—2005 年生产量在 0.7 亿吨左右，2006 年之后呈减少趋势，2010 年为 0.66 亿吨，2011 年回升至 0.7 亿吨，较 1991 年增长了

4.3%。海水鱼类产量占鱼类总产量的比重从 1991 年的 81.7% 下降至 2011 年的 57.9%，下降了 23.8 个百分点。同一时期，淡水鱼生产量快速增长，从 1991 年的 0.13 亿吨增加至 2011 年的 0.45 亿吨，增长幅度达 246%，年均增速为 6.4%。分阶段来看，近十年的增长速度快于 20 世纪 90 年代，年均增速分别为 7.3% 和 5.9%。同时，淡水鱼产量占总生产量的比重也快速上升，从 1991 年的 15.2% 上升到 2011 年的 37.3%，增加了 22.1 个百分点。同一时期，洄游鱼类的生产量也有较快增长，占鱼类总生产量的比重略有提高。洄游鱼类的生产量从 1991 年的 0.03 亿吨增加至 2011 年的 0.06 亿吨，增长了 100%，年均增速为 3.5%。由于洄游鱼类产量较小，占总产量的比重略有提高，从 1991 年的 3.6% 略升至 2011 年的 4.9%，上升了 1.3 个百分点。

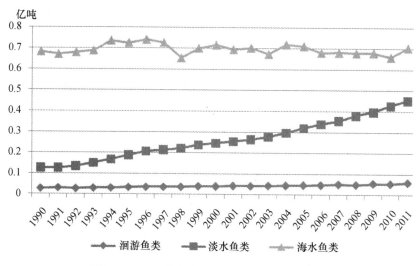

图 1-8 1990 年以来世界鱼类生产量变化情况

数据来源：FAO Fisheries & Aquaculture 数据库。

总体来看，20 世纪 90 年代以来，世界农业生产水平显著提高，农业生产格局也相应发生很大变化。谷物生产持续稳定增长，对保障世界粮食安全做出巨大贡献；畜牧业和园艺产业的地位不断上升，对提升世界人民的营养水平意义重大；农业科技飞速发展，农畜产品的单产水平显著提高；同时，农业生产逐渐向产业化、专门化和商品化方向转变，规模化、标准化程度日益增强。世界各国特别是农业比较发达的国家，结合自然资源、科技、资金、人才、交通等比较优势，逐渐形成专业化的农业生产区域，一些农产品的生产区域布局逐渐向主产国集中，未来世界农业在各区域自然资源条件的限制下，将更加注重农业可持续发展，并在高新技术主导下进一步促进农业生产方式的创新以及农业生产水平的提高。

第三节　世界农业区域发展特征

随着世界农业生产的快速发展，农业生产区域布局逐步形成。从谷物看，自20世纪60年代以来，生产高度集中的格局开始形成并相对稳定。2012年，亚洲、欧洲和北美洲产量占世界总产量的比重分别为47.2%、18.1%和17.6%，三大洲合计占世界总产量的82.9%。而肉类生产近20多年来则有较大变化。由于中国畜牧业的快速发展，亚洲在世界的位次明显提升，1980年，亚洲所占比例为20.7%，居第三位，2012年提高到42.3%，居第一位；2012年，欧洲产量占18.9%，位次由第一变为第二；北美洲占15.2%，位次由第二降为第三。从目前看，种植业产业带相对比较明显。水稻产区主要集中在亚洲；小麦产区主要分布在南北纬30—40度；玉米生产主要集中在北纬35—45度；棉花产区主要在中亚、近东和美国南部地区。世界农业生产布局除受科技因素影响外，在很大程度上受自然规律和经济规律的影响。

一　非洲农业生产

农业在非洲国民经济中占有重要地位。大多数非洲国家在独立以后都在发展工业方面做了很大努力，也取得了一定的进展。在非洲国内生产总值中，工业的比重有所增加，农业产值呈下降趋势。但是，迄今非洲仍是一个以农业经济为主体的社会。农业仍然是非洲国民经济中最基本的产业部门。在大多数国家，农业是提供就业、食物和各种工业原料、市场和外汇收入的主要来源。非洲农业以种植业为主，除少数畜牧业生产比重较大的国家外，多数国家种植业在农业产值中超过 2/3。

非洲农业与其他各洲相比较为落后，其主要原因有：一是非洲农业生产与它的自然条件密切相关。虽然 90% 的非洲被划分为热带特征的气候，但是降雨、土壤和地形的组合构成了一个多样化的环境。从总体上看，非洲是一个干旱的大陆，虽可划分为 12 个气候区，但 37% 属于干旱地区，13% 属于半干旱地区，23% 属于半湿润地区。因此，非洲发展农业的自然条件并非得天独厚，而是先天不足。二是沉重的外债负担和恶化的农产品贸易条件、附加条件的外援是导致和加重非洲农业极端落后的国际因素。虽然这些外部因素在导致非洲农业落后中不占主导地位，但是由于非洲农业结构单一、生产技术落后和消费刚性的存在，外部因素给非洲带来的影响多是灾难性的。三是包括农业生产技术和农业生产设施在内的因素正在拉大非洲农业与世界平均水平的差距。四是人口增长过快，农业劳动力过剩，农民普遍文化素质较低，制约农业发展。五是非洲一直是世界上最为动荡的地区。大约 1/5 的非洲人生活在因冲突而卷入严重混乱的国家。直到现在，非洲农业极端落后的面貌仍没有改变，与世界平均水平仍然有较大的差距。

非洲粮食作物产量低，结构单一。非洲粮食作物主要有玉米、高粱、小米、小麦和水稻。木薯和其他薯类是非洲农村地区的重要食品。过去非洲大部分地区和国家粮食可以自给，但自从殖民主义者入侵非洲后，片面发展经济作物，使粮食生产受到极大破坏。政治上取得独立后，由于多数国家对农业，特别是对粮食生产的忽视，农业投入不足，单产普遍低于世界平均水平，有的品种甚至更低。2013 年非洲谷物单产仅是世界平均单产的 45.7%。另外从灌溉面积和化肥使用量来看，非洲各国政府对农业投入极低，分别仅占世界的5%和3%，远低于其他各洲。长期的农业投入不足是非洲粮食危机的主要原因。2013年非洲谷物种植面积为1.06亿公顷，占世界的15%，产量为1.68亿吨，占世界的6.7%。2013年大米产量为1730万吨，占世界的3.5%；小麦产量为2770万吨，占世界的3.9%；粗粮产量为1.23亿吨，占世界的9.5%；油料作物产量为1750万吨，占世界的3.5%。

经济作物在非洲农业中占有重要地位，非洲是世界重要的生产和出口地区之一。非洲种植的经济作物种类很多，主要有咖啡、可可、棉花、花生、油棕、茶叶、剑麻等。非洲是世界上第二大咖啡产地，产量仅次于拉丁美洲。主要咖啡生产国有科特迪瓦、埃塞俄比亚、乌干达、喀麦隆、肯尼亚。非洲可可产量和出口量均居世界第一位。此外，花生、剑麻、油棕等产量和出口量也都居于世界前列。畜牧业在大多数非洲国家中并不发达。虽有大面积牧场，但退化严重，生产率低下。2013年非洲肉类、奶及奶制品产量分别为1728.2万吨和4636.2万吨，占世界总产量比重仅为5.6%和5.9%，而畜产品的人均消费量也远低于世界平均水平。在肉类中，牛肉产量最高，达到671万吨，其次是禽肉和羊肉，分别为503.5万吨和277.8万吨，猪肉产量仅为131.9万吨。

非洲农产品在对外贸易中也占有重要地位。撒哈拉以南非洲不少国家农产品出口在总出口中超过50%，是国家的重要财政来源和主要的外汇来源。从农产品贸易来看，非洲年贸易量与其他各洲相比较低，而且在农产品贸易中，以进口谷物和出口经济作物初级品为主。2013年非洲进口谷物6880万吨，占世界的21.9%；其中进口小麦3800万吨、粗粮1780万吨、大米1730万吨。这足以说明非洲粮食对国际市场的依赖程度。非洲是多种经济作物的主产区，许多非洲国家的农业着重于生产经济作物以出口换取外汇。非洲生产的可可占世界总产的70%以上，咖啡、剑麻、油棕、芝麻等农产品产量均占20%以上。此外，非洲也盛产水果、茶叶、蔗糖及香料。多种产品出口量占世界出口贸易的50%—80%。但由于经营管理粗放，经济作物的单产大多也比较低，大多不及世界平均单产水平的一半。

二　北美洲农业生产

北美洲农业生产专门化、商品化和机械化程度都很高。中部平原是世界著名的农业区之一，农作物以玉米、小麦、水稻、棉花、大豆、烟草为主，其大豆、玉米和小麦产量在世界农业中占重要地位。2013 年北美洲谷物产量为 4.91 亿吨，占世界谷物总量的 19.7%。其中，小麦产量为 0.91 亿吨，占世界总量的 13.7%；玉米产量为 3.65 亿吨，占世界总量的 36.7%；大米产量为 490 万吨，占世界总量的 1.2%。2013 年油料作物产量为 1.16 亿吨，占世界总量的 23.1%。北美洲畜牧业也比较发达，畜产品产量位居世界前列。2013 年，肉类总产量为 4686.6 万吨，占世界总量的 15.2%。其中，牛肉产量为 1237.8 万吨，占世界总量的 18.3%；猪肉产量为 1262.6 万吨，占世界总量的 11.0%；禽肉产量为 2152.3 万吨，占世界总量的 20.2%；羊肉产量为 8.9 万吨，占世界总量的 0.7%。2013 年，北美洲奶及奶产品产量为 1 亿吨，占世界总量的 12.8%。

美国是世界重要的农业生产国，美国在粮食作物、油料作物、棉花、畜产品等方面均是世界主要生产及出口大国。作为美国最主要的粮食作物的玉米和小麦播种面积占粮食播种总面积的 70%—90%，并呈不断上升趋势。由于出口需求以及国内生物乙醇生产需求的迅速增长，玉米的播种面积呈稳步增长趋势，占粮食总播种面积的比重从 20 世纪 60 年代的 37.61% 增长到 21 世纪初的 54.14%，成为第一大粮食作物。小麦面积占比先增后降，进入 21 世纪以后，该比重下降到 36.59%。高粱、大麦、燕麦和裸麦四种作物的播种面积自 20 世纪 60 年代以来发生了较为显著的变化，四者总面积从 20 世纪 60 年代的 30% 左右下降到 21 世纪初的不到 10%，其中燕麦的下降趋势最为明显。

美国种植的油料作物共有 9 种，分别为花生、亚麻籽、芥菜籽、橄榄、油菜籽、红花种子、棉籽、大豆和向日葵。美国最主要的油料作物是大豆，20世纪60年代种植面积占油料作物比重已达66.85%，随着大豆生产的不断发展，尤其是自1996年转基因大豆种植以来，美国大豆在油料中的主导地位进一步得到巩固，2011年种植面积占油料作物总种植面积的83.96%。其次是棉籽，但其占比呈下降趋势，由20世纪60年代的24.31%降至2011年的11.36%。再次为向日葵，2011年种植面积占比为1.66%。另外，花生面积占比在1.5%左右，油菜籽面积占比在1.2%左右，其他各种油料作物种植面积占比均不到1%。

美国畜产品生产也占有重要地位。2013年肉类产量为4262.1万吨，占世界肉类总产量的13.8%。其中，牛肉产量为1137.7万吨，占世界总量的16.8%；猪肉产量为1067.4万吨，占世界总量的9.3%；禽肉产量为2026.9万吨，占世界总量的19.0%；羊肉产量为7.3万吨，占世界总量的0.5%。美国奶及奶制品产量为9164万吨，占世界总量的11.7%。

加拿大是世界主要粮食出口国之一，主要出口小麦和大麦。多年来，加拿大生产的小麦约有70%出口到国际市场，中国是其重要的出口市场之一。1990—2002年，小麦种植面积显著下滑，总产量和出口量均波动下降，1990年其小麦总产量为3209.8万吨，出口量为1795.4万吨；2002年总产量为1596.3万吨，出口量为1220.3万吨。此后受国际市场小麦价格回升影响，小麦产量在波动中上升，其中最高为2008年的2861.1万吨，增产主要得益于单产提高。总体来看，加拿大小麦的生产和出口波动剧烈，生产规模和出口规模在很大程度上取决于国际市场行情。1990年以来，加拿大的大麦生产波动较大，其中最高年份1996年总产量达到1556.2万吨，2010年产量最低，比2002年几近跌至谷底的产量还下降了1.8个百分点；出口呈现先下降然后缓慢波动上升的态势，1991年的出口量曾高达397万吨，2003年最低时仅为77.7万吨。

加拿大的饲料资源丰富，牧场面积辽阔，畜牧科技先进，拥有高效的畜产品质量管理制度，畜牧业发展迅速，畜牧业劳动生产率高居世界前列，产值约占农业总产值的50%，畜产品在国际市场上具有一定竞争力。1990 年以来,加拿大的牛肉产量缓慢增长,2004 年达到 150 万吨的峰值后下滑,近年在 120 万吨左右。同期,牛肉出口量从最初的十多万吨迅速增加,2002 年最高时达到 65.7 万吨,2009 年降到 48 万吨,进口量稳定在 20 万吨左右。受国内市场消费需求拉动,加拿大的禽肉生产发展较快,总产量在过去的 20 年中增加了 1 倍,但进出口贸易规模较小。

三　南美洲农业生产

南美洲并不是以农业和农村为主体的社会区域,其总人口占到了世界的 6%,而农村人口和农业人口都只占世界的 2%。农业在南美各国经济中具有重要意义。种植业中经济作物占据绝对优势。南美洲是可可、向日葵、菠萝、马铃薯、木薯、巴西橡胶树、烟草、金鸡纳树、玉米、番茄、巴拉圭茶、辣椒等栽培植物的原产地。甘蔗、香蕉、咖啡分别占世界总产量的 20.5%,其中巴西的咖啡和香蕉产量均居世界第一位;可可、柑橘均占世界总产量的 25% 左右,其中巴西的可可产量居世界第三位;剑麻产量居世界第二位,主要产在巴西;巴西木薯产量居世界第一位。南美洲向世界提供所需咖啡、香蕉、蔗糖的绝大部分及大量的棉花、可可、剑麻等。东南部阿根廷等国则大量出口肉类和粮食。牛、羊的养殖在世界上占重要地位。沿海盛产鳀鱼、沙丁鱼、鳗鱼、鲈鱼、金枪鱼等,秘鲁和智利为世界著名渔业国。南美洲大部分国家中多数人从事农业生产,但粮食生产仍不能自给,大多数国家需进口粮食。

南美洲并不是世界上主要的粮食生产区,除了一些经济类作物,例如柑橘类水果、烟叶、甘蔗、大豆和葵花籽等,大部分农作物的种植面积和产量都只占到世界总量的 10% 以下,有的如高粱、小麦、稻谷和蔬菜所占比重不到 5%。从不同作物的种植面积和其总产量来看,谷物生产水平是世界平均水平稍稍偏上一点,平均单产水平是世界平均水平的 1.3 倍,粮食作物中高粱生产水平的优势比较明显,单产水平是世界平均水平的 2.43 倍;各类水果的生产优势很明显,总的来讲是世界平均水平的 1.5 倍左右；豆类和甜菜的单产水平也明显比世界平均水平高，烟叶、纤维作物、棉籽和油菜籽单产水平具有优势，稍稍超出世界平均水平。另外，玉米的生产水平较世界平均水平略高 5%，小麦的生产水平与世界还存在着较大的差距，为世界平均水平的 88%。

南美洲畜牧业生产水平总体上比世界平均水平高出许多。南美洲人口占到世界总人口的 6%，肉类生产占到了世界总产量的 13%，尤其是牛肉和鸡肉产量远远高于世界的平均水平。2013 年南美洲肉类总产量为 4015.4 万吨，其中牛肉产量为 1533.7 万吨，占世界总量的 22.7%；羊肉产量为 32.9 万吨，占世界总量的 2.4%；猪肉产量为 551.4 万吨，占世界总量的 4.8%；禽肉产量为 1866.3 万吨，占世界总量的 17.5%。南美洲的禽肉除了鸡肉、鸭肉和鹅肉之外，产量几乎为零；其他畜产品基本上与世界平均水平相差不大。

南美洲的农业贸易在世界农业贸易中占有重要位置。农业贸易出口多于进口，具有较大的顺差。谷物、油料作物、肉类、水果和蔬菜都呈现出口大于进口的状况，尤其是在肉类的进口额仅占世界 1% 的情况下，出口额占到了世界的 30% 以上。2013 年谷物出口量为 5610 万吨，进口量为 2800 万吨；油料作物出口量为 6680 万吨，进口量为 170 万吨；肉类出口量为 787 万吨，进口量为 104.5 万吨；奶及奶制品出口量为 324.5 万吨，进口量为 312.4 万吨。

四 亚洲农业生产

亚洲是以农业和农村为主体的社会区域，总人口占世界的 61%，农村人口占世界的 72%，农业人口占世界的 76%，农业人口比重是世界平均水平的 1.25 倍。经济活动人口占世界的 63%，农村经济活动人口占世界的 79%，农村经济活动人口是世界平均水平的 1.26 倍；从相对比例看，农业人口的比重比世界高出十多个百分点，农村经济活动人口的比重高出世界平均水平将近 10 个百分点。

亚洲农业在世界上占有重要的地位，大多数农作物的种植面积和产量均居于领先地位。2013 年谷物产量为 11.14 亿吨，占世界总产量的 44.6%；大米产量为 4.49 亿吨，占世界总产量的 90.8%；小麦产量为 3.2 亿吨，占世界总产量的 45.1%；粗粮产量为 3.45 亿吨，占世界总产量的 26.6%；油料作物产量为 1.38 亿吨，占世界总产量的 27.5%。粮食生产总量超出世界平均水平，接近世界粮食总产量的一半（48%）。在作物类型中，谷类、稻谷、小麦、薯类、苹果、柑橘、蔬菜、烟叶、茶叶、甘蔗、棉籽、油菜、豆类、花生等总产水平超过世界平均水平，特别是稻谷与黄麻的总产水平占到世界总量的 90% 以上。

从不同作物的种植面积和其总产量看，谷物生产水平是世界平均水平稍稍偏上一点，平均单产水平是世界的 1.03 倍，稻谷是这一类型中的代表，粮食作物中薯类生产水平的优势比较明显，单产水平是世界平均水平的 1.28 倍；油料作物及花生具有较大的优势，单产水平分别是世界平均水平的 1.21 倍和 1.24 倍；纤维作物具有中等偏上的优势，稍稍超出世界平均水平。从作物单产水平来看，主要粮食作物玉米只有世界平均单产水平的 86%，种植面积占世界总种植面积的 30%，而总产量水平只有世界总产量水平的 26%；小麦单产水平只有世界平均单产的 97%，占世界种植面积的 45%，而产量水平只有世界总产量水平的 44%。另外，高粱、马铃薯、苹果、大豆、甘蔗、茶叶、甜菜和柑橘等与世界平均水平还存在较大的差距，与发达国家的差距更大。

亚洲畜牧业生产水平不高。亚洲人口占世界的 61%，牧草面积占世界的 21%，多年生作物占世界 45%，肉类生产量仅占世界的 41%；亚洲畜产品在世界上的地位是禽蛋第一，肉类第二，奶类第三，肉类中禽肉的比例很大。从农产品贸易来看，亚洲是农产品进口洲，纯进口额占世界进口额的 20% 以上，出口额占 15% 左右。亚洲农业的主要问题有五个方面：一是农作物单产水平较低；二是人口增长过快，农业劳动力过剩；三是农民普遍文化素质较低；四是农业生态环境恶化，生产资源不足；五是生活水平较低，营养不足。

五　欧洲农业生产

欧盟农业发达，盛产多种农产品，是世界上重要的农产品生产和消费大国。欧盟的优势农产品主要包括谷物、畜产品和水果等。据FAO统计，2013年欧盟谷物总产量为3.06亿吨，占世界总产量的12.3%，其中小麦、粗粮、稻米的产量分别为1.44亿吨、1.6亿吨和170万吨，占世界总产量的20.4%、12.4%和0.3%。畜产品生产方面，2013年肉类总产量为4476.7万吨，奶及奶制品产量为1.56亿万吨，分别占世界总产量的14.5%和20%。欧盟的牛奶及奶制品、猪肉、牛肉和禽肉生产在世界上占据重要的地位，但近年来在世界的份额有下滑趋势，尤其是禽肉，逐步由禽肉出口国转变为净进口国。目前，猪肉、牛肉和禽肉生产的世界份额分别为19.6%、11.3%和11.9%。

农业生产是欧盟国民经济的重要组成部分，虽然农业产值占国民生产总值的1.4%，但农业补贴却占欧盟预算的一半。高额的农业补贴有力地支撑了欧盟的农业发展。欧盟奶业发达，奶业产值占农业总产值的14%。欧盟国家中，法国是欧洲第一大农业生产国，其农业产值占欧盟农业总产值的22%。尽管欧盟农业与其他经济部门相比恢复弹性较大，但也面临需求增长停滞和农民收入下降的挑战。经济衰退继续对农产品价格构成压力，特别是对高附加值产品如肉类、奶类形成直接负面影响。同时，饲料需求下降间接影响粮食作物价格，农业投入品价格同样对能源作物价格有着关联影响，上下游产业间的影响也不可避免。这些影响会触发农业内部结构的调整。

六　大洋洲农业生产

大洋洲农业人口比重不大，总人口占世界的0.5%，农村人口占世界的0.3%，农业人口占世界的0.3%，农业人口比重是世界平均水平的1/2。经济活动人口占世界的0.5%，农村经济活动人口占世界的 0.2%，农村经济活动人口是世界平均水平的 45%；从相对比例看，农业人口的比重比世界平均水平低 20 多个百分点，农村经济活动人口的比重低于世界平均水平将近 24 个百分点。2013 年大洋洲生产谷物 3770 万吨，占世界总产量的 1.5%；其中，小麦产量为 2480 万吨，占世界总产量的 3.5%；粗粮产量为 1210 万吨，占世界总产量的 0.9%；大米产量仅为 70 万吨，占世界总产量的 0.1%。2013 年大洋洲生产肉类 628.6 万吨，占世界总产量的 2%；生产牛奶及奶制品 2874.7 万吨，占 3.7%。同年进口谷物 140 万吨，其中进口小麦 70 万吨。大洋洲农作物单产水平较高，玉米、稻谷、高粱、苹果、柑橘、蔬菜、烟叶、马铃薯、甘蔗、植物纤维、籽棉、豆类、油料作物、花生等单产水平超过世界平均水平，其中高粱、马铃薯、植物纤维和籽棉的单产水平与世界平均水平相比较高，具有很大优势。大洋洲的主要国家澳大利亚和新西兰均属发达国家，地广人稀，畜牧业发达，农畜产品大量出口。澳大利亚出口的农畜产品中，羊毛产量位居世界第一位，肉类和小麦也居世界前列，还出口大量乳制品。新西兰种植业薄弱，但其猕猴桃的栽培面积占世界的一半左右，也出口大量畜产品，肉类和羊毛出口量居世界第二位。澳大利亚、新西兰两国的农畜产品相当大部分是面向出口。对世界市场的依赖，使其农牧业生产对世界市场价格的反应极为敏感。

澳大利亚是个幅员辽阔、资源丰富而人口稀少的国家，面积为 769.2 万平方公里，总人口约为 2000 万人，其中农业人口约为 90 万，占总人口的 6%。澳大利亚大部分属于热带和亚热带，只有东南角属于温带。冬季温度不低，最冷月（7 月）平均气温多在 10℃ 以上。但南北温度差异较大，北部为 20℃—25℃，南回归线附近降至 15℃，在南端更低。极端最低温度只有 -22℃。夏季有一半以上国土，最热月（1 月）平均气温超过 28℃，沙漠地区高于 30℃，极端最高气温曾达 53.1℃。内陆地区的气温年较差和日较差比较大，平均年较差约为 17℃—19℃，最大日较差在沙漠地区可达 35℃—40℃。澳大利亚是世界上最干旱的大陆，地面水资源比较贫乏。河流大部分为季节性河流，四季不断的河流只限于北部和南部沿海一带。地下水总储量每年约为 1320 亿立方米，约占全国河川径流的 1/3。全国地面水源不多，平均年径流量只有 3450 亿立方米。虽然地下水丰富，但可利用的水源只有 176 万平方米。

澳大利亚全国可耕地面积为 4800 万公顷，灌溉地面积为 162 万公顷，农业机械化程度高，劳动生产率较高。澳大利亚的主要粮食作物是小麦、大麦、高粱、水稻等，小麦是该国第一大农作物，主要小麦种植带横贯昆州中部、新州、维州、南澳以及西澳地区。主要油料作物为棉籽、向日葵、油菜、花生等，澳大利亚是南半球的主要产棉国，也是世界皮棉出口大国。重要经济作物包括甘蔗、蔬菜、水果、坚果、观赏植物等，坚果包括澳洲坚果、欧洲板栗、长山核桃等。澳大利亚是世界上畜牧业发达国家，以养羊和养牛为主。2013 年肉类总产量为 432.1 万吨，其中牛肉产量为 219.1 万吨，羊肉产量为 62.1 万吨，猪肉产量为 34.4 万吨，禽肉产量为 114.4 万吨；奶及奶制品产量为 920 万。澳大利亚出口产品主要有羊毛、小麦、牛羊肉、食糖，其中，羊毛在出口产品中居于首位，出口量占世界总出口量的 1/4，小麦出口也居世界前列。

新西兰位于太平洋西南部，介于赤道和南极之间，由南岛、北岛及一些小岛组成。新西兰气候温和湿润，属温带海洋性气候。各地最冷月平均气温在 5℃—12℃ 之间，最低气温在 0℃ 上下，只是在海拔很高的山地，才会出现零下十几度的低温。最热月的平均气温多为 14℃—19℃，极端最高气温亦不超过 39℃。其热量资源虽不及澳大利亚丰富，但降水很多，年降水量多达 2500—5000 毫米，有些地方甚至超过 8000 毫米。降水强度不大，各地每年的降水日数多达 200—250 天。温暖湿润的海洋性气候，对森林和草类的生长非常有利。种植的主要农作物有小麦、大麦、燕麦、水果等。粮食不能自给，需要从澳大利亚进口。近十多年里，新西兰的蔬菜和水果生产得到了蓬勃的发展，水果的主要品种是苹果、猕猴桃、葡萄以及一些亚热带、热带水果。猕猴桃已经以"几维果"（kiwifruit，几维鸟是新西兰的国鸟）之名而闻名于世，主要的蔬菜有马铃薯、洋葱和豌豆。新西兰的畜牧业是国家最重要的产业，是经济的基础。奶牛业在新西兰农业总产值中仍占首位，肉牛生产受到世界市场的刺激，使得新西兰从过去以奶牛业为主转而成为重要的肉牛生产国。新西兰以品质优良的羔羊肉驰名于世，羊毛以中细毛为主。新西兰的纯种马是世界上最优良的品种之一。新西兰是农业的净出口国，最重要的出口产品是羊毛、肉类、奶制品、皮革等畜产品，其出口值占出口总值的4/5以上。其中，肉类和肉制品是出口收入的主要构成部分，其次是奶制品、羊毛和地毯。新西兰的羊肉出口量居世界第一位，羊毛出口量也位居世界前列。

第四节　世界农产品价格变化

20世纪后半期以来，世界农业供给增长足以满足有效需求增长，农业发展面临由需求构成的约束，而不是供给能力的限制。由于农业科技进步提高了农业生产力，农产品实际价格呈现稳步下降趋势，但进入21世纪以来国际农产品价格出现回升，在2007—2008年甚至出现暴涨。世界绝大多数农产品市场价格的变动趋势是周期性波动于一个相对较宽的幅度内，但是波动更加频繁，波动幅度更加剧烈，价格更加不稳定。

一　世界农产品价格变化阶段

自20世纪90年代以来，国际农产品价格的波动大致可以分为以下几个阶段。

（一）1990—1995年持续上升阶段

本阶段国际农产品价格指数上涨19.5%，年均增速约为3.1%，上涨原因较为复杂。首先，在乌拉圭回合谈判《农业协议》的约束下，各国农业政策进行了相应的调整，削减了价格支持与出口补贴；其次，主要发达国家如美国、欧盟的新经济政策刺激了世界经济的复苏；最后，苏联、东欧等转轨国家经济状况的好转以及发展中国家经济的迅速发展促进了农产品进口。

（二）1997—2001 年大幅下降阶段

在这一阶段，国际农产品价格逐年下降，且降幅较大。2001 年国际农产品价格总指数较 1997 年下降 20.7%，年均下跌 5.6%。本阶段国际农产品价格已经跌落自"二战"结束以来的最低点，最主要的原因是需求下降和供给过剩所造成的供求失衡。

（三）2002—2008 年上涨阶段

国际农产品价格在 2002—2006 年振荡上涨，从 2007 年开始迅速攀升。此次国际农产品价格上涨的原因：第一，生物质能源发展大幅提高了国际农产品需求；第二，中国、巴西、印度等发展中国家经济的快速增长带来了世界农产品需求的增加；第三，石油价格上涨导致农业生产成本的增加；第四，跨国公司控制市场、国际游资投机等因素放大了新需求的影响；第五，自然灾害频发、生产周期性变动等因素使得各国农产品供给减少，国际库存明显下降。2008 年下半年，国际农产品价格开始下降。在这一阶段，由于世界经济形势发生了巨大的变化，由美国次贷危机引发的"金融海啸"对世界经济的影响不断加大：银行破产、证券价格暴跌、企业大规模裁员等已经从华尔街蔓延到全世界，并开始逐步从金融界波及各产业界，世界粮食价格也出现大幅度下跌。

（四）2008 年至今震荡波动阶段

2000—2007 年世界农产品价格在平稳中上升，随着粮食危机和金融危机的爆发，2008 年世界农产品价格先剧增后骤降，2009 年又基本回落到 2007 年水平。自 2010 年以来，农产品价格再次快速走高，其中糖类产品的价格已经达到历史最高水平。从月度价格看，糖类产品的价格波动一直较为剧烈，大涨大落交替出现。以 2002—2004 年价格为基准，近年来价格指数先从 2009 年 1 月的

177 攀升到 2010 年 1 月的 375，随即又快速下滑到 5 月的 215，之后再次走高，12 月达到 400，为历史最高水平；乳制品价格在波动中上涨，2010 年 12 月价格指数接近 200，比 2009 年年初增长了50%；谷物价格自 2008 年 7 月起开始在波动中快速下降，到 2010年 6 月达到谷底，价格指数为 151，之后又快速上升，12 月达到237，接近 2008 年年初粮食危机时期的价格水平；自 2009 年 1 月起，油料价格也在快速上升，2010 年 1 月达到 168，12 月已经攀升到 260，与 2008 年最高水平接近。

二　近年来世界农产品价格变化

（一）谷物

1. 大米

世界粮食危机和金融危机过后，大米价格并没有像其他产品一样回落到 2007 年的水平，2009 年平均价格比 2007 年高 200 美元/吨。2010 年年初，大米价格持续走低，7 月价格比 1 月低 22%，为445 美元/吨；之后价格反弹，12 月达到 564 美元/吨，相当于 2009年的平均水平。2011 年国际米价先跌后扬，一度由 1 月的 542 美元/吨跌至 6 月的 519 美元/吨，跌幅达 4.2%，此后持续上涨，至12 月涨至 629 美元/吨，比 6 月上涨 21.2%。2012 年国际大米价格从 1 月的 548 美元/吨上涨至 6 月的 619 美元/吨，上涨 13.0%，之后逐渐回落，回落至 12 月的 599 美元/吨。2012 年 1 月国际米价明显下跌，从 2011 年 12 月的 629 美元/吨跌至 2012 年 1 月的 548 美元/吨，跌幅达 12.9%。自 2 月开始价格逐渐回升，至 6 月达到619 美元/吨，在经历了 7 月的稳定之后，8 月国际米价跌至 581 美元/吨，9 月又反弹至 602 美元/吨，之后 10 月、11 月与 12 月连续三个月均是环比略涨，12 月为 599 美元/吨。2013 年国际米价持续下跌，1 月价格为 611 美元/吨，10 月已跌至 457 美元/吨（图 1 -9）。

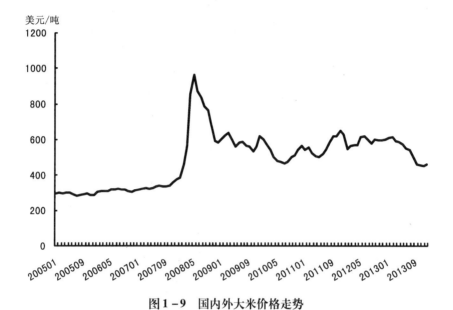

图1-9   国内外大米价格走势

注：图中是为了便于国际价格比较的到岸税后价格，单位为人民币元。由于加入了关税、运费等，高于正文中的国际市场价格，也并非一一对应，特此说明。

数据来源：国际价格来自 FAO 世界农业统计数据库（FAOSTAT），国内价格来自农业部信息中心。

2. 小麦

2010 年小麦价格被认为是粮食价格上涨的导火索。2008 年粮食危机以后小麦价格缓慢下降，到 2010 年年初基本恢复到了 2007 年年初的价格水平。2010 年 6 月和 7 月小麦价格暴涨，两个月内涨幅超过了 50%，之后价格稳定在 300 美元/吨左右。2010 年下半年，极端气候威胁世界主产区，小麦产量一直是国际小麦价格走势的关键因素。2011 年以后，虽然世界小麦播种面积在价格上涨的刺激下明显增加，黑海地区的天气状况也有利于俄罗斯和乌克兰等地小麦恢复性增产，但美国、加拿大和欧洲又遭遇了干旱和低温多雨的恶劣天气，加上美元走势，2011 年 1—5 月国际小麦价格继续震荡走高，6 月以后随着俄罗斯、乌克兰相继解除小麦出口禁令，国际小麦价格出现震荡下调的趋势，从 2011 年 9 月开始，墨西哥湾硬红冬麦平均离岸价连续 4 个月下跌，至 12 月已跌至年内月均最低价 288 美元/吨，比 5 月下跌 20.6%，同比下跌 11.2%，也是年内首次出现月同比下跌，但由于上半年价格较高，年均价仍然大幅高于之前两个年度，全年均价为 332 美元/吨，比 2009 年、2010 年分别上涨 40.3% 和 34.7%，比 2008 年低 3.5%。2012 年国际小麦价格上半年稳中偏弱，7 月以后大幅上涨。由于 2011 年世界小麦供应充足，2011 年下半年国际市场小麦价格震荡下调，2012 年上半年保持稳中偏弱走势，1—6 月国际小麦价格同比下跌了 18%—24%。从 7 月开始，受世界主产国干旱天气影响，国际小麦价格迅速回升，仅 7 月一个月价格环比涨幅就在 20% 以上，之后涨幅明显回落。9 月涨至历史最高点，之后震荡下调。从全年均价看，墨西哥湾硬红冬麦离岸价为 330.6 美元/吨，同比下跌 0.5%。由于 2013 年小麦产量再创新高，供需前景改善，国际小麦价格自 1 月起逐步回落，但受美国等主产国不利气候及主要进口国进口需求旺盛等因素影响，价格呈弱势盘整格局。2013 年美国墨西哥湾硬红冬麦（蛋白质含量 12%）平均离岸价从 1 月的 347.5 美元/吨下跌至 4 月的 319.25 美元/吨，跌幅为 8.13%，5 月受美国冬小麦产区干旱等因素影响涨至 331.2 美元/吨，6—7 月再度跌至 310 美元/吨，8 月受美国春麦收获进度偏慢影响止跌回升至 314.6 美元/吨，9 月略降至 311.5 美元/吨，10 月止跌回升至 333 美元/吨，之后再次下跌，12 月为 307 美元/吨。尽管价格在上一年高位水平上有所回落，但仍处于较高水平，全年均价为 322.75 美元/吨，同比略跌 1.27%（图 1 - 10）。

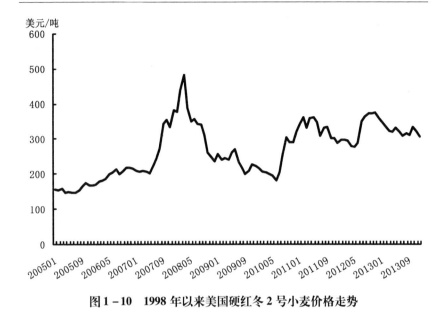

美元/吨

图1-10　1998年以来美国硬红冬2号小麦价格走势

数据来源：国际价格来自国际谷物协会，国际小麦价格为平均离岸价；国内价格来自郑州粮食批发市场。

3. 玉米

自2010年8月开始，国际玉米价格大幅攀升，从180美元/吨涨到12月的248美元/吨，与2008年6月的最高水平仅差34美元/吨。2011年以后，受世界流动性充裕和通胀预期加强影响，原油等国际大宗商品价格持续走高，玉米价格也继续大幅上涨，同时由于2011年美国玉米带低温阴雨天气频繁，玉米播种较往年大大延迟，进一步加剧了玉米价格上涨趋势，4月国际价格达到2011年以后的最高点。此后由于世界经济形势表现不佳，玉米价格持续震荡，并有所回落。1—12月，墨西哥湾2号黄玉米离岸价各月涨幅分别为5.1%、11.7%、-0.7%、9.5%、-3.5%、1.0%、-3.3%、2.7%、-1.3%、-11.0%、3.1%、-8.9%。到12月，价格达到254美元/吨，同比上涨1.9%，比4月回落20.7%。2012年以后，国际玉米价格剧烈波动。第一季度由于南美因干旱影响玉米产量，而消费持续增长，世界玉米供给趋紧，加上美元走低，原油等大宗商品价格上涨，导致玉米价格呈震荡回升态势。北美玉米进入播种期后，由于美国预期玉米面积大幅增加，加上燃料乙醇生产放缓，饲用小麦替代玉米现象增加，导致美国玉米库存高于市场预期。同时欧债危机持续发酵，美元汇率走高，原油等大宗商品价格普遍下跌，导致国际玉米价格下跌。第三季度，美国中西部玉米带遭遇 59 年来最严重的旱灾，玉米生产受到严重影响，长势优良率同比急剧下降，导致国际价格大幅攀升，并在 8 月创历史新高，9 月后由于美国玉米出口和消费状况不佳，加上南美玉米产量预期增加，国际价格又震荡回落。1—12 月，美国墨西哥湾 2 号黄玉米平均离岸价各月环比涨幅分别为 5.1%、3.9%、1.2%、－4.1%、－0.2%、－4.0%、26.3%、0.2%、－1.9%、－1.5%、0.7%、－2.3%。2013 年美国气候条件良好，收获进展顺利，国际玉米价格继续下跌。至 10 月，美国墨西哥湾 2 号黄玉米平均离岸价为 206.0 美元/吨，环比跌 3.9%，同比跌 35.9%（图 1－11）。

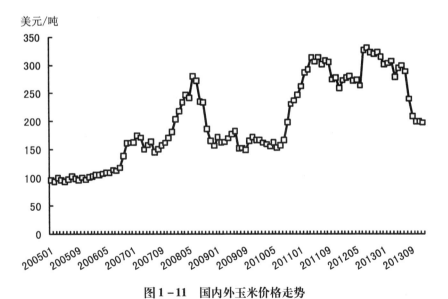

美元/吨

图 1－11 国内外玉米价格走势

数据来源：国际价格来自 FAO 国际农业统计数据库（FAOSTAT）；国内价格来自国家粮油信息中心。

（二）大豆

在 20 世纪 70 年代初的石油危机引发的世界农产品价格暴涨中，世界市场大豆价格在 1973 年 6 月创下历史最高值，达 470 美元/吨，但此后 30 年，虽大豆价格时有暴涨，但峰值均大大低于此价位并呈走低的趋势。在 1973 年后的几个价格高涨期，高价位分别是 385 美元/吨（1977 年）、367 美元/吨（1980 年）、351 美元/吨（1988 年）、338 美元/吨（1997 年）。而且暴涨时间持续较短，自 1973 年后虽个别月份突破 350 美元/吨，但很快回落，20 多年中大多数时间价格均在 200—250 美元/吨。而暴涨的发生间隔期也从 20 世纪 70 年代的 4—5 年延长到 90 年代的 9—10 年。受世界大宗农产品价格上涨的影响，2011 年国际大豆价格在 2010 年下半年大幅上涨后保持高位运行，第三季度开始，受世界经济危机的影响，国际大豆价格大幅下降。具体来看，2 月年内最高，达到 513.4 美元/吨，创 2008 年 8 月以后的最高值，仅低于 2008 年 7 月的 552 美元/吨的历史最高值，9 月开始国际大豆价格大幅下降，10 月 7 日降至 2011 年以后的最低点，为 425.6 美元/吨。2011 年 11 月拉尼娜现象出现以后，南美大豆在生长关键期遭受严重干旱，巴西及阿根廷的大豆产量预期被大幅下调，从 12 月下旬以后国际大豆价格上涨。2012 年 4 月价格达到 524.1 美元/吨，是 2008 年 8 月以后的最高水平，仅低于历史最高价（2008 年 6 月和 7 月的 552 美元/吨），比年初高 81.2 美元/吨，1—4 月累计涨幅 18.34%，月均上涨 4.3%。随着南美大豆的收获，国际大豆价格比较平稳，1—6 月大豆平均价格累计上涨 15.46%，月均上涨 3.66%。9 月美国启动第三轮量化宽松货币政策，导致国际大豆价格持续大幅上涨，并连创历史新高。9 月价格达到 626.4 美元/吨，比 7 月高 53 美元/吨，累计上涨 9.24%，月均上涨 4.52%。随着美国大豆收割结束，10—12 月大豆价格大幅下降，10 月价格为 563.6 美元/吨，环比下跌 10%，11 月又继续下跌 5.4%。2012 年 10 月以后，由于 2012—2013 年度南美大豆产量创历史新高，世界大豆供求紧张局面得到改变，美国大豆减产并不严重，国际大豆价格大幅回落，10月和11月美国芝加哥期货交易所（CBOT）大豆价格分别为565美元/吨和532美元/吨，环比分别下降8.1%和5.9%。虽然世界大豆供给充足，大豆价格下行压力较大，但2013年1月以后，由于巴西港口拥堵，大豆出口受限，5月阿根廷港口工人罢工，以及2012—2013年度美国大豆库存吃紧，从2011—2012年度的461万吨下滑至339万吨，这些因素都在一定程度上支撑了国际大豆价格。1—6月，国际大豆价格在510—545美元/吨的区间高位震荡，价差比在30美元/吨之内。6月，CBOT大豆平均价为543.3美元/吨，比1月价格高26美元/吨，涨幅为5.02%，月均涨幅0.82%。下半年，美国农业部预测2013—2014年度世界大豆供给充裕，世界大豆产量将达到2.8亿吨以上，比上一年度增产6.7%，创历史新高，其中美国、巴西和阿根廷三大主产国大豆产量均创历史新高。同时，南美港口逐步恢复，国际大豆价格开始波动下跌（图1－12）。

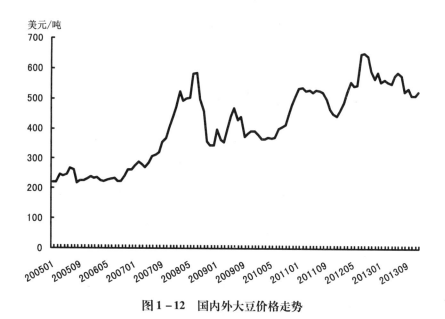

图1－12　国内外大豆价格走势

数据来源：国际价格来自FAO国际农业统计数据库（FAOSTAT）；国内价格来自中华粮网。

（三）食糖和糖料

世界糖价主要由供求关系决定。从历史上看，世界糖价一直在周期性地涨落，暴涨是暂时的，低落时期较长，一般在经历 1—2 年的高价周期之后便出现一段较长时间的低价期，经过若干年的缓慢增长和低价期之后，由于需求增长，需求量超过生产能力，市场对生产不足和潜在爆炸性价格高峰变得敏感，促使生产者投资，使食糖产量获得再增长。

2010—2011 榨季，食糖产量预期下调，受此影响，国际糖价从榨季初开始一路上扬，从 2010 年 10 月的 26 美分/磅一路走高，在 2011 年 2 月初达到历史最高点 35.3 美分/磅。之后在巴西、印度和泰国等国家食糖增产的影响下，2011 年 2 月中旬国际糖价大幅跳水，2 月底跌至 27.8 美分/磅，与历史最高价相比下跌了 21%。2011 年 3—5 月国际糖价一路狂跌，在 5 月触底，跌至 20.5 美分/磅，5 月上旬主产国发货不畅以及巴西食糖减产预期推动国际糖价再次一路上扬，在 8 月中下旬上涨到 31 美分/磅，9 月开始，各国食糖产量和出口量增加，国际糖价又出现小幅下跌态势，基本维持在 28 美分/磅。总体来看，2010—2011 榨季国际糖市跌宕起伏，创出历史新高后大幅跳水，之后又卷土重来出现第二轮上涨，2010—2011 榨季国际食糖均价为 27.7 美分/磅，比上一榨季上涨 33.4%，是历史上糖价最高和震荡幅度最大的年度。2011—2012 榨季，国际糖价震荡下行，从榨季初（2011 年 10 月）的 26.2 美分/磅跌至季末（2012 年 9 月）的 19.5 美分/磅，跌幅达 25.6%，2011—2012 榨季均价为 22.9 美分/磅，同比跌 17.4%。世界食糖巨大的过剩量，使得 2012—2013 榨季国际糖价总体也呈平缓下行的走势，均价为 18.0 美分/磅，同比每磅跌 4.9 美分，跌幅为 21.3%。具体见图 1 – 13。

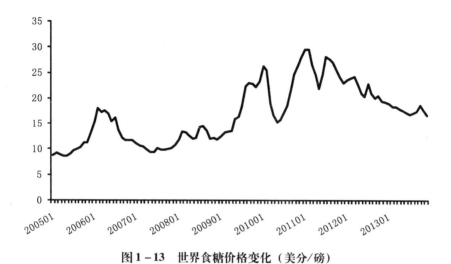

图 1 – 13　世界食糖价格变化（美分/磅）

数据来源：联合国粮农组织（FAO）国际农业统计数据库（FAOSTAT）。

（四）棉花

世界经济动荡加剧，国际棉价剧烈波动，2011 年 1—3 月 Cotlook A 指数从 178. 93 美分/磅快速上涨至 229. 67 美分/磅，上涨 28. 4%。后期由于受欧债危机继续恶化、世界经济复苏放缓、棉花产量预计大幅增加等因素影响，国际棉花价格快速跳水，8 月 Cotlook A 指数降到了 114. 10 美分/磅，比 3 月下降了 50. 3%，后期受巴基斯坦洪灾以及中国出台临时收储政策影响，棉花价格有所反弹，但由于欧债危机仍在继续，世界经济面临风险，并且棉花产量大幅增长，国际棉花价格不断下跌，2011 年 12 月 Cotlook A 指数为 95. 45 美分/磅，同比下降 43. 9%，全年均价为 1511. 41 美分/磅，同比上涨 45. 7%。2012 年 1 月以后世界经济出现好转迹象，欧美国家陆续发布了采购经理指数（PMI）数据，指数的持续回升反映了 2011 年以后世界经济下滑趋势有所缓和，受此影响，短期内国际市场信心得到提振，国际棉价在连续下跌 10 个月后止跌回升，但 2012 年 4 月以后，受希腊破产预期、意大利和西班牙信贷违约评级均被下调以致欧债危机继续恶化，中国收储政策结束，以及 2012 年度棉花产量预计大幅增加等因素影响，国际棉花价格进入快速下跌通道，直至 12 月出现回调，全年 Cotlook A 指数均价从 101.11 美分/磅降到 83.37 美分/磅，跌 17.5%。2012—2013 年度，国际棉花市场呈现明显的阶段性特征，棉价先降后增再企稳，总体大幅上涨。2012 年 9—11 月，受欧债危机和美国"财政悬崖"影响，世界棉花需求低迷态势未改，棉花价格延续 2011—2012 年度的下跌态势，至 11 月，英国棉花展望价格指数（Cotlook A）月均价跌至 80.87 美分/磅。12 月，受美棉出口签约顺利影响，国际棉价小幅上涨。2013 年以来，国际棉价呈先增后稳中略降的变动趋势。2013 年 1—3 月，在世界棉花供给预期下调、需求预期上调影响下，国际棉价呈现出一轮恢复性上涨格局，涨势十分明显。英国棉花展望价格指数（Cotlook A）月均价自 85.51 美分/磅涨至 94.45 美分，涨幅达 10.5%。4 月，国际货币基金组织（IMF）在最新发布的《世界经济展望报告》中预测 2013 年世界经济增速为 3.3%，比 1 月预测下降 0.2 个百分点；美国和欧元区经济增长均比前期预测下降 0.2 个百分点。受此影响，市场对世界经济增长担忧加剧，引起大宗商品市场价格下挫，Cotlook A 指数小幅回调至 92.68 美分/磅，环比降 1.9%，同比跌 7.04%。此后 5—8 月，国际棉花价格基本稳定在 93 美分/磅左右。2012 年 9 月—2013 年 8 月，国际棉花价格整体上涨 10.8%，均价为 88.65 美分/磅（图 1 - 14）。

（五）肉类和乳制品

如表 1 - 5 所示，自 2006 年以来，世界肉类价格持续上涨，2006 年肉类价格指数为 121，2013 年已涨至 183。2011 年世界肉类价格明显上涨，2011—2013 年价格基本稳定，其中几大产品的价格均在此期间保持高位，2013 年猪肉和禽肉价格上涨，牛肉价格基本持平，羊肉价格下跌。

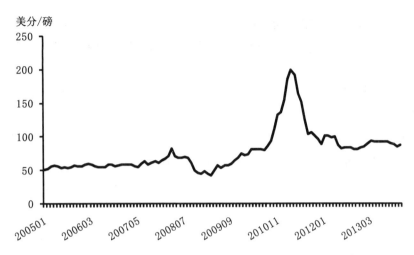

图 1 - 14　2005 年 1 月—2013 年 8 月国内外棉花价格走势

数据来源：中国棉花信息网。

注：国内价格是国内 328 级棉花价格，国际价格是 FCIndex M 级进口棉价格指数滑准税后到岸价。

表 1 - 5　　　　　　　　　　世界肉类价格指数

价格指数	肉类总	牛肉	羊肉	猪肉	禽肉
2006	121	121	103	123	122
2007	131	126	108	125	151
2008	161	158	128	152	184
2009	141	135	151	131	162
2010	158	165	158	138	179
2011	183	191	232	153	206
2012	182	195	205	153	201
2013	183	194	173	157	209

数据来源：联合国粮农组织（FAO）国际农业统计数据库（FAOSTAT）。

1. 猪肉

2012 年世界猪肉需求旺盛，贸易量增加，使得猪肉价格持续保持在历史高位。如图 1－15 所示，2012 年美国、巴西、德国猪肉出口平均价格分别为 2676 美元/吨、2784 美元/吨和 2233 美元/吨，比上一年分别上涨 1.0%、－7.9% 和 3.0%。2012 年 FAO 猪肉价格指数为 153，与 2011 年价格指数持平。2013 年世界猪肉需求继续增加，使得猪肉价格持续保持在历史高位。2013 年美国、巴西、德国猪肉出口平均价格分别为 2696 美元/吨、2858 美元/吨和 2315 美元/吨，比上一年分别上涨 0.7%、2.7% 和 3.7%。2013 年 FAO 猪肉价格指数为 157，比 2012 年价格指数上涨 4 个百分点。

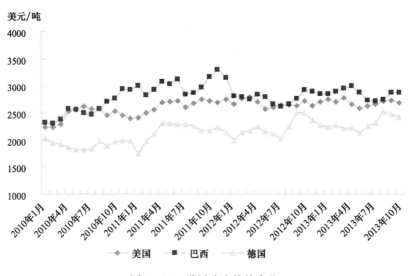

图 1－15　世界猪肉价格变化

数据来源：联合国粮农组织（FAO）。

2. 牛肉

如图 1－16 所示，2012 年世界牛肉价格居高不下，澳大利亚、美国、巴西全年牛肉出口平均价格分别为 4142 美元/吨、4913 美元/吨和 4492 美元/吨，比上一年分别增长 2.5%、8.8% 和 －6.7%。

FAO 牛肉价格指数达到 190 的历史高位，比 2011 年的历史最高价位再增加 1 个百分单位，明显高于 2010 年 163 的价格水平。国际市场牛肉供求偏紧，传统出口国出口量有限，而进口需求旺盛，使得牛肉价格持续上扬。2013 年世界牛肉价格居高不下，澳大利亚、美国、巴西全年牛肉出口平均价格分别为 3987 美元/吨、5363 美元/吨和 4295 美元/吨，比上一年分别增长 - 4.5%、9.2% 和 - 4.4%。FAO 牛肉价格指数达到 194 的历史高位，与 2012 年基本持平。

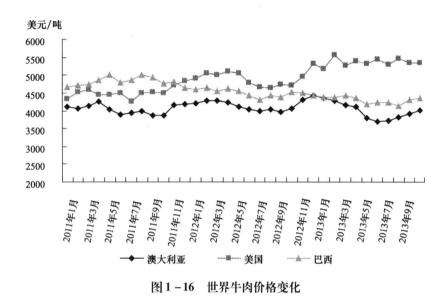

美元/吨

图 1 - 16　世界牛肉价格变化

数据来源：联合国粮农组织（FAO）。

3. 羊肉

如图 1 - 17 所示，2012 年世界羊肉价格较 2011 年的历史高位略有回落，但仍处于较高水平。新西兰全年羊肉出口价格平均为 4.754 美元/吨，比上一年下降 11%，FAO 羊肉价格指数为 205，低于 2011 年 232 的历史高位，但明显高于 2010 年 158 的价格水平。2013 年世界羊肉价格较 2012 年的历史高位略有回落，但仍处于较高水平。新西兰全年羊肉出口价格平均为 4130 美元/吨，比上一年下降 13.1%。

FAO 羊肉价格指数为 178，低于 2012 年 205 的历史高位，但仍高于 2010 年 158 的价格水平。

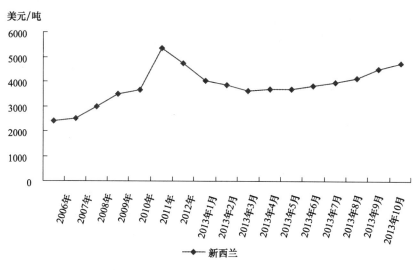

图 1 - 17　世界羊肉价格变化

数据来源：联合国粮农组织（FAO）。

4. 禽肉

如图 1 - 18 所示，2012 年世界禽肉价格波动不大，美国和巴西禽肉平均出口价格分别为 1228 美元/吨和 1931 美元/吨，比上一年分别增长 7.0% 和 - 7.3%。FAO 禽肉价格指数为 201，低于 2011 年 206 的历史最高价位，但明显高于 2010 年 177 的价格水平。2013 年世界禽肉价格波动不大，美国和巴西禽肉平均出口价格分别为 1245 美元/吨和 2038 美元/吨，比上一年分别增长 1.4% 和 5.5%。FAO 禽肉价格指数为 209，明显高于 2012 年 201 的价格水平。

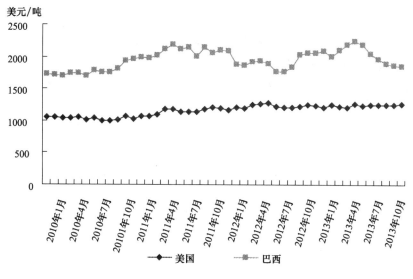

图 1-18　美国和巴西禽肉价格变化

数据来源：联合国粮农组织（FAO）。

5. 乳制品

根据荷斯坦奶农俱乐部对亚洲、欧洲、美洲、大洋洲四大洲 20 个国家的监测，2012 年世界各国原料奶价格除亚洲稳中略升外，大洋洲、美洲、欧洲多数国家的原料奶收购价格都呈不同程度下跌。其中，德国、比利时、丹麦、意大利、澳大利亚、法国、巴西的年末价格与年初价格相比，降幅都在 7% 以上，其中德国和比利时的降幅最大，均超过了 20%，丹麦降幅超过了 16%。亚洲仍然领跑国际原料奶收购价格，其中日本原料奶收购价格世界最高，韩国第二，2012 年日本原料奶收购价格平均为每千克 7.03 元，韩国为每千克 5.55 元。

2012 年，国际市场主要乳品批发价格波动明显，前后两个阶段表现出截然相反的变化特点。2012 年 1—5 月，延续了 2011 年下半年的趋势，呈现持续下跌的态势，6—12 月，表现出触底反弹的特征。据联合国粮农组织监测，2012 年 12 月，国际市场黄油、脱脂奶粉、全脂奶粉、切达干酪价格均出现明显上涨，分别达到 3292 美元/吨、3408 美元/吨、3333 美元/吨、4000 美元/吨，与 5 月相比，每吨分别上升了192美元、601美元、333美元、375美元。全年黄油、脱脂奶粉、全脂奶粉、切达干酪平均价格为3310美元/吨、3163美元/吨、3232美元/吨和3861美元/吨，比上一年分别下降26.0%、13.5%、16.3%和11.3%。

2013年以后，国际市场主要乳品批发价格走势总体呈现稳中有升的趋势，4月出现大幅上涨。据FAO统计数据，4月乳品价格指数达到257的历史高位，脱脂奶粉、全脂奶粉价格分别达到5157美元/吨、4769美元/吨的历史最高水平。此后价格有所下跌，但仍保持高位；10月，黄油、脱脂奶粉、全脂奶粉、切达干酪价格分别为4860美元/吨、5132美元/吨、4366美元/吨和4425美元/吨，环比分别上涨1.57%、1.93%、-2.37%和-0.56%，同比分别上涨31.56%、43.79%、26.19%和12.74%。从全年均价看，黄油、脱脂奶粉、全脂奶粉、切达干酪价格分别为4559美元/吨、4682美元/吨、4196美元/吨和4344美元/吨，同比分别上涨26.16%、37.98%、35.05%和13.70%（图1-19）。

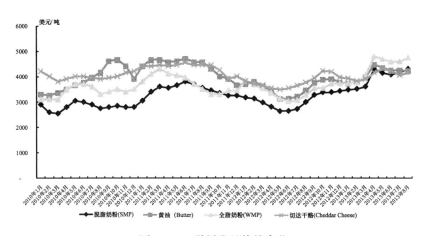

图1-19　世界乳品价格变化

注：黄油，乳脂含量82%，大洋洲离岸价；示意性成交价。脱脂奶粉，乳脂含量1.25%，大洋洲离岸价；示意性成交价。全脂奶粉，乳脂含量26%，大洋洲离岸价；示意性成交价。切达干酪，水分最高39%，大洋洲离岸价；示意性成交价。

数据来源：联合国粮农组织（FAO）。

三　世界农产品价格波动规律

农产品价格波动受供求基本面的影响较大，与世界粮食库存消费量比走势基本相反。世界粮食库存反映了世界粮食需求与供给的变化，当需求上升、供给减少，或供给上涨幅度小于需求上升幅度时，世界粮食库存下降。随着粮食库存的减少，农产品国际市场价格更容易受到偶然因素的影响，价格波动风险随之增大。当粮食价格上涨时，会带动其他农产品价格上涨；反之，当世界粮食库存增长时，粮食类产品价格下跌，其他农产品价格也会随之下跌。

农产品价格波动与原油价格波动相一致。首先，原油价格的上涨抬高了能源、化肥等农用生产资料价格，使得农产品生产成本提高，进而带动农产品价格上升。其次，当原油价格上涨时，对生物质能源的需求增加，从而引发玉米等相关产品价格的上涨。生物质能源的发展对农产品价格产生长期影响，具体表现为世界生物质能源发展之后，世界石油价格对农产品价格的弹性大幅提高。

农产品价格波动与世界 GDP 年变化率的走势接近。GDP 增长带来需求增长，从而引起农产品价格上涨。随着人们生活水平的提高，收入增长对食品需求的拉动作用逐步减弱，但非食品加工需求则可能出现较快增长。从发展前景看，生物质能源的生产构成是一种新的需求，这种需求具有持久性，因而会影响到农产品价格的长期走势。

农产品价格波动与美元指数的波动基本呈反相关关系。主要原因是世界大宗农产品通常以美元计价，美元汇率的变动直接影响着大宗农产品现货价格和期货价格的走势。当美元贬值时，农产品价格会上涨；当美元升值时，农产品价格会下跌。

第五节　本章小结

随着科学技术的进步，世界农业有了飞跃式的发展，出现了许多新形势、新发展、新变化。这种发展和变化，不仅满足了人们对农产品不断增长的需求，而且支撑了世界经济和社会的持续发展。世界各国的农业发展均高度依赖自身的资源禀赋条件、市场环境和政策环境，但从长期来看，农业在国民经济中的地位演化呈现出某些具有规律性的一般特征，其长期发展在很大程度上独立于各国的政策选择。依据世界农业资源条件，世界农业发生了很大变化，农业生产水平大幅提高。特别是自20世纪80年代以来，由于现代要素投入增加和技术进步，世界农业生产力显著提高，谷物、油料和棉花等主要农作物的单产保持上升趋势，世界谷物生产总量年均增长保持在2%左右，高于同期人口年均增长水平。随着世界农业生产的快速发展，农业生产区域布局逐步形成。20世纪后半期以来，世界农业供给增长足以满足有效需求增长，农业发展面临由需求构成的约束，而不是供给能力的限制。由于农业科技进步提高了农业生产力，农产品实际价格呈现稳步下降趋势，但21世纪以来国际农产品价格出现回升，在2007—2008年期间甚至出现暴涨。世界绝大多数农产品市场价格的变动趋势是周期性波动于一个相对较宽的幅度之间，但是波动更加频繁，波动幅度更加剧烈，价格更加不稳定。影响农产品价格波动的因素很多，除了气候灾害、动植物疫情病情等不可控因素外，一些经济因素，特别是农产品供求关系、农产品生产成本、国家宏观经济政策和农产品市场整合等，对农产品价格波动的影响显著。

第二章

世界农业技术进步

第一节　世界农业技术变迁历程

一　世界农业技术革命历程回顾

19 世纪以来，随着世界农业生产力和农业生产技术的迅猛发展，把人类从传统农业带到了现代农业，尤其是 20 世纪下半叶以来，一大批现代优良品种的育成与扩散，优质高效化肥的广泛应用，灌溉技术的发展、推广与应用，以及迅速发展起来的（农业）生物技术和信息技术等，充分显示了科技在农业生产增长中的主导地位和决定作用。国际上将农业新技术革命的类型划分为多种，他们大多以 20 世纪发生的绿色革命为界线，将农业科技革命划分为三个时期，即绿色革命前期、绿色革命时期及后绿色革命时期（表 2 - 1）。表 2 - 1 概括了不同时期农业技术创新和农业技术进步的类型和特征，在不同的时期，农业科技创新和技术进步表现出不同的特征。

表 2 - 1　　　　农业技术革命的发展阶段及主要特征

发展阶段	技术创新类型	技术进步特征	制度创新
绿色革命前期	传统品种（高秆）、粗放经营、开垦扩种	土地和劳力使用、资金节约	土地制度改革

续表

发展阶段	技术创新类型	技术进步特征	制度创新
绿色革命时期	现代优良品种（矮秆）、化肥技术、农药技术、机械化技术	土地集约、资金替代土地和劳力	增加农业科技投入、耕作制度创新、技术市场开始形成、农业技术推广系统的建立和加强、科技投资主体的多元化
后绿色革命时期	生物技术的兴起以及植保技术、精准农业技术、信息技术、资源的高效利用	土地高度集约、资源的持续利用、资金替代劳力、知识密集型技术的产生	科技投资方向的改革、技术市场的发展、知识产权制度的完善

资料来源：黄季焜、胡瑞法：《农业科技革命：过去和未来》，《农业技术经济》1998 年第 3 期，第 2 页。

二　绿色革命前期

近代史上相继发生了四次具有较大影响的产业革命，每次产业革命都推动了经济、社会的巨大发展。近代农业新技术革命的兴起与发展，是与四次产业革命的兴起和发展相辅相成的。第一次农业新技术革命起源于 19 世纪中叶。1840 年，德国科学家李比希创立"植物矿物质营养学说"，论述了植物、土壤和肥料中营养物质的变化及其相互关系，为农业施用化肥奠定了基础，有力地促进了化肥工业的发展，成为近一个半世纪以来世界粮食成倍增长的主要因素。19 世纪中后期，达尔文、孟德尔、摩尔根创立了植物杂种优势和遗传学理论，带动了育种技术的突破和种子产业的兴起，20 世纪初开始出现的以拖拉机为代表的农业机械，20 世纪 40 年代有机合成化学农药的发明所引起的农药化学工业和植物保护技术的发展和应用，以及畜禽防疫技术、饲养技术的突破都曾在世界农业发展中显示过无比强大的推动力量，在其他增产措施的配合下，使粮食生产实现了由依靠扩大面积到提高单位面积产量的突破，促成了近代和早期现代农业生产的三次大突破。第一次突破是美国的杂交玉米。1930 年，美国农业部门将科学选育出来的双交玉米种向农民推广，1943 年双交玉米种占玉米播种面积的 50%，平均亩产由过去的 100kg 增加到 350kg，获得很大的成功。第二次、第三次突破分别是墨西哥小麦和菲律宾水稻的育成和推广，促进了世界农业在 20 世纪中叶的飞速发展。这是人们所称的第一次农业新技术革命，也即绿色革命前期。

三 绿色革命时期

国际上将对 20 世纪在发展中国家影响较大的农业技术革命称为"绿色革命"，第一次绿色革命发生在 20 世纪 50 年代初，一些发达国家和墨西哥、菲律宾、印度、巴基斯坦等许多发展中国家开展以利用"矮化基因"培育和推广矮秆、耐肥、抗倒伏的高产水稻、小麦、玉米等新品种为主要内容的生产技术活动，其目标是解决发展中国家的粮食问题。当时有人认为这场改革活动对世界农业生产所产生的深远影响犹如 18 世纪蒸汽机在欧洲所引起的产业革命一样，故称之为"第一次绿色革命"。以印度为例，1967—1968 年，印度开始了靠先进技术提高粮食产量的"绿色革命"的第一次试验，结果粮食总产量有了大幅度提高，使印度农业发生了巨变。墨西哥是绿色革命的最大受惠国之一，从 1960 年推广矮秆小麦开始，短短 3 年间达到了种植面积的 35%，总产接近 200 万吨，比 1944 年提高了 5 倍，并部分出口。印度实施绿色革命发展战略，1966 年从墨西哥引进高产小麦品种，同时增加了化肥、灌溉、农机等投入，至 1980 年促使粮食总产量从 7235 万吨增至 15237 万吨，由粮食进口国变为出口国。菲律宾从 1966 年起结合水稻高产品种的推广，采取了增加投资、兴修水利等一系列措施，于 1966 年实现了大米自给。尽管这类品种存在着要求肥水条件高、不适于旱地种植等问题，但绿色革命的成就史无前例。在推广绿色革命的 11 个国家中，水稻单产 80 年代末比 70 年代初提高了 63%。在某些国家推广后，其主要特征是把水稻的高秆变矮秆，另外辅助以农药和农业机械，从而解决了 19 个发展中国家的粮食自给问题。世界上一些国家科技对农业增长的贡献率一般都在70%以上，像以色列这样一个极度缺水的国家，它的科技对农业的贡献率达到90%以上。

20世纪60—70年代中期开始的第一次世界农业新技术革命对发展中国家的粮食生产产生了深远的影响，孟加拉国、印度、中国、菲律宾等国家的良种水稻生产占亚洲的85%，一些国家由于推广优良的品种，使土地生产率在20世纪60—90年代有了较大幅度的提高。中国的杂交水稻是第一次绿色革命时期的杰出代表。以稻米为例，稻米单产由1961年的2079公斤/公顷提高到1990年的5717公斤/公顷，30年间单产增加了175%（表2-2）。

表2-2　　　　　绿色革命时期部分国家主要农作物
单产提高情况　　　　　　　单位：公斤/公顷

国别	作物名称	1961年	1965年	1970年	1975年	1980年	1990年
智利	玉米	1954	2967	3237	3594	3487	8140
	稻米	2721	2911	3023	3338	2337	4173
	小麦	1340	1535	1765	1462	1770	2948
中国	玉米	1185	1512	2089	2542	3079	4525
	稻米	2079	2967	3416	3528	4144	5717
	小麦	559	1022	1148	1640	1891	3194
印度	玉米	957	1005	1279	1203	1159	1518
	稻米	1542	1294	1685	1858	2000	2613
	小麦	851	913	1209	1338	1436	2121
印度尼西亚	玉米	927	943	961	1187	1459	2132
	稻米	1762	1771	2376	2630	3293	4302
	小麦	3368	3156	4023	4375	5132	8531
菲律宾	玉米	628	655	829	851	960	1271
	稻米	1230	1310	1746	1664	2211	2979

数据来源：联合国粮农组织（FAO）数据库（FAOSTAT），经整理而得。

四　后绿色革命时期

然而，绿色革命时期在发展中逐渐暴露了其局限性，主要是它导致化肥、农药的大量使用和土壤退化。20世纪90年代初，又发现其高产谷物中矿物质和维生素含量很低，粮食常因维生素和矿物质营养不良而削弱了人们抵御传染病和从事体力劳动的能力，最终使一个国家的劳动生产率降低，经济的持续发展受阻。面对全球范围内的人口与资源的矛盾进一步加剧、环境与粮食危机进一步凸显的现实，为了满足人类食品需求，提升生活质量，同时保持环境可持续发展，国际社会对第二次绿色革命（也称后绿色革命时期）寄予期待。

20世纪80年代以来，世界农业新技术发展迅速，生物技术、信息技术、新材料、新能源等高新技术正迅速地向农业各个领域渗透和扩散，运用以基因工程为核心的现代生物技术，培育既高产又富含营养的动植物新品种以及功能菌种，促使农业生产方式发生革命性变化，在促进农业生产及食品增长的同时，确保环境可持续发展，推动着农业生产力的迅猛发展。20世纪90年代发达国家的科技进步对农业生产贡献率达到70%—80%，作物、畜禽良种覆盖率达到100%，农业全面实现了标准化；2013年谷物单产达到了3.85吨/公顷（表2-3），13年间单产增加了39.86%，玉米作物的单产水平13年间增加了49.56%，增长速度接近50%，增速较快。

相对于第一次绿色革命针对的主要是粮食尤其是水稻作物，后绿色革命时期将发生在水稻、玉米、大豆、棉花、油菜、能源作物等领域以及跨作物品种之间，采用的主要是以分子生物学及基因工程为核心的现代生物技术，以及其他配套的有利于环境可持续发展的"绿色"技术，如生物肥料、绿色环保材料。食品、营养、健康、资源、环境、生态等共同构成了后绿色革命领域的子系统，后绿色革命时期的目标导向是多元的，即在追求食品增长的同时，更加关注生活质量的提升和环境的可持续发展。

表 2 - 3   近年来主要农产品产量及单产增长情况

单位：万吨、吨/公顷

		1990	1995	2000	2005	2010	2012	2013
产量	玉米	48337.26	51729.64	59247.94	71368.23	85127.09	87279.16	101643.18
	大豆	10845.64	12695.03	16129.86	21456.08	26504.23	24114.22	27639.60
	小麦	59231.10	54270.38	58569.09	62673.95	64932.54	67149.69	71321.71
	谷物	194976.25	189505.82	205819.82	226605.89	247565.38	256625.54	277943.81
	其他新鲜蔬菜	14035.84	16595.55	21401.64	23356.63	26118.54	26985.23	—
单产	玉米	3.69	3.81	4.33	4.82	5.19	4.89	5.52
	大豆	1.90	2.03	2.17	2.32	2.58	2.30	2.48
	小麦	2.56	2.51	2.72	2.85	2.99	3.09	3.27
	谷物	2.75	2.76	3.06	3.28	3.57	3.64	3.85
	其他新鲜蔬菜	13.49	13.46	14.70	13.99	13.84	14.23	—

数据来源：根据 FAO 统计数据库数据整理而得。"—"表示暂无数据。

第二节   世界农业技术进步模式

农业技术进步是指一样多的投入有更多的产出，或者产出不变的情况下投入减少。农业投入要素主要包括资本、劳动力、土地等，因此世界农业技术进步模式主要是这几种要素的替代。

一   世界农业技术进步模式的类型

技术是一组投入和产出之间的对应关系，农业技术进步是指农业生产中先进技术对落后技术的替代，表现为用同样多的农业资源可以生产出更多的农产品，或者生产同样多的农产品只需要投入比以前更少的农业资源。根据希克斯的定义，假定生产一种产品需要 n 种投入，如果技术进步的结果使其中第 i 种投入所占的份额减少，则称这种技术进步是第 i 种投入节约型的。我们假定农业的投入要素有两种即劳动、土地，根据希克斯的定义，可以把农业技术分为三种类型。

（1）节约劳动型。主要通过机械技术的推广和使用来实现对劳动的替代，使单位面积土地上的劳动使用量减少，从而提高劳动生产率。该种技术类型的优点是大量节约劳动消耗，大幅度地提高劳动生产率，解决农业劳动力不足的问题，带动相关行业的发展。

（2）节约土地型。主要是通过利用肥料、农药、耕作技术和优良品种等生物化学技术来实现劳动和工业品对土地的替代，其结果是提高土地的生产率。该种技术类型的优点是可以大大提高单位资源的生产能力，解决农业资源不足的问题，减轻社会的就业压力。

（3）综合性技术进步。主要是通过将机械化、水利化、化学化、良种化等技术放在同等重要的位置，使农业劳动生产率和土地生产率同时提高。

依据诱导性技术进步理论，一个国家的农业技术进步模式主要是由该国的农业资源禀赋状况决定的，农业资源禀赋通过价格信号反映其相对稀缺程度，技术进步会朝着节约其相对稀缺要素的方向演进。农业现代化建设在于农业的技术进步，其本质在于选择新技术并推广应用，从而以既定的要素投入实现产出的最大化。技术进步不仅体现为要素投入绝对量的变动，而且体现为要素投入量变化的相对变动。

二 世界主要发达国家的农业技术进步模式

（一）美国

美国耕地面积约有 1.97 亿公顷，占世界耕地总面积的 13%，美国人均耕地面积为 0.7 公顷，是世界人均耕地面积（0.23 公顷）的 2.9 倍，人均耕地面积远超其他国家，美国农业的一个突出特征是

"人少地多"。在工业化之初的 19 世纪 40 年代，90% 以上的人口仍然生活在农村。随着工业化进程的加快，工业部门对劳动力的需求数量增加，大量的农业劳动力逐步向城市转移，农业劳动力的减少，使美国农业劳动力不足的问题日益凸显。这一时期，以蒸汽机和内燃机为代表的工业技术革命成果应用到农业，推动了农业劳动生产率的大幅提高。1850 年，美国一个农业劳动力可供养 4.7 个人；而到 1910 年，供养人数达到了 8.1 个。自 20 世纪 50 年代以来，随着电气化技术在农业生产中的逐步应用，农业生产率又获得一次较大提高，农业劳动力得到了更多的释放，形成了农业劳动力转移的又一次高潮。资料显示，到 20 世纪 90 年代，美国农业劳动力比重为 2.1%，创造的增加值比重为 2%，劳动生产率达到相当高的水平。同时，美国经济的迅速发展带动了土地价格不断上涨，大量耕地转为工业用地。为弥补耕地减少给农业产出带来的影响，保证国家粮食安全以及相关产业的原料需求，农业技术进步逐步转向以依靠化学化和生物化提高土地单位面积产量为重点。由于劳动力和土地资源的减少，美国的农业技术进步模式是典型的资本技术密集型模式。

（二）荷兰

荷兰国土面积为 4.15 万平方公里，其中陆地面积为 3.4 万平方公里，相当于我国的海南省，人口为 1560 万，人口密度为每平方公里 459 人，是世界上人口密度最高的国家之一。全国有农用地 200 万公顷，其中，有耕地 89 万公顷、牧场 106 万公顷，人均占有水平比我国人均数还低，是典型的人多地少的国家。一个资源、人口小国，如今却成为世界上第三大农产品出口国。荷兰从实际出发，将有限的土地资源用于发展畜牧和园艺，形成畜牧、园艺两大龙头产业。其中，设施农业与工厂化农业享誉世界，在现代化的温室内，农业生产方式实现了高度的程序化、标准化和自动化，农作物从种到收形成一条生产流水线，一栋温室就是一座农产品工厂。

荷兰充分利用比较优势，以单位土地产值最大化为主攻目标，逐步削减自己缺乏优势的土地密集型农业（大田作物），增加资金和技术密集型农业（园艺和畜牧），从而使有限的土地资源产生最大的经济效益。

荷兰农业和园艺业的集约化程度不断提高，目前用于种植蔬菜的玻璃温室面积为 4200 公顷，由 4400 家农场经营，每家农场平均拥有玻璃温室面积为 9600 平方米。现在拥有 3 公顷玻璃温室的农场已近 150 家。番茄（占 1100 公顷）、甜椒（占 1000 公顷）和黄瓜（占 800 公顷）为主要种植作物，一般一个农场只种植一种蔬菜，专业化和集约化程度较高。集约化和专业化还有利于机械化和计算机化，同时也降低了生产成本，从而有效地解决了人口稠密与所拥有的土地面积有限的矛盾，并形成了荷兰全方位的农业现代化。

（三）英、法、德等西欧国家

英、法、德等西欧发达国家工业相对比较发达，但农业劳动力相对缺乏，人均耕地也不充裕。因此，考虑本国的资源禀赋情况，西欧等国将机械化、水利化、化学化、良种化等技术放在同等重要的地位同时发展，使农业劳动生产率和土地生产率同时提高。例如法国，从 19 世纪开始，由于受到非农产业高收入的吸引，农业劳动力从农业中大量外流，使农业劳动力日趋紧张，农业劳动力不足的问题日益凸显，与耕地不足的问题并存，甚至不得不从国外雇佣劳动力。一方面，法国从 20 世纪初开始使用农业机械，从此，节约劳动的农业机械技术在全国获得迅速发展。到 1985 年，仅有 177.3 万平方千米耕地的法国，拥有拖拉机达 152.6 万台、联合收割机 15 万台。另一方面，法国农用地尤其是人均耕地资源稀少，这就要求推广生物技术和化学技术等资源节约型技术，以提高土地生产率。早在 19 世纪中叶法国就开始使用化肥，化肥使用量逐年增加，1886 年为 8.8 万吨，1900 年为 24.3 万吨，1938 年增加到 110.8 万吨，平均每公顷施化肥 60 千克。以后，化肥使用水平进一步提高，到 1985 年平均每公顷化肥施用量已达 300.9 千克。

（四）日本

日本耕地面积为 551. 47 万公顷，占世界耕地总面积的 0. 4%，人均耕地面积为 0. 05 公顷，具有典型的"人多地少"的特征，因此土地经营规模小，只能通过精耕细作的方式提高农业劳动生产率。1950 年以前的日本，工业基础薄弱，农业劳动力资源丰富，因此没有像美国一样以机械化来提高农业生产率，而是采用了对以化肥、农药为主的化学技术，以及以农作物品种改良为主的生物技术的应用提高土地单位面积产量，以此来突破土地规模对农业产出增加的制约。到 1985 年，日本平均每公顷耕地化肥使用量已达 430. 4 千克，而同期美国每公顷耕地化肥使用量仅为 93. 7 千克。同时，日本还加强了农田水利设施建设，引入保温育苗技术，使土地的生产率大幅度提高。日本从本国农业资源结构和经济发展水平的实际出发，循着品种技术、肥料技术、栽培技术、灌溉技术、土壤改良技术等替代土地型技术的方向发展农业，这样不仅发挥了农业劳动力丰富的优势，而且极大地提高了土地生产率，使日本农业走上了现代化的道路。因此日本的农业技术进步类型是典型的资源节约型技术进步。

第三节　世界主要国家农业科技发展的重点领域

一　欧盟

欧盟的农业研发工作主要体现在其第七框架计划中。第七框架计划中与农业相关的领域是食品、农业和生物技术主题。该主题的预算为 19. 35 亿欧元，主要开展可持续管理、生物资源（微生物、动植物）生产和利用的知识进步方面的研究，主要目标是应对食品安全以及气候变化给农业、渔业可持续经营带来的挑战，使欧洲成为以知识为基础的"生物—经济体"，将为农业、渔业、饲养、食物、健康、森林及其相关产业提供更安全的基础、提供具有生态效益和竞争

力的产品与服务。具体研究活动包括土地、森林、水环境中生物资源
的可持续生产和管理，包括所有关于食品的生产与加工等各个阶段与
方面的研究。例如：改善如有机农场、优质生产计划等农产品收获与
加工体系；加强包含基因学、基因蛋白质学等新兴生物技术"组学"
的研究能力；促进动植物的健康与福祉、健全的饲养体系以及动植物
疾病的防治；保护、管理以及开发水生资源，发展具有竞争力和可持
续经营的农业、林业、畜牧业、渔业环境等；此外，还将开发有助于
农业或是农村发展所需要的管理评估工具，如土地管理、土地规划等
制度。在食品、卫生与健康领域具体包括食物生产、包装、运送以及
储存等各个阶段的研究；行为与认知科学；因饮食所引起的疾病；创
新食品与喂养过程；提高食品、饮料以及饲料的质量与安全性；食物
链各层面的研究；以及食物来源的追踪；等等。在可持续非食品类产
品与其加工制造的生命科学与生物技术领域包括新式养殖系统、生物
处理与生物精炼概念、生化触媒、林业与林业产品制程、环境修复与
清理程序等领域的研究，将会开发出改良的农作物和森林资源、原料、
水产品和用于能源、环境的生物质能源技术以及高附加值的产品。

二 美国

美国农业科技优先领域包括粮食安全和农业生产率的提高，还包
括食品安全、健康和营养、生物质能的开发和利用，以及农业对环境
的影响。具体研究方向是植物遗传资源、作物品种改良、基因组学。
同时，从遗传学、营养学等方面着手，提高畜禽繁殖率和生产率。把
提升农产品质量和营养成分作为农业科技的优先方向，重点开发准确、
可靠、成本低的快速测试技术，在食品上市前能够对微生物病原菌、
真菌毒素以及化学残留物进行测试和消除；开展人类营养学相关研究
和环境无害型、高附加值农产品加工技术，提高农产品的经济效益和
市场竞争力，该领域包括粮食营养品质的改良、食品营养构成的测定
和方法，以及可以将农业商品转化为增值的工业产品、替换燃料、新
纤维、皮革、饲料和食品的各种技术等。还开展碳减排和清洁能源供

给方面的研究，以及自然资源管理、农业对环境影响方面的研究。

三　日本

日本目前的农业研发重点包括：基因组研究；新型食品开发，包括功能食品开发、食品原料开发、食品安全检测技术开发、科学防伪技术开发；环保生物技术研发，主要有低成本、高转换率的生物质燃料（生物乙醇等）生产技术，有机塑料等生物制品的低成本生产技术，以及利用微生物或植物净化被污染土壤的生物修复技术等；农业生物技术与其他尖端技术的交叉利用，包括交叉生物技术和纳米技术，开发生物传感器和超微生物反应器等，进行生物体或细胞模拟；交叉生物技术和信息技术，开发遗传信息数据储存系统、生物信息可视成像以及水稻基因组仿真等技术。2008 年，日本出台了新农业基因组计划（2008—2013 年），主要研究内容包括遗传基因的开发与鉴定、分子标记辅助育种等内容。其中，分子标记辅助育种的研究目标是：培育具有多产性的籼稻、高温催熟性的粳稻及高度抗病虫性和耐冷性等特征的水稻品种；培育具有高温催熟性、抗稻飞虱、抗虫性和抗枯叶病，同时能够适应温度变化的水稻品种；培养可直接播种或者减少农业资源投入、市场性能高的新一代水稻品种；培育能够减少镉含量的水稻品种。

第四节　世界农业技术进步特点

一　生物质能在世界农业科技发展的战略地位凸显

随着石油价格暴涨和一次性化石燃料资源渐趋枯竭，能源问题已经成为当今世界经济社会发展的主要瓶颈，能源问题是经济问题，更是政治问题。在这样的大背景下，生物质产业迅速浮出水面，并在世界范围内引发了一场生物质能源的"能源革命"，这使农业原本已十分重要的战略地位进一步得到了强化，开发清洁的可再生能源刻不容缓，生物质能是唯一可以转化为气态、液态和固态的含碳清洁可再生资源。自 20 世纪 90 年代以来，生物质能的现代化利用在许多国家得到高度重视，欧盟在财税政策、技术装备、工程规模、产业模式、能源替代、环境效益等方面都已规范。联合国开发计划署（UNDP）、世界能源委员会（WEC）和美国能源部（DOE）都把生物质能当作发展可再生能源的重要选择。目前，经现代化转化的生物质能源约占世界一次性能源消费的 2%，发达国家平均约占 3%，美国、瑞典、奥地利三国生物质能源的利用分别占该国一次性能源的 4%、16% 和 10%，且仍在大力发展中。其中生物质发电是目前世界范围内总体上技术最成熟、发展规模最大的现代生物质能利用技术，1990—2001 年，国际能源组织（IEA）成员国的固体生物质发电装机容量逐年稳定增长，2001 年总装机容量达到 12 吉瓦，总发电量达到 840 亿千瓦·时，占可再生能源发电量的 6.1%。可见，生物质能有可能成为未来可持续发展能源系统的主要组成部分之一。

二 新技术的嫁接使传统农业的现代化进程日益加快

信息技术、新材料技术、生物技术等高新技术具有创新性、渗透性，使传统农业技术发生了质的飞跃，许多专家运用现代生物技术和常规育种技术相结合的手段，培育出了优质、高产、抗病、抗逆的动植物优良品种，运用组织培养和脱毒技术，实现林木、果树、蔬菜、观赏植物和药用植物等的快速繁殖，并促进生产体系的形成；使用现代生物技术使农作物自行制造氮肥，应用微生物工程改良土壤、增强地力。应用遥感技术、地理信息技术及全球定位技术使农作物播种、施肥、灌溉、喷药等更加科学、合理、精确，带来了施肥及施药的新技术革命。

三 生物技术逐渐在作物栽培领域普遍应用

作为生物技术应用最为迅速的作物技术，近年来转基因作物种植面积增长很快。2010 年的 29 个转基因作物种植国家居住着全球超过一半的人口（59% 或 40 亿人），并且产生了显著的多重效益，2009 年产生全球价值超过 100 亿美元（107 亿美元）。值得注意的是，在全世界约为 15 亿公顷的农田中，超过一半（52% 或 7.75 亿公顷）的农田在这 29 个国家。2010 年转基因作物首次占据了全世界 15 亿公顷农田的 10%，为未来的增长提供了稳定的基础。截至 2010 年，国际六巨头公司的商业转基因作物已经覆盖了这 29 个国家。2012 年，全球转基因作物种植面积达到 1.703 亿公顷，比 2011 年的 1.6 亿公顷增长了 6%，即 1030 万公顷（表 2 - 4）。从全球生物技术研究进展及商业化推广来看，目前，全球共有 24 种转基因作物的 144 个项目获得 670 项批准，玉米、棉花、油菜和大豆依次居批准项目的前列。

从转基因作物品种看，自 1996 年转基因作物商业化种植以来，全球主要转基因作物品种为大豆、玉米、棉花和油菜。

表 2 - 4　　　　　全球转基因作物商品化种植面积

年份	面积（百万公顷）	增长量（百万公顷）	增长率（%）
1996	1.7	—	—
1997	11	9.3	547
1998	27.8	16.8	153
1999	39.9	12.1	44
2000	44.2	4.3	11
2010	148	14	10
2011	160	12	8.1
2012	170	10.3	6
2013	175.2	5.2	3
2014	181.5	6.3	3.6

数据来源：根据国际农业生物技术应用服务组织提供的数据整理而得。

三　世界农业技术进步趋势

（一）基因技术和胚胎工程技术成为农业科技创新的主要热点

随着基因测序、转基因植物、转基因动物等生物技术的发展，现代生物技术在农业生产领域中的应用已进入一个高速发展期。生物育种、生物农药、生物固氮等农业生物技术已经取得了一定进展，为改良农作物和畜禽的品质、提高产量以及生产环保的农用物资做出了贡献。从1996年全世界转基因作物第一次商业化种植至2010年，全世界转基因作物种植面积累计达10亿公顷。2010年全世界转基因作物种植面积为1.48亿公顷，在1996年的170万公顷的基础上增长了86倍。在种植的转基因作物中，耐除草剂的大豆仍是种植面积最大的作物，占总转基因作物种植面积的50%，其次是玉米和棉花，分别占转基因作物种植面积的31%和14%。截至2010年年底，全球已有29个国家批准了转基因作物的商业化应用。尽管国际上对转基因技术争论不休，但得益于转基因技术带来的显著经济社会效益，许多国家正加快转基因技术发展的步伐，未来农业生物技术发展潜力巨大，推进基因技术的研究是大势所趋。

（二）智能化成为世界农业发展的主要方向

信息技术、传感器、智能机器人等在农业科技中大量运用，计算机将广泛地应用于乡间田头，渗透到农业种质资源、动植物育种、作物栽培、畜禽饲养、土壤肥料、植物保护、农田灌溉、农业机械、农业气象等各个领域，尤其是基于各种先进技术融合、交叉、渗透并与农业生产的有机结合，使农业科技创新最终呈现出"技术群体突破"的态势，并加速农业生产方式实现"智能化"的转变。专家预测，未来农业科技创新和生产模式将有质的飞跃，就像使用"傻瓜相机"一样，普通农民面对现代装置也能操作自如。这些技术应用于作物遗传育种方面，可以在计算机上面进行全天候的不间断的优化组合；在作物栽培方面，可以设计作物生长发育的全过程，根据不同条件下的作物形态、性能和外界影响因素，选择出最佳的施肥、灌水、除草等田间管理方案等，科学指导大田生产。随着网络技术和数字技术的飞速发展，智能化技术在农业领域的应用将迅速扩大。

（三）现代农业科学技术的日益交融成为未来农业科技发展的主流

现代农业科学技术在学科分化及分工的同时，学科间、门类间的交叉和融合是普遍现象，农业科学在自成体系的同时，与其他门类的自然科学及社会科学、人文科学、经济科学等将不断交融，从而形成新的学科交叉点和交融点，不断推进农业科技向深度和广度发展。随着高新技术的突飞猛进，农业领域已经发展成为现代生物技术、信息技术应用最广阔、最活跃、最富有挑战性的领域。未来农业科技的重大突破将使农业生产和科学技术产生质的飞跃，从而使农业生产达到更高的水平。

（四）农业成为高新技术发展最具有前景的产业领域

生物技术、信息技术等高新技术在农业生产领域的应用和信息传播的扩散，以及转基因生物工程特别是转基因作物的发展，带动农业产生历史性跨越，不仅使现代农业技术飞速发展，还使传统的农业生产和交易方式发生革命性变化，使人们更好地掌握农业自然规律和经济规律，对于农业发展战略的制定、农业生产的精准预测，以及体制、机制及政策的完善产生深远影响，农业正成为高新技术最具有前景的应用领域。

第五节　技术进步对世界农业发展的影响

一　技术进步对世界农业经济增长的贡献

（一）农业技术进步大幅度提升了世界农产品供给水平

自20世纪60年代以来，以培育作物新品种、改进农业生产技术的绿色革命的成功实践，推动着农业经济的不断增长，世界农产品生产效率不断提高。如图 2 - 1 所示，谷物总产量从 1961 年的 8.77 亿吨增长到 2011 年的 25.87 亿吨，增长了 1.95 倍。同期单产水平从1353.2 千克/公顷增长到 3708.2 千克/公顷，增加了 1.74 倍。蔬菜和瓜果类的单产水平也有了很大的提升，单产水平从 1961 年的 9373.3千克/公顷上升到 2011 年的 19184.7 千克/公顷，增加了 1.05 倍。畜产品的产量也呈迅速增长态势，世界肉类产量从 1961 年的 71357069吨增长到 2011 年的 297221758 吨，增加了 3.17 倍，年均以 6.33% 的速度增长。同期奶类产量由 344184744 吨增长到 727052012 吨，增加了 1.11 倍，年均增长 2.22%。世界谷物和畜产品单产呈稳定增长态势主要得益于农业技术的推广与应用，农业科学技术已成为推动世界农业发展的强大动力。以美国为例，科技支持贯穿美国农业发展的历程，不断进步的农业科学技术使美国成为世界上农业现代化程度最高的国家之一。从 20 世纪 40 年代的机械化到 70 年代开始应用计算机技术实现的生产自动化管理，以及后来在网络技术支持下的信息化，都是美国农业科技推动的结果。

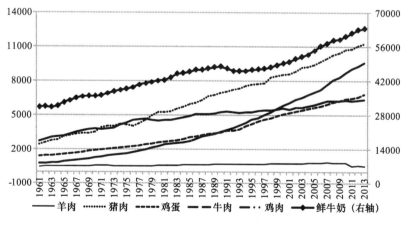

图 2 - 1　1961 年以来世界各类肉的产量变化情况

资料来源：联合国粮农组织数据库。

（二）世界农业技术进步促进了农业内部结构的变化

农业经济发展的核心是产业结构的优化、高级化，即农业产业构成中，技术密集型产业所占比重越来越大。如现代胚胎技术、克隆技术的发展，加速了畜禽良种的选育，使畜禽养殖的集约化水平大幅度提升，大大促进了畜牧业的发展，使农业产业结构发生了变化。随着畜牧业的发展，加大了对饲料产品的需求，带动了饲料产业的发展，使饲料作物种植面积不断增加，以畜禽育种、饲料种植及饲料加工的产业链逐渐形成，不仅加速了种植业内部结构的变化，还带动了农业内部结构的调整。随着杂交育种及转基因技术的发展，加速了农作物新品种的选育与推广，使作物的品种结构逐步优化。

（三）世界农业技术进步促进了新兴产业的快速形成及发展

当前，科学技术的迅速发展，农业生产日益科技化，特别是高科技向农业转移，促使农业科学技术有了很大发展。近年新发展起来的生物技术、电子计算机技术、遥感技术、微电子技术、激光技术、同位素示踪技术等同传统农业技术相结合，赋予了常规农业技术新的技术手段，把农业生产推上一个新水平。生物技术在农作物中已有广泛的应用，从20世纪70年代的技术突破期开始，全球转基因作物育种产业发展目前已进入战略机遇期，全球转基因农作物种业效益快速增长。统计表明，2010—2011年转基因农作物种业销售额为156.85亿美元，占种子市场总量的45.5%，增长率达21.9%。而同期非转基因农作物种业销售增长率仅为4.8%。四大转基因作物种植面积也创新高，2011年全球大豆面积的四分之三（75%）、棉花面积的五分之四（82%）、玉米面积的三分之一（32%）、油菜面积的四分之一（26%）种植的都是转基因品种。

以计算机技术、通信技术、网络技术等为基础的信息技术广泛应用于作物生产、畜禽生产、农业机械、农业经济、农产品加工、农业环境监测与控制、粮食仓库管理、作物产量预测、农业病虫预报及农业信息服务等方面，使农业生产方式发生了深刻的变革。微电子技术已由计算机自动控制技术向利用人工智能机械或机器人方向发展。美国、法国、日本的农田机器人都已进入实用阶段，主要用于温室盆钵装土、育苗扦插、移苗、组织培养操作，以及产品收获和包装等，许多由人工完成的劳动，可以通过机械轻而易举地完成，大大降低了农业工人的劳动强度。

此外，以高科技为基础的设施农业也得到了迅速发展，由于设施农业摆脱了传统农业生产条件下自然气候、季节变化的制约，不仅使单位面积产量及畜禽个体生产量大幅度增长，而且保证了农牧产品的供应，尤其是保证了蔬菜、瓜果和肉、蛋、奶的全年均衡供应，是一种集约化程度很高的新兴农业产业。这就可以不分季节、夜以继日、连续不断地进行生产，使农作物的生长速度大大加快，生产周期大大缩短，产量大大增加。

（四）世界农业技术的发展大大提升了资源的利用效率和水平

近半个世纪以来，人口的增长率呈迅速上升趋势，总人口从1961年的30.86亿增长到2011年的69.74亿，到2025年人口可能达到80亿，而人们生活水平的提高增加了对农产品的需求，而支持粮食生产的资源（耕地、淡水等）却在不断减少，人均耕地面积不断下降，由1980年的0.3公顷/人减少到2011年的0.2公顷/人（图2-2），并且仍呈不断下降趋势，因此必须依靠科学技术才能养活越来越多的人口。20世纪农业科学技术取得长足的进步，特别是20世纪50年代的绿色革命，解决了19个发展中国家粮食自给的问题，世界各国科技对农业增长的贡献率一般都在70%以上，像以色列这样极度缺水的国家，它的科技对农业的贡献率达到90%以上。

随着全球性水资源供需矛盾的日益加剧，世界各国将节水灌溉技术、固化渠道和管道输水技术、现代喷微灌技术、生物节水技术等现代节水技术广泛应用于农业生产中，大幅度提高了水资源的利用率，农业用水比重由1980年的88%下降到2000年的70%以下。

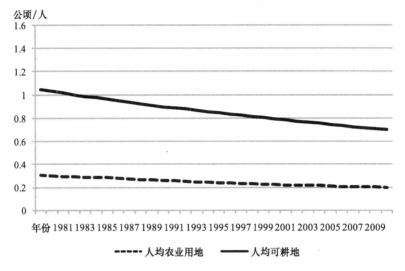

图 2 - 2   1961—2011 年世界人均农业用地及人均
可耕地变化情况

资料来源：联合国粮农组织数据库。

二   技术进步对世界农业发展的负面效应

科技是人类社会发展的不竭动力。当今科技的突飞猛进及其在农业生产中的大量推广应用，促进了农产品产量的提高及品质的改善，有力地推动了经济社会的发展。但同时也带来了令人恐慌的严重的社会问题。诸如环境污染、生态破坏、资源短缺、食品安全等问题，不断地冲击人本身及人类伦理道德，促使人们对科技及其对社会的影响做深刻的反思。本部分将从外部性角度勾勒技术进步可能带来的隐患或负面效应。

（一）农业面源污染呈加重趋势

化肥、农药、除草剂、农膜和转基因技术等在促进全球农业经济增长的同时，由于人们不合理地大量施用化肥、农药、除草剂等化学试剂，对农田土壤和环境造成了污染。农业面源污染已成为当今世界普遍存在的一个严重的环境问题，从全球范围来看，30%—50%的地球表面已受面源污染的影响，并且在全世界不同程度退化的12亿公顷耕地中，约12%是由农业面源污染引起的。美国环保局2003年的调查结果显示，农业面源污染是美国河流和湖泊污染的第一大污染源，导致约40%的河流和湖泊水体水质不合格。在欧洲国家，农业面源污染同样是造成水体特别是地下水硝酸盐污染的首要来源，也是造成地表水中磷富集的最主要原因。土壤受到污染不仅导致其自身自然功能失调、土质恶化，也影响植物正常生长发育，造成有害物质在植物体内的聚集，并可通过食物链进入人体，危害人体健康。此外，污染物还会随水土流失扩散到水体，加剧整个环境污染，这给农业的进一步发展造成了一定的困难，同时也危及人类自身的安全。

（二）引起了人们对农产品质量安全的担忧

顺长剂、增肥剂、膨大剂、着色剂、保鲜剂等食品添加剂的使用虽然美化了产品的外观，却降低了产品质量，有些添加剂所含成分还对人们的身体健康造成威胁。如20世纪80年代中期至90年代中期，英国及其他欧洲国家爆发的疯牛病令全球瞩目。1996年3月20日，英国首次承认吃了疯牛羊肉感染"克－雅氏病"。1989年在西班牙发生的"瘦肉精"事件，以及近年来国内发生的"红心鸭蛋"事件、"多宝鱼"事件、"三鹿婴幼儿奶粉"事件、"毒韭菜"事件等农产品质量安全事件引起了人们对食品安全的恐慌。这些生长调节剂、添加剂的使用，往往使人们对食品安全事件比较担忧。如葡萄增红剂的使用增加了葡萄的商品价值，却降低了其营养价值；激素、抗生素在养殖业中的应用使许多人心有余悸，有的人不敢食用肉食鸡，有的人不敢喝牛奶，有的人甚至不敢食用从鱼塘中钓上来的鱼。由于缺乏相应的食品安全管理法规和条例，导致与之有关的事件层出不穷。具体见表2－5。

表 2 - 5　　　　　　　　　近年来部分农产品质量安全事件

年份	农产品质量安全事件
20 世纪 80 年代中期至 90 年代中期	欧洲 "疯牛病" 事件
1996 年	日本 "O - 157" 大肠杆菌事件
1998 年	中国香港、广东 "瘦肉精" 污染事件
1999 年	比利时、荷兰、法国、德国相继发生的 "二噁英污染" 事件
2004 年	"阜阳奶粉" 事件、"染色橙" 事件
2005 年	"苏丹红" 事件、PVC 保鲜膜致癌事件
2006 年	"红心鸭蛋" 事件
2008 年	"三鹿婴幼儿奶粉" 事件、"沙门氏菌" 事件
2010 年	海南 "毒豇豆" 事件
2011 年	双汇 "瘦肉精" 事件、"染色馒头" 事件、"塑化剂" 事件、"毒韭菜" 事件
2013 年	"镉大米" 事件

（三）生态环境恶化

自 20 世纪以来，由于世界人口的急剧增长和快速的工业化，自然资源快速消耗，出现了气候变暖、土地退化、水资源污染、生物多样性减弱等重大资源、环境问题，对人类的生存、生活、发展构成了严重的威胁。温室效应与全球气候变暖趋势明显，将导致气候的变化，进而对农业和全球粮食安全造成必然的影响。全球大气污染对农业生态环境的影响主要有全球温室效应、臭氧层破坏、酸雨频降等。众多研究表明，平流层臭氧浓度减少 10%，地球表面的紫外线辐射强度将增加 20%，这将对人类健康及地球的生态系统产生严重影响。此外，全球水污染的问题也十分突出，目前，全世界每年约有 4200亿立方米的污水排入江河湖海，其中农业的水污染主要来源于肥料和农药，还有大量的溶解性盐类。1971—1979 年，世界范围内的平均肥料用量为 55 千克/公顷，2010 年增加到 98.2 千克/公顷，亚洲的肥料用量甚至达到 174.98 千克/公顷，远高于其他地区。此外，发展中国家的化肥、农药施用量也在不断增加，在大量化肥、农药使用的情况下，农田排水携带大量的硝酸盐、磷酸盐进入河流和湖泊，造成水体污染。

表 2-6　　　　　世界各大洲农业可耕地的氮磷化肥使用情况

单位：千克/公顷

	2002	2003	2004	2005	2006	2007	2008	2009	2010
非洲	16.01	17.03	17.91	17.02	15.74	15.73	16.84	15.19	16.24
美洲	66.79	73.63	74.51	71.00	73.59	80.79	69.89	68.62	76.97
亚洲	129.18	130.90	134.45	142.05	152.16	154.38	153.80	173.46	174.98
欧洲	56.56	59.86	58.15	56.83	56.96	61.39	55.35	55.03	58.72
大洋洲	56.17	58.77	57.14	60.86	56.60	60.82	52.40	42.02	62.79
世界	79.29	82.35	83.83	84.93	88.92	92.15	87.57	93.82	98.20

数据来源：FAO 统计数据库。

（四）农业资源的过度消耗

随着世界人口的增加以及人类需求的增加，农业资源紧缺的现状已日趋严重。世界耕地资源的数量正在减少，后备耕地资源有限，耕地质量受到严重退化的威胁。世界上现有耕地 13.7 亿公顷，但每年损失 500 万—700 万公顷。联合国环境规划署（UNEP）的一份报告指出，过去的 45 年中，由于农业活动、砍伐森林、过度放牧而造成中度和极度退化的土地达 12 亿公顷，约占地球上有植被地表面积的

11%。而且世界每年有600万公顷土地变成沙漠，另有2100万公顷土地丧失经济价值。在淡水资源方面，世界用水量中，农业用水占69%，而且农业用水量随着灌溉面积扩大而迅速增加，1950—1975年的25年间，世界灌溉面积占耕地面积的比重不断增加，使世界粮食产量不断提高，农业灌溉用水的增加不仅出现了用水紧张的问题，而且大约有25%的灌溉水会以废水的形式回归到径流中，从而也是造成水污染的主要因素。

第六节　世界农业生物技术问题

农业生物技术是农业现代化的重要组成部分，是21世纪农业科技的先导部分。其研究内容包括：农业有关生物体的基因工程、细胞工程、发酵工程、酶工程等领域。植物组织细胞培养的研究开始于20世纪30年代，至20世纪末，农作物的细胞工程（含原生质体培养、植物体细胞杂交、快繁技术和人工种子等）的研究规模不断扩大，新成果也不断涌现。为了争夺未来农业生物技术产品市场，许多国家制定和采取了一系列有力的政策法规及重大支持措施，以鼓励和推动生物技术的研究和开发。美国的"面向21世纪的生物技术"计划，日本的官、产、学一体化推进21世纪的生物技术计划，欧洲的"尤里卡计划"，都把农业生物技术列为优先领域，力图占据农业生物技术的前沿。

一　世界农业生物技术产业发展趋势

（一）基因组学的研究逐渐得到各国的重视

随着植物分子生物学研究内容的不断深入和研究方法的不断更新，20世纪80年代末出现了一个新的研究领域——基因组学（Genomics）。基因组研究被认为是20世纪最重大的科研计划之一。从国际角度来看，世界各国政府继续加大对生物技术基础研究的投入和支

持力度，如：美国继 1990 年首先启动人类基因组计划之后，又启动
了微生物基因组计划；日本每年拨出 2 亿美元用于水稻基因定位研
究；欧洲各国政府也都支持粮食和蔬菜的基因定位研究。21 世纪基
因组的研究将由"结构基因组"向"功能基因组"转变。基因组学
涉及的研究内容与生物技术直接相关，对生物技术产业产生巨大的推
动作用，以"基因"为核心的生物技术产业已经形成并迅速发展。

（二）生物农药和生物肥料技术是未来农业生物技术领域的重要方向

世界环境与发展大会在 1992 年就明确要求在全球范围内控制化
学农药的销售和使用，生物农药的用量将逐步达到 60%。联合国粮
农组织也做出了在近几年内减少使用 50% 化学农药的规划。1994 年，
美国公布了 43 种化学农药为禁止使用物，11 种为严格限用物。欧盟
2004 年规定对 160 多种化学农药重新登记。在生物农药和生物肥料
的研究开发上也取得较大进展，比如在抗生素农药研究与开发方面，
日本将有效霉素、春日霉素、多氧霉素、灭瘟素、四抗菌素、双丙氨
磷、灭粉霉素等几十个农用抗生素用于农业生产。美国投产的农用抗
生素和畜用抗生素达几十个品种。德国正在积极开发抗病杀虫的农用
抗生素。印度已研究开发出处理种子用的金色制毒菌素和杂曲霉素，
用于防治大麦、水稻等植物病害。俄罗斯已研究开发出灰黄霉素、抗
真菌素、植菌霉素、木要素等。美国、加拿大、俄罗斯、法国、澳大
利亚等国家病毒农药的研究和开发进展速度较快。据报道，西方国家
约有 35% 害虫可用昆虫病毒防治，现在投入生产的病毒农药有几十
种，其中以棉铃虫核多角病毒在产量和应用上居领先地位。

（三）农业生物基因工程技术不断成熟，产业化步伐加快

20 世纪 80 年代初，世界上第一例转基因植物诞生。迄今为止，
全球共有 50 多种转基因植物产品被正式批准投入商品化生产，其中
抗除草剂、抗虫的转基因大豆、玉米、棉花、油菜等多种作物已大面
积商业化种植。虽然转基因生物安全性一直存在争议，但总体看来，

转基因植物的研究和产业化也在争论中不断发展。据国际农业生物技术应用服务组织（ISAAA）的资料表明，由于转基因作物在产量、经济、环境和物质财富等方面带来的持续、显著的效益，2009 年有 25 个国家的 1400 万户的小农户和大农场主种植了 1.34 亿公顷的转基因作物，达到历史最高点。1996—2009 年，转基因作物种植面积空前地增长了 80 倍，使转基因成为农业发展近代史上利用最快的作物技术。从效益来看，转基因作物带来了巨大的经济和社会效益。英国独立调查顾问机构 PG Economics 在其发表的《2013 转基因作物全球收益与生产效益报告》中显示，在 16 年时间里（1996—2011 年），全球累计农业增益为 982 亿美元。在总的农业收益中，49%（480 亿美元）源于降低虫害及杂草胁迫和改良基因所带来的产量增长。除经济收益外，种植转基因作物使得杀虫剂的喷洒量降低了一半，因此减少了农民直接接触杀虫剂，更重要的是有助于可持续的环境改善和生活质量的提高。

二　世界各国对农业生物技术的政策取向

（一）各国农业生物技术政策的比较分析

各国政府对待农业生物技术的态度直接体现在其政策措施上。Parrlberg（2001）把国际上各个国家的政策取向划分为四种类型：促进型政策（Promotional）、认可型政策（Permissive）、谨慎型政策（Precautionary）和禁止型政策（Preventive），即"4P"政策。不同的国家在技术、经济社会发展水平、食品安全政策、国际贸易以及 GMO 相关知识等方面的差异，导致不同国家 GMO 技术的政策差异较大。

表 2-7 表明，无论是在公共研究投资、食品安全、国际贸易，还是在知识产权保护方面，美国都是农业生物技术的坚定支持者，仅在生物安全管理领域实施认可型政策。美国这种政策取向可能与美国强大的研发能力和雄厚的与农业生物技术相关的知识储备有关，也是其为了提高国际市场份额、垄断技术优势的动机所在。欧盟以谨慎政

策为主，这可能与政府和消费者对转基因食品安全和各种潜在威胁始终保持高度警惕有关。农业生物技术政策的差异直接导致了农业生物技术在该国应用方面的差异。

表 2 - 7　　　　　　　　农业生物技术的主要政策比较

	促进型政策	认可型政策	谨慎型政策	禁止型政策
公共研究投资	有明确的优先发展战略和规划，投入大量的财政资金，促进转基因技术的开发及技术应用	有优先发展战略和规划，但财政资金主要用于已有转基因技术在本国的应用上面，并不开发新的转基因新技术	未制定优先发展战略和规划，没有财政资金而只有国外援助资金用于转基因技术在本国的开发与应用	未制定优先发展战略和规划，既没有财政资金也没有援助资金用于转基因技术的开发与应用
生物安全管理	仅参照别国的审批情况进行象征性的评价或管理，甚至根本不进行安全性检测与评价	以产品为基础的科学的个案分析方法，认为转基因技术本身没有潜在的危险性	以技术为基础的严格的生物安全管理审批程序，认为转基因技术本身具有潜在的危险性	实行非常严格的生物安全管理审批程序，甚至禁止从事有关的基因工程工作
食品安全	不要求对转基因食品在上市时加标签，认为其与常规食品没有本质区别	实行不太严格的加标签制度和上市时的隔离制度	实行严格的强制加标签制度和在市场销售时的隔离政策，让消费者自由选择	以警告性的标签说明转基因食品对消费者不安全或禁止转基因食品上市
国际贸易	主张转基因产品的进出口贸易不应受到额外的检测制度的限制	对进口的转基因产品实行检测制度，但检测标准及要求不太严格	实行严格的检测制度，并以安全性为借口限制转基因产品的进口	禁止进口任何含有转基因成分的转基因产品

续表

	促进型政策	认可型政策	谨慎型政策	禁止型政策
知识产权保护	实行专利保护和植物新品种保护的双重保护体系	只实行植物新品种保护，不保护农民特权	植物新品种保护，保留农民特权，即农民可以自留种子	没有制定对植物新品种进行保护的法规，或者即使有法规而执法力度不够

资料来源：Parrlberg，*Governing the GM Crop Revolution*：*Policy Choices for Development Countries*，Discussion Paper 33，International Food Policy Research Institute，2001。

（二）世界主要国家农业生物技术的应用及政策

21 世纪的农业生物技术的发展前景将非常广阔，被各国政府看好。据国际农业生物技术应用机构（International Service for the Acquisition of Agri-biotech Applications，ISAAA）的统计和预测，在全球范围内，1998 年转基因农作物的销售额为 12 亿—15 亿美元，2000年达到 30 亿美元，2005 年达到 80 亿美元，2010 年达到 280 亿美元。2012 年全球转基因作物总种植面积较上一年又有大幅度增长，已达到 1.703 亿公顷（折合为 25.55 亿亩，为我国耕地面积的 1.4 倍）。与产业发展之初的 1996 年相比，17 年间面积增长了 100 倍。目前全世界生产的 81% 的大豆、81% 的棉花、35% 的玉米、30% 的油菜都是转基因品种。除了 28 个国家批准种植转基因作物以外，还有 30 个国家批准进口转基因产品用于食品和饲料加工，相关区域的人口占世界总人口的四分之三以上，农业生物技术已成为世界新技术革命的重要组成部分。

1. 美国

美国是世界农业生物技术发展最早的国家，农业生物技术应用已经进入产业化阶段，各类生物技术和相关产品已经在农业生产的各个方面得到广泛应用，发挥了重要作用，并为农业产业化、现代化注入了巨大的活力。为了确保其在生物技术产业的领先地位，建立了高层协调机制和产业组织体系，每年投入生物技术研发的经费达 380 多亿美元，已先后形成了 5 个生物谷，培育了 1400 多家生物技术企业。

美国在推动生物技术四大工程（即基因工程、细胞工程、酶工程和发酵过程）在农业领域应用的同时，也从传统农业步入生物工程农业时代，自 20 世纪 70 年代以来，美国利用基因育种技术，培育出了一批具有高产、抗虫、抗病、抗旱涝等特征的农作物品种。另外，在病虫害综合防治方面，通过生物农药防治植物病虫害，或是使"天敌"能够在体内合成制毒等物质，用作生物农药来防治植物病虫害。此外，生物技术在美国农业中的应用，还让动植物成为制造"使用疫苗"和药物等的"工厂"，利用水果、蔬菜生产抗肝炎、霍乱等传统疾病的疫苗。

自美国 1996 年开始第一个基因改良作物种植以来，美国生物技术作物种植面积从 150 万公顷扩大到 2004 年的 4470 万公顷，8 年间增长了 29 倍，约占世界种植面积的 66%，是生物技术作物的最大产地和市场。当前，美国的玉米、棉花、大豆、油菜、番茄、甜瓜、水稻、亚麻、甜菜、南瓜等作物已有可供商业化种植的生物技术作物品种。据美国农业部的统计，2004 年美国生物技术大豆面积为 2573 万公顷，占全国生物技术作物总面积的 57.6%，生物技术玉米面积为 1474 万公顷，占 33.0%，生物技术棉花为 421 万公顷，占 9.4%。在农业生物技术进步的带动下，农业生物技术公司也蓬勃发展起来，在世界颇具影响力的农业生物技术公司美国孟山都公司经过 20 多年的不断并购和生物技术创新，已由传统的化学农业公司成功转型为农业生物技术公司，2004 年营业额为 60 亿美元，居美国生物技术公司第二位。在全世界 20 大农业生物技术公司中，美国占了 10 家。

美国是许多转基因作物的发源地，也是全球最大的种植国。据总部设在美国的国际农业生物技术应用服务组织统计，2012 年美国转基因作物种植面积达 6950 万公顷，居世界第一；巴西以 3660 万公顷位居第二。美国农业生物技术应用之所以取得如此巨大的成就，主要应归根于其农业生物技术产业的技术政策、竞争政策及商业化政策的运用。在技术研发方面，已经形成由政府、企业、科研机构和大学构成的联合研发机制。在投入方面，美国通过诸如税收政策、政府担保、研发补贴及信息服务等一系列优惠措施对农业生物产业进行投资，进而推动农业生物技术产业的快速发展。

2. 欧盟

欧盟将现代生物技术视为其长期可持续发展的重要依托技术之一。特别是在疯牛病、口蹄疫等流行性疾病和食品安全问题频频出现的严峻形势下，欧盟意识到必须充分应用生物技术的研发成果，消除自身面临的粮食短缺、环境污染、疾病危害、资源匮乏、食品安全等方面的危机。因此，欧盟在大力倡导生命科学和生物技术战略的同时，将农业生物技术作为研发重点领域，加快农业生物技术产业化，努力提高其农业经济国际竞争力。如法国，2004 年启动新的生物技术研究项目，分别是针对生活的生命科学研究、基因组学、扩大对癌症的研究、传染疾病、再现生理学的核心作用等。英国生物技术研究的重点是后基因组学和蛋白质组学。2003—2006 年，基因组研究计划继续实施并扩大为包括蛋白质组学的研究，研究经费增长至 3.82 亿英镑。在转基因产品的种植方面，欧盟境内允许种植的两种基因工程作物是 MON810 GE 玉米和 Amflora 土豆。自 2007 年以来，欧盟的基因工程玉米的种植面积一直保持相对稳定，在 90000—120000 公顷范围内波动（表 2-8）。此外，欧盟大力发展生物质能源产业，规划到 2020 年，生物质燃料将取代 10% 的燃料油消费，2050 年达到 50%。欧盟自 20 世纪 90 年代初开始，就要求成员国大力发展生物质能源，积极发展能源农业，以缓解能源供需矛盾，改善环境。

表 2-8　　　　　　部分欧盟成员国基因玉米种植面积　　　单位：hm²、%

成员国	2003 年	2004 年	2005 年	2006 年	2007 年	2008 年	2009 年	2010 年	2011 年（估计）
西班牙	32249	58219	53226	53667	75148	79269	79706	76575	80200
葡萄牙	0	0	730	1254	4199	4856	5094	4869	7300
捷克共和国	0	0	250	1290	5000	8380	6480	4678	4000
波兰	0	0	0	100	100	300	3000	3500	3900
斯洛伐克	0	0	0	30	930	1930	875	1281	1000

续表

成员国	2003 年	2004 年	2005 年	2006 年	2007 年	2008 年	2009 年	2010 年	2011 年（估计）
罗马尼亚	0	0	0	0	331	7146	3400	822	590
德国	0	500	342	947	2685	3171	0	0	0
法国	17	17	500	5200	22135	0	0	0	0
基因工程玉米种植面积	32266	58736	55048	62488	110528	105052	98555	91725	96990
玉米种植总面积	9000000	9677000	9169000	8492000	8444000	8854000	8284000	8000000	8600000
基因工程玉米所占比重	0.353	0.607	0.6	0.736	1.309	1.186	1.19	1.147	1.128

资料来源：Marie-Ceile Henard、Lashonda McLeod、外国农业局欧盟生物技术专家组等：《欧盟 27 国农业生物技术年报》，《生物技术进展》2012 年第 1 期，第 65 页。

3. 日本

随着人类基因组测序计划的完成，一场生物技术产业的竞争拉开了序幕，日本也不例外，各大研究机构及风险企业都把目光聚焦于21 世纪产业新增长领域之一的生物技术。日本也将生物技术产业作为核心产业加以发展。生物技术产业，被认为是推动 21 世纪日本经济增长的强大动力。日本在生物技术领域也采取了一系列重大举措，其中最引人注目的是日本政府成立了以前首相小泉为首的生物技术战略会议，并颁布了生物技术战略大纲，明确了具体的战略重点及实施计划。日本的生物技术法规科学而透明，新转基因成分通常在可以接受的时间内审批，审批期限基本上符合行业的期望。迄今为止，超过130 种转基因成分已经获得食品用途的批准。日本目前投入力度最大的转基因研究对象是水稻，主要着眼于抗病性育种、抗倒伏、提高产量及米质等方面。其次是抗除草剂玉米、大豆、油菜等新品种的选育，也有部分黄瓜、土豆、草莓、甜瓜等的选育。

在农业生物技术政策方面，日本厚生劳动省（MHLW）负责转基因产品的食品安全，而农林水产省（MAFF）负责饲料和环境安全。食品安全委员会（FSC）是一个独立的风险评估主体，为厚生劳动省和农林水产省执行食品和饲料安全风险评估。因此，日本监管机构可以成为美国农民获得生产技术的决定因素。此外，出口到日本的货物中如果存在未经批准的转基因作物则会导致成本高昂的出口检验要求和贸易中断。为了解决这个问题，生物技术行业组织（BIO）的《产品投放管理政策》中规定，新转基因作物必须要在日本获得批准之后才能够在美国进行商业化生产。同样，全国玉米种植者协会关于生物技术的立场是，转基因品种必须要获得日本监管机构的完全批准。

三　现代农业生物技术对农业发展的贡献

随着人类对生存环境的开发和利用，人类也给生存环境带来了严重的灾难。环境污染、物种减少、生态失衡、资源枯竭等现象已经引起世界各国人民的关注。生物技术作为一种新生事物，它在减少环境污染、保持生物多样性、保障粮食安全、改善品质、开发利用环境资源等方面为农业的发展做出了重要贡献。

（一）农业生物技术对保障全球粮食安全的贡献

随着全球人口规模的增长，对粮食的需求量日益增加，加上全球气候变暖带来的环境变化，以及土地及水资源的日益稀缺等问题，使得增加粮食供给成为各国普遍关注的议题。而农业生物技术作为农业科技革命的强大推动力，在其应用的近二十年里显示了其在提高粮食生产力、增加产量方面的巨大潜力。生物技术可以提高作物产量、改善作物品质，为人类生存提供基本保证。利用生物技术，能够开发出具备更加适合人们需要的生物特性的农产品品种。自从转基因作物商业化以来，种植面积迅速扩大，从 1996 年到 2012 年增长了 100 倍，

由 170 万公顷增长至 1.7 亿公顷，这是前所未有的突破。Klumper 和
Qaim（2014）利用在世界各地进行的农场调查或者田间试验得出的
原始数据，对过去 20 年 147 项已知转基因作物研究进行了综合分析，
并且报告了转基因大豆、玉米或者棉花在作物产量、农药的使用和农
民利润方面的影响。结论显示"转基因技术的采用使化学农药的使
用减少了 37%，作物产量增加了 22%，农民利润增加了 68%。抗虫
作物的产量增益和农药减少的程度大于抗除草剂作物。发展中国家比
发达国家的产量和利润增益高"。2014 年对过去 20 年全球 147 个已知
转基因作物种植效益的综合分析表明，转基因作物在 1995 年至 2014
年间产生了多重重大效益，采用转基因技术使化学农药的使用率降低
了 37%，作物产量提高了 22%，农民利润增加了 68%。到目前为
止，转基因棉花已经在中国、印度、巴基斯坦、缅甸、玻利维亚、布
基纳法索和南非等发展中国家为超过 1500 万资源贫乏的小农户的收
入做出了重要贡献，并且这一贡献在转基因作物商业化进程中还将继
续增强。

（二）农业生物技术有效解决了能源危机

随着经济的发展，世界对能源的需求日益高涨，由于煤炭、油气
等资源十分有限，因此通过生物技术开发可再生能源成为各国关注的
焦点。农业生物技术在谷物、纤维素、半纤维素等产品的利用上取得
突破，将其转化为生物产品或生物能源，不仅能缓解能源短缺，又能
形成新的产业，促进农产品的深加工及拓展。

欧盟虽然对转基因作物持谨慎态度，但自 20 世纪 90 年代初开
始，欧盟就要求成员国要大力发展生物质能源，积极发展能源农业，
以缓解能源供需矛盾、改善环境。按照欧盟的要求，到 2020 年生物
质燃料在传统燃料市场中应占有 20% 的比例。

（三）农业生物技术产业有助于节约耕地，保护生物多样性

1996—2011 年节省 4.73 亿公斤的杀虫剂，更好地维护了环境；
仅 2011 年一年就减少 231 亿公斤 CO_2 排放，相当于从公路上移走大

约 1020 万辆汽车；通过节省 1.087 亿公顷土地，保护了生物多样性。转基因作物是一种节约耕地的技术，可在目前 15 亿公顷耕地上获得更高的生产率，并因此有助于防止砍伐森林和保护生物多样性。发展中国家每年流失大约 1300 万公顷富有生物多样性的热带雨林。如果在 1996—2011 年转基因作物没有产出 3.28 亿吨额外的粮食、饲料和纤维，那么需要增加 1.087 亿公顷（Brookes and Barfoot，2013）土地种植传统作物以获得相同产量。这增加的 1.087 亿公顷耕地中的一部分将极有可能需要耕作生态脆弱的贫瘠土地（不适合作物生产的耕地）和砍伐富有生物多样性的热带雨林，生物多样性将会因此遭到破坏。

（四）农业生物技术应用减少对农业环境的影响

人类赖以生产的自然环境由于过度开发和利用导致人类面临资源枯竭的局面。传统农业生产过程中对环境有严重影响，而使用生物技术能够减少这种影响。迄今为止使用生物技术获得的益处包括：显著减少杀虫剂喷洒，节约矿物燃料，通过不耕或少耕土地减少 CO_2 排放，通过使用耐除草剂转基因作物实现免耕、保持水土。1996—2011年，农药活性成分（ai）累计减少了 4.73 亿公斤，少用了 8.9% 的农药。根据环境影响指数（EIQ）的测量，这相当于少用了 18.3% 具有相关环境影响的农药。测量为综合型测量，基于各种因素对单个活性成分的净环境影响所做出的贡献。仅 2011 年一年，就减少了 3700 万公斤农药活性成分（相当于少用了 8.5% 的农药）以及 22.8% 的 EIQ（Brookes 和 Barfoot，2013）。此外，转基因作物可帮助减少温室气体排放，并且从两个主要方面减缓气候变化。首先，通过减少使用矿物燃料、杀虫剂和除草剂，永久性地减少 CO_2 的排放，2011 年约减少了 19 亿公斤 CO_2 排放（相当于路上行驶汽车的数量减少了 80 万辆）；其次，由于转基因粮食、饲料以及纤维作物保护性耕作（由耐除草剂转基因作物带来的少耕或免耕），使得 2011 年额外的土壤碳吸收了相当于 211 亿公斤的 CO_2 或相当于减少 940 万辆上路行驶的汽车。因此在 2011 年，通过吸收方式，永久性和额外减少了共计 230 亿公斤

的 CO_2，相当于减少了 1020 万辆上路行驶的汽车（Brookes 和 Barfoot，2013）。

四　各国对农业生物技术的反思

尽管农业生物技术给人类带来了巨大的效益，转基因作物也迅速在全球各地种植，但对转基因技术的争论一直没有停止过。

（一）美国开始全面反思转基因技术

虽然美国是国际公认的转基因生物技术发展最快的国家，但目前美国更多的农民决定种植非转基因大豆，转基因大豆种植的亩数出现下降，大豆协会、大学与粮商的代表一致认为，对非转基因大豆的需求在增加，使得农民更多地种植非转基因大豆。

美国对转基因大豆的反思开始于 2009 年。2009 年 5 月，美国环境医学科学研究院推出的报告认为转基因食品对病人有严重的安全威胁。一些动物实验表明，食用转基因食品有严重损害健康的风险，包括不育、免疫问题、加速老化、胰岛素的调节问题和主要脏腑及胃肠系统的改变，结论认为转基因食品和健康的不利影响之间不是毫无关系的，而是存在着因果关系。美国卫生部 2009 年年底也发表科学论文，指明转基因食品可对内脏造成伤害。据美国国家科学基金会的调研报告显示，多数民众对转基因持有负面态度和怀疑态度。美国国家科学院用 16 年的实践事实和统计数据明确说明，长期种植转基因作物会给农业经济带来无法弥补的副作用。过去一直支持种植转基因作物的美国农业部的最新统计认为，种植转基因作物后，农田作业的燃料成本提高了一倍多，农药的用量超过了天然作物种植，种子成本也大幅度上升。

（二）欧盟对农业生物技术产品的态度

欧盟在 1996 年和 1997 年分别批准了转基因玉米和转基因大豆的商品化种植，1998 年 3 月之前欧盟又陆续批准了其他七种转基因作物进行小规模的商品化种植。此后几年，世界上对于转基因作物的安全隐患争议越来越激烈，对于食品安全相当敏感的欧洲地区不得不重新调整其政策取向，变得更加小心谨慎。就在美国大规模进行转基因产品商品化生产的同时，欧盟只允许少量的转基因产品的种植、进口和在欧盟内市场上出售。2010 年 7 月，欧盟委员会同意欧盟 27 个成员国可以自主决定是否全部或者部分引种转基因农作物，但转基因产品的标签必须标注。2010 年 11 月，欧盟委员会发布了《转基因作物环境风险评估指南》，提供转基因作物环境评价的指导原则。自此，成员国对待农业生物技术产品的态度开始发生变化。如德国对生物技术作物和传统有机作物的共存的态度比较复杂而且不断变化。德国联邦和地方政府已经制定了各种种植禁令，设定了隔离距离以及其他要求。2010 年 12 月，德国食品、农业和消费者权益保护部的科学政策顾问委员会公布了有关共存的额外建议。葡萄牙对转基因作物的种植一直都保持不温不火的态度。作为饲料用大豆和玉米的净进口国，禽类、猪肉和饲料协会赞成增加转基因饲料原料的进口量；但是，国内有组织地反对生物技术的非政府组织具有一定的影响力。捷克共和国、波兰、葡萄牙、罗马尼亚、斯洛伐克和西班牙一直对生物技术持较开放态度。

总体来看，虽然欧盟对于转基因食品的态度十分谨慎，但对于转基因生物技术的研究投资政策却是促进型的，欧盟每年在科研方面的投入总额达 87 亿欧元，其中有 20 多亿欧元被指定用于生物技术研究方面。

（三）俄罗斯对转基因农作物的态度已经发生改变

目前，俄罗斯用转基因技术种植农作物已指日可待，不过，俄罗斯对待转基因农作物的态度曾出现多次反复。最开始，由于转基因技术存在安全隐患，俄罗斯境内不同程度地限制转基因技术的扩散。2013 年，俄罗斯在世界转基因食品市场上所占的份额还不足 0.1%。尽管如此，很多俄罗斯农民已经了解到，引入转基因技术可让农民花同样的钱获得更多收益，还能减少农药用量而且增加农作物对杂草、病虫害的抵抗力。然而，真正促使俄罗斯对转基因转变态度的是"入世"。2012 年夏天，俄罗斯加入了世界贸易组织（WTO）。"入世"后，转基因种子和食品很快自由进入俄罗斯市场，且可以自由交易。

虽如此，反对转基因的声音也一直存在。2013 年 12 月 16 日，一些非政府组织向俄罗斯最高法院提起诉讼，希望法院阻止新法律的实施，俄罗斯绿色和平组织是反对转基因食品的主要力量，他们对这种食品的安全性充满怀疑，认为其潜在的危险性不可预测。除了对健康的担心，一些抗议组织还认为，随着转基因玉米片、食用油和蔬菜水果进入俄罗斯市场，俄罗斯当地有机农场的利润空间会被迅速挤占。然而，种植转基因农作物是大势所趋，2013 年 9 月，俄总理梅德韦杰夫签署了《转基因作物注册和登记法》，强制对俄境内所有含转基因成分的农作物进行登记。分析人士认为，这一法律等于为转基因技术开了绿灯。政府甚至出台了发展转基因技术的"路线图"，按照规划，到 2018 年，俄罗斯的转基因工程将创收 87 亿美元，转基因作物的出口额也将达到 14 亿美元。

（四）日本对转基因作物实行严格管理和慎重对待

日本是亚洲对转基因产品审批立法较早的国家，在审批程序上与欧盟相近。虽然转基因作物环境安全评价指南没有法律强制性，但所有的研究者和企业都严格遵守。尽管日本政府对转基因作物、食品和饲料进行安全评价，且全球范围内转基因作物种植面积日益扩大，但日本公众对转基因产品的安全性仍然心存疑虑。由于消费者对转基因食品安全性存有疑虑，一些民间组织如消费者组织对转基因作物持反对立场，并发起了一系列反对转基因作物、食品和饲料的抗议活动，各种媒体在相关报道上也起了重要的负面影响。日本并没有从事转基因作物种植，由于生物技术的快速发展，日本国内市场上已经有许多商品化生产的转基因作物及其产品。除公众对安全的顾虑外，日本政府要求对转基因食品进行严格的安全检查，并进行一定程度的标识。由于日本的粮食供应一半以上依赖进口，随着粮价不断飞涨，日本目前也在探讨未来从事这方面的商业种植业的可能性。

　　总体来看，日本未禁止转基因作物的种植，但相关条例十分严格，给投资转基因食品的企业带来阻力。对于食品安全的管理，日本采用了介于认可型与谨慎型之间的政策。在参考了美国和欧盟的管理模式的基础之上，日本自主制定了一套非强制性措施，由日本农林水产省和日本厚生省共同负责对转基因生物及其产品进行监督。日本高效的转基因作物及产品审批制度，以及严格的标签管理体制，在民众安全、进出口管理及环境保护上起到了良好的作用，其对转基因作物审慎发展的态度是值得我国借鉴的。

第三章

世界农业贸易发展

第一节 世界农业贸易体制

全球农业贸易受到农业贸易体制的约束,其中既有国别农业贸易政策,尤其是欧美等发达经济体农业贸易政策的作用,也有全球农业贸易政策和区域农业贸易政策的影响。本章侧重于考察全球农业贸易体制和区域农业贸易体制对全球农业贸易的影响,前者表现为以GATT 和 WTO 为代表的多边贸易体制,后者表现为以各种 RTA/FTA为代表的双边或者诸边贸易体制。

一 从 GATT 到 WTO:世界农业贸易体制的进步

国际农业政策从保护主义向贸易自由化的转变,是国际农业政策改革的表现,也是全球农业贸易体制进步的表现。在世界经济史上,农业保护主义比农业贸易自由化实际上要盛行得多,在此背景下,国际农业政策改革历程相当曲折,全球农业贸易体制取得的每一次进步都异常艰难。从 GATT 到 WTO,全球农业贸易体制取得了巨大进步。

GATT 即关税与贸易总协定 (General Agreement on Tariffs and Trade, GATT) 是一个政府间缔结的有关关税和贸易规则的多边国际协定,简称“关贸总协定”(联合国粮农组织,2001)。它的宗旨是通过削减关税和其他贸易壁垒，消除国际贸易中的差别待遇，促进国际贸易自由化，以充分利用世界资源，扩大商品的生产与流通。关贸总协定于1947年10月30日在日内瓦签订，并于1948年1月1日开始临时适用（由于未能达到GATT规定的生效条件，作为多边国际协定的GATT从未正式生效，而是一直通过《临时适用议定书》的形式产生临时适用的效力）。1947—1994年，关税及贸易总协定一直是确立各国共同遵守的贸易准则、协调国际贸易与各国经济政策的唯一的多边国际协定。

WTO即指世界贸易组织（World Trade Organization，WTO）简称"世贸组织"，是1994年4月15日于摩洛哥的马拉喀什市举行的关贸总协定乌拉圭回合部长会议决定成立的更具全球性的协调世界贸易事务的组织，以取代成立于1947年的关贸总协定。世界贸易组织是当代最重要的国际经济组织之一，目前拥有160个成员国，成员国贸易总额达到全球的97%，有"经济联合国"之称。WTO于1995年1月1日正式开始运作，该组织负责管理世界经济和贸易秩序，其基本原则是通过实施市场开放、非歧视和公平贸易等原则，来实现世界贸易自由化的目标（联合国粮农组织，2001）。1996年1月1日，它正式取代临时机构关贸总协定。世贸组织是具有法人地位的国际组织，在调解成员争端方面具有更高的权威性，与关贸总协定相比，世贸组织涵盖货物贸易、服务贸易以及知识产权贸易，而关贸总协定只适用于商品货物贸易。

GATT一直在名义上将农业包括在内，但在WTO成立之前，适用于初级农产品的做法却一直不适用于工业品。GATT禁止对任何工业品进行出口补贴，却允许对初级农产品使用出口补贴。GATT认为对工业品的数量限制一直是非法的，但是还允许成员方在某些条件下对农产品实施进口数量限制。在实践中，许多国家对农产品进口实行了许多非关税限制，而对于国内生产却没有实施相应的有效限制，也没有保持最低的进口准入。一些成员方通过差价税等未在GATT第11条中做出明确规定的措施来达到限制性目的。其他一些情况下，成员方则采取某些例外条款和依国别而不同的、削弱GATT效力的做法，例如祖父条款、豁免和加入议定书等。在某些情况下，缔约方农产品进口数量限制则根本没有能够说得通的理由。这些做法的结果是农产品贸易大幅度扭曲，贸易壁垒林立，如实施进口禁令、通过配额设定最高进口量、差价税，以及通过国有贸易企业维持非关税措施等（刘合光，2009）。

关贸总协定肯尼迪回合（1964—1967年）曾把农业贸易问题列为该轮多边贸易谈判的议题之一，美国提出大幅度削减农产品进口关税，并要求取消进口数量限制，但遭到欧盟的拒绝，因而该轮谈判未能就抑制农业保护主义取得实质性的成果。同样，在1973—1979年长达五年的东京回合谈判上，也因为美欧两个农产品贸易大国的冲突，在众多的农产品的议案中，最后仅就牛肉和奶制品达成了两项协定（刘合光，2009）。因此，长期以来，在多边贸易体制中，以农业贸易自由化为取向的国际农业政策改革进展甚微，全球农业贸易体制进步有限。

1986年启动的乌拉圭回合谈判把农业贸易问题确定为谈判的中心议题之一，但是谈判多次遭遇挫折，直到1994年在摩洛哥马拉喀什GATT成员才最终达成了包括《农业协定》在内的一揽子协议。这是一轮"打扫房间"式的谈判。通过这一轮谈判，影响到国际农产品贸易的国内政策和边境措施基本被纳入多边规则，第一次就农产品国内补贴和出口补贴制定了规范，已有的规则也得到了进一步加强，例如通过关税化取消了非关税措施，通过封顶、零承诺或削减承诺，降低了贸易扭曲性的国内支持和出口补贴，这些都是重大和实质性的改善。乌拉圭回合《农业协定》标志着国际农业政策首次成功进行了协调和改革，这是全球农业贸易体制的巨大进步（刘合光，2009）。

二　RTA：风起云涌的区域贸易安排

RTA指区域贸易协定（Regional Trade Agreement），是两个或两个以上的国家，或者不同关税地区之间，为了消除各成员间的各种贸易壁垒，规范彼此之间的贸易合作关系而缔结的国际条约。按照组织性质和区域贸易一体化发展程度，RTA 可以划分为如下几个类型（表 3 - 1）。

表 3 - 1　　　　　　　　　　　　RTA 类型

一体化阶段	成员间消除贸易壁垒	共同的贸易政策	消除要素流动限制政策	实施共同的经济政策和制度
PTA	部分消除，非互惠	否	否	否
FTA	是	否	否	否
CU	是	是	否	否
CM	是	是	是	否
EU	是	是	是	是

（1）优惠贸易安排（Preferential Trade Arrangement，PTA）：是指在成员国之间通过签署优惠贸易协定或其他安排形式，对其全部贸易或部分贸易互相提供特别的关税优惠，对非成员国之间的贸易则设置较高的贸易壁垒的一种区域经济安排，这是最为松散的一种区域经济一体化组织形式。

（2）自由贸易区（Free Trade Area，FTA）：它是指在两个或两个以上的国家或行政上独立的地区经济体之间通过达成自由贸易协议，相互取消进口关税和非关税壁垒，但对非成员方仍保留独立的贸易保护措施而形成的一种经济一体化组织。

（3）关税同盟（Customs Union，CU）：是指在自由贸易区的基础上，两个或两个以上成员方通过签署协议，彼此之间减免关税，并对非成员方实行统一的进口关税或其他贸易政策措施的一种区域经济一体化组织。

（4）共同市场（Common Market，CM）：是指在两个或两个以上的成员方之间，不仅完全取消了关税和非关税壁垒，建立了共同对外关税，实现了自由贸易，而且还实现了服务、资本和劳动力等生产要素的自由流动。

（5）经济同盟（Economic Union，EU）：是指在成员方之间不但废除了贸易壁垒，建立了统一的对外贸易政策进口关税制度，实现了商品、生产要素的自由流动，而且在协调的基础上，各成员方还制定和执行了许多共同的经济政策，并采取某些统一的社会政策和政治纲领，从而将一体化的程度从商品交换扩展到生产、分配乃至整个国民经济的一种区域经济组织。

区域贸易协定自 20 世纪 90 年代以来扩展迅速。根据 WTO 统计，1948—1994 年，全球成立的区域贸易协定一共有 124 个，而 1994—2005 年成立的区域贸易协定超过 130 个。截至 2014 年 6 月 15 日，GATT/WTO 收到的 RTA 通报（包括商品 RTA、服务 RTA、新成员加入）数量达到 585 份，其中已生效的 RTA 达到 379 份（排除 RTA 吸纳新成员、RTA 升级等导致的重复计数后，以实体统计的 RTA 为255 个），这些 RTA 通报绝大部分是 WTO 成立以后发生的。显然，RTA 风起云涌，意味着世界上绝大多数国家都卷入其中，RTA 已经对国际经济贸易格局产生深远影响。RTA 的发展呈现如下发展趋势：第一，RTA 的成员合作以自由贸易区为基本组织形式，合作形式和层次由低级向高级发展，区域一体化程度日益加深；第二，RTA 协定涉及的内容更加丰富和广泛，甚至超出 WTO 协议的范围，从过去单一的产品、部门、领域向更加广泛的贸易、经济和社会领域迅速延伸；第三，RTA 发展呈现出网络化格局，轴心—辐条体系逐步形成，各大洲的主要经济体逐步发展为创建 RTA 的轴心，如美国、欧盟等，其他经济体纷纷与轴心国签署 RTA。

日益网络化的 RTA 和 WTO 并行发展，决定着世界贸易机制的内容和作用模式，并对全球贸易格局和世界经济产生深远的影响。

三　世界农业贸易体制对农产品贸易的影响

全球农业贸易体制在多边协定 WTO 和诸边/双边协定 RTA 两大支柱的支撑下，形成了促进商品贸易自由化的目标和作用机制。世界农产品贸易深受全球农业贸易体制的影响。

（一）WTO 对世界农产品贸易的影响

WTO 对世界农产品贸易的影响比较深入和全面，一方面是三大政策变动带来的影响，另一方面是把世界主要国家发展为成员，对世界农产品贸易业产生一定影响。下文将从这两个方面展开分析。

1. 三大政策变动与贸易影响

乌拉圭回合农业谈判形成的《农业协定》首次把农产品贸易纳入多边规则的约束，为促进世界农产品贸易形成了三大政策支柱。

首先是市场准入政策。GATT 成员在乌拉圭回合谈判中取得的一个显著的成就，是各国承诺减少农业边境保护，逐步开放农产品市场，改善市场准入环境。第一，承诺将所有限制农产品进口的非关税措施转化为关税，建立"单一关税制度"（Tariff-only），这一过程被称为"关税化"（Tariffication）。第二，削减和约束全部农产品关税（包括关税化产生的关税）。要求从 1995 年开始，发达国家在 6 年内，发展中国家在 10 年内，分年度削减关税。以 1986—1988 年关税平均水平为基础，用简单算术平均法计算，发达国家削减 36%，每个关税税目至少削减 15%；发展中国家削减水平为发展中国家的 2/3。《农业协定》在市场准入方面采取关税化措施并对关税进行约束，增强了农产品贸易环境的稳定性和可预期性，促进了农产品贸易（刘合光，2009）。

其次是农业国内支持政策。《农业协定》对农业国内支持政策也制定了专门的规定，要求各成员对农业国内支持进行自由化改革。《农业协定》要求成员做出减让承诺的国内支持政策类型只有"黄箱"政策，削减要求是：自 1995 年开始发达国家在 6 年内"综合支持总量"（AMS）每年逐步削减 20%，发展中国家在 10 年内 AMS 每年削减 13%。最不发达国家无须削减。《农业协定》第 6 条规定，国内支持减让以 AMS 和"相应年份约束水平与最终约束承诺水平"的形式表示。农业协定促使各国政策向绿箱转变。从政策箱的使用来看，美国、澳大利亚主要使用"绿箱"，日本也转为以"绿箱"为主。WTO 成员的现行总 AMS 基本上没有超出约束总 AMS。主要发达国家的"黄箱"支出基本控制在承诺水平之下。《农业协定》约束了各国国内支持政策和限制了支持水平，减少了农业国内支持对农产品贸易的扭曲效应。

再次是出口补贴政策。在《农业协定》实施过程中，WTO 成员的农产品出口补贴得到了约束和削减。WTO 各成员出口补贴最终总额同基期水平相比，都有一定幅度的削减，甚至有部分国家如新西兰、加拿大等承诺完全取消出口补贴。在实施期间，WTO 成员在 1995—1998 年基本上没有超出允许的补贴水平。从农产品出口补贴数量承诺的使用情况看，除 1998 年猪肉和禽蛋等少数产品实际补贴数量超出承诺水平外，其他产品在 1995—1998 年均没有超出承诺水平（刘合光，2009）。而且出口补贴规则影响了 WTO 主要成员农业政策的改革。第一，出口补贴规则限制了没有使用过出口补贴的国家启用出口补贴的可能性。第二，出口补贴规则促进欧盟等成员改革农业政策，减少了出口补贴的使用。尤其是 1997 年以来，世界农产品价格下跌，成员的出口补贴约束水平下降，成员改革农业政策的压力进一步加大。欧盟在 1999 年 5 月提出《共同农业政策（CAP）》，2000 年议程的一个重要原因就是欧盟完成出口补贴承诺面临的压力增大。在 CAP《2000 年议程》中，改革内容就包括削减谷物、牛肉和乳品的支持价格，从而减少了与之相联系的出口补贴。总体上，WTO 成员比较好地履行了出口补贴承诺义务，约束了出口补贴对农产品贸易的扭曲效应。

根据 Sharma 等（1996）的归纳，学者们运用不同模型估计乌拉圭回合对全球农业的影响，支持了上述关于 WTO 农业谈判方案对农业影响的定性判断。ATPSM（农业贸易政策模拟模型）模型模拟结果和 WFM（世界食品模型）模拟结果表明乌拉圭回合农业谈判新方案实施将导致原先被扭曲的世界农产品价格上涨 4%—10%。乌拉圭回合谈判也具有明显的收入效应，农业改革将使发展中国家增长 92.1 亿美元，发达国家增长 491 亿美元，而农业和非农业方案一起实施，收入增长效应更明显。

当前 WTO 成员进行的多哈回合谈判，虽然遭遇众多挫折，但将继续推进，形成的新协定将进一步推进世界贸易的自由化，显然会促进世界经济发展，推动贸易自由化，促进农产品贸易的发展。根据 Diao 等（2001）的估计，如果 WTO 多哈回合谈判消除农产品贸易壁垒、农业补贴和出口补贴，将使世界农产品价格上涨 11%，全球农产品贸易额将增加 29.71%，农产品贸易量增长 14.66%。刘合光（2009）的模拟也表明 WTO 多哈回合推动农业改革，大部分农产品的市场价格将提高，世界农产品贸易将扩大，而且农产品贸易支出增量来自发达国家，流向发展中国家和最不发达国家。

2. 中国"入世"对农产品贸易的影响

这里以中国"入世"后农产品贸易的变化情况为例，说明世界贸易体制的演变对一国农产品贸易的影响。有关此问题的分析，以杨军、董婉璐（2012）等的研究具有代表性。下面将主要观点整理如下。

（1）加入 WTO 推动了农产品贸易发展

入世后，中国农产品进口和出口都快速增长。在农产品进口方面，谷物、油籽和植物油类产品进口增长快，并在进口农产品中占据绝对主导地位，进口额由 2001 年的 43.5 亿美元迅速增长到 2010 年的 288.5 亿美元，年均增长高达 23.4%；同期，谷物、油籽和植物油类产品进口占农产品进口的份额由 38.4% 提高到 51.0%。其中，特别是油籽和植物油的大量进口最为引人注目。

在农产品出口方面，加工农产品在我国农产品出口中占据主导地位，出口迅速增长，并且在农产品出口中所占份额不断提高，从 2001 年的 37.2% 上升到 2010 年的 41.4%。出口的加工农产品主要是肉和鱼制品，以及水果和蔬菜制品两类产品。

（2）农产品比较优势降低，土地密集型农产品已没有比较优势

"入世"后，中国劳动密集型农产品出口份额不断上升，由 1992—2001 年的 82.3% 快速上升到 2002—2010 年的 91.5%。另一方

面，土地密集型农产品的出口份额却显著下降，由 1992—2001 年的
17.7% 下降到 2002—2010 年的 8.5%。

中国进口的农产品，则更多集中于土地密集型农产品，进口份额
显著提高，由 1992—2001 年的 60.5% 快速上升到 2002—2010 年的
66.2%。而劳动密集型农产品的进口份额明显下降，由 1992—2001
年的 39.5% 降低到了 2002—2010 年的 33.8%。

（3）给大豆、玉米等粮食产业带来冲击

"入世"以来，伴随着中国粮食生产成本的不断提高，小麦、玉
米、大豆、棉花等大宗农产品的国内价格高出国际市场价格二成至五
成，已失去了以往的竞争优势。从世界各主要国家大豆进出口量占世
界贸易总量的比例变化中可以看出中国大豆产业逐步走向被动地位。
在 20 世纪 90 年代，中国大豆还能够自给自足。但 21 世纪初，中国
大豆进口量已占世界进口量的 1/4。此后 10 年，中国大豆产业又进
一步衰败，中国一国大豆进口量已占世界进口量的一半以上（表 3 -
2）。而在这 20 多年之中，巴西已经成长为与美国实力相当的世界大
豆出口大国（表 3 - 3）。

表 3 - 2　　　　　　　世界大豆进口比率的变化　　　　　单位:%

年度 国家	1990— 1991	1995— 1996	2000— 2001	2005— 2006	2010— 2011	2011— 2012	2012— 2013
中国	0	3	25	44	57	66	64
EU27 国	52	46	33	22	14	13	11
日本	17	15	9	6	3	3	3
其他	31	38	33	28	26	18	22

数据来源：USDA, *World Agricultural Supply and Demand Estimates*, oilseeds: World Markets and Trade, PS&D, January 2013。

表 3 - 3　　　　　　　　世界大豆出口比率的变化　　　　　　　单位:%

年度\国家	1990—1991	1995—1996	2000—2001	2005—2006	2010—2011	2011—2012	2012—2013
美国	60	73	50	40	45	41	37
巴西	10	11	29	41	33	40	39
阿根廷	18	7	14	11	10	8	11
其他	13	9	7	8	12	11	13

数据来源：USDA, World Agricultural Supply and Demand Estimates；oilseeds：World Markets and Trade, PS&D, January 2013。

（二）RTA 对世界农产品贸易的影响

目前全球超过 50% 的贸易往来是通过 RTA/FTA 进行的，RTA 对世界贸易有明显的促进作用。理论研究认为 RTA 具有贸易促进和贸易转移两大效应。在两大效应的作用下，农产品贸易具有向 RTA 成员集中的趋势。

以北美自由贸易区协定（North American Free Trade Agreement, NAFFA）为例，NAFTA 带来明显的贸易创造效应（刘忠涛等，2010）。首先，美、加之间贸易创造效果明显，NAFTA 每年增加美国对加拿大农业出口 14.3 亿美元，加拿大对美国农业出口增加 18.84 亿美元。1993—2005 年，加拿大对美国农产品出口增长了 163%，美国对加拿大的农产品出口增加幅度超过 120%。其次，美、墨农产品贸易也获得迅速扩张。2007 年，墨西哥成为美国牛肉、大米等农产品的第一大出口市场，墨西哥 75% 的农产品进口都来自美国。同时，墨西哥对美国农产品出口快速增长，其中 1993—2005 年，墨西哥对美国农产品出口增长了 207%。北美三国两两之间的粮食、油料及相关产品的贸易额自 NAFTA 实施以来的增长幅度均超过了 150%。同样，NAFTA 对非成员的贸易转移效应也是很明显的，区外国家或地区由于享受不到优惠的市场准入条件，遭受了事实上的贸易壁垒，使得外来农产品的竞争力下降，原先来自区外国家的贸易，转移到了成本高但是关税低和贸易壁垒低的区内成员内，这种贸易转移效应对非成员来说是一种负面效果（刘忠涛等，2010）。

WTO 承认 RTA 具有促进区域贸易自由化的意义。WTO 和 RTA 具有共同的目标，即实现"关税与其他贸易壁垒的实质性削减"，尽管 RTA 所实现的自由化在地域范围上不及 WTO，但是在某些部门自由化程度则较深。而且 RTA 是 WTO 多边贸易体制的一个重要过渡阶段。RTA 的建立与运行，会给区域内的成员国创造良好的经济贸易机会，优化经济资源配置，改善产业结构和产业水平，促进成员国经济发展。这样，先在一个区域内消除贸易壁垒、发展经济，可以为"在全球范围内有效地反对贸易保护主义"创造和增加可能性。总之，RTA 和 WTO 一起推动世界农业贸易体制的变革和进步，为世界农产品贸易良性发展消除壁垒、改善条件。

四　世界贸易体制演变对各国和世界农业发展的影响

（一）世界贸易体制的演变对各国农业的影响

世界贸易体制的演变，促使各国相应进行了农业政策改革。美国、欧盟、日本和中国等国家（地区）都逐步对农业支持政策、农产品贸易政策等农业政策做了调整。自 20 世纪 90 年代以来，世界贸易体制演变以及各国农业政策变革也对各国农业结构、农产品贸易等产生了一定影响。

1. 对农业结构的影响

20 世纪 70—80 年代，欧盟农产品市场饱和，牛奶等多种农产品生产过剩成为欧盟农业政策的主要问题。1984 年欧盟对牛奶实行生产配额制度，使奶牛数量有所减少。在农业生产过剩和世界贸易自由化的压力之下，1992 年以后的欧盟共同农业政策改革降低了主要农产品（谷物、烟草、牛奶和羊肉等）的支持价格。政策目的在于减少对过剩农产品的补贴和降低出口，并扩大内需。对于农业生产者由此产生的收入减少，欧盟则通过直接支付的方式来弥补。欧盟还实施了"农业环境行动项目"，鼓励休耕、农地造林；还实施了鼓励农业生产者提前退休计划等。欧盟共同农业政策改革实施 20 多年来，欧盟主要成员国在农场数量、农业生产规模等方面发生了结构性变化。

（1）农场减少

在直接支付政策执行过程中，一些农业生产者，特别是小规模农业生产者由于农产品价格降低和直接支付补偿不足而收入减少。许多农业生产者尤其是年轻人因此而离开农村到城市谋生，这使得很多欧盟成员国农场数量减少。

从1990年欧盟12个成员国的情况看，1990—2007年，12个欧盟成员国的农场数量由799万减少到534万，减少了33%。其中，意大利是农场最多的国家，农场数量也由266万减少到168万，减幅达37%。农场数量减少幅度最大的国家是葡萄牙，从59.9万减少到27.5万，减幅达54.1%。法国农场数量从92.4万减少到50.7万，比利时从8.5万减少到4.8万，丹麦从8.1万减少到4.5万，德国从65.4万减少到37万，这四个国家的农场数量平均减少了43%—45%。只有英国由于在2003年对农场的定义做了修改，所以在欧盟的公开统计中显示出农场数量增加的趋势（石井圭一，2009）。

（2）租地比例提高，农业生产规模扩大

一方面，由于利用自有耕地的小规模农场减少显著，另一方面，农场购买更多土地，扩大经营规模的资金压力较大，租地开展农业生产成为一种理性选择。在欧盟成员国当中，法国、比利时和德国的租地比例高，尤其是法国和德国，这两个国家的农业生产者主要通过租地来扩大经营规模。1990—2007年，在欧盟12个成员国中，小麦种植面积在150公顷［100 ESU（Economy Scale Unit）］[1] 以上的农场所占农业用地的比例从1990年的12%提高到了2007年的31%[2]。

---

① 欧盟100经济规模单位［100 ESU（Economy Scale Unit）］，大致相当于小麦种植面积150公顷。

② 石井圭一：《共通農業政策の改革下における農業構造の変貌》，日本农林水产省研究报告，2009年。

（二）世界贸易体制的演变对世界农业发展的影响

1. 使世界农业发展模式分化为四种类型

（1）土地、技术密集型发达农业

这种模式的主要特点是土地资源丰富，农业技术水平和现代化程度较高。代表国家有美国、加拿大、澳大利亚、巴西、阿根廷等。这类国家已成为国际上居垄断地位的农产品出口集团，世界的谷物、豆类和肉类出口主要由这类国家提供。

（2）先进技术主导型现代农业

这种模式的主要特点是农业资源并不充足，但农业的资本和技术投入水平较高，农业生产力发达。代表国家主要有欧盟的荷兰、丹麦、法国，亚洲的日本、韩国以及以色列。这类国家在某些农产品和农业高新科技及设备出口方面都具有世界竞争力。

（3）常规技术改进型传统农业

这种模式以南亚的印度、孟加拉国和东南亚的菲律宾等为代表。主要特点是人口众多，农业资源相对不足，过去农业生产手段以常规技术为主，在很长时期内农产品供应严重不足，随着现代农业技术的引进和对常规技术的改造，农业生产力水平有了较大提高，目前已基本实现农产品自给。

（4）传统的欠发达农业

这种模式主要集中在为数众多的发展中国家，特别是非洲国家。主要特点是自然条件和资源禀赋差，受制度、技术的约束，农业生产力水平低下，农产品供给严重不足，需要进口相当数量的食物。目前全世界的饥饿和营养不良人口主要分布在这些国家。

2. 一定程度上发挥了各国农业比较优势，实现世界范围的资源配置

WTO 的规则的主要目的是推动农产品贸易自由化。随着关税减让，以及市场准入进程的加快，美国、澳大利亚和加拿大等全球农业巨人从中国等农业生产成本高、农产品需求量大的国家获得了巨大利益。与此同时，农产品比较成本相对较高的国家或者农业生产率

较低的国家也通过相对自由的贸易方式获得了本国所需要的农产品。
例如，中国削减农业关税，向农业发达国家敞开了大门，在保持95%
的粮食自给率的条件下，中国成为世界最大的大豆和玉米进口国。

图3-1反映了1990—1991年度至2012—2013年度世界玉米和
小麦主要出口国的出口量变化情况。1990—1991年度，世界玉米主
要出口国为美国、中国和阿根廷，出口量分别为4390万吨、690万
吨和480万吨。随着自由贸易体制的建立和发展，阿根廷、巴西、乌
克兰、南非等国家发挥玉米生产优势，提高玉米国际竞争力，不断扩
大了玉米出口。经过20多年的发展，巴西、阿根廷、乌克兰和南非
成为继美国之后的主要玉米出口国。据美国农业部的预测，2012—
2013年度，美国、阿根廷、巴西、乌克兰的玉米出口量将分别达到
2410万吨、1950万吨、1750万吨和1250万吨。其中阿根廷、巴西、
乌克兰三国的玉米出口量显著增长。而中国由于玉米生产成本居高不
下，丧失了国际竞争力，淡出玉米出口国际市场。

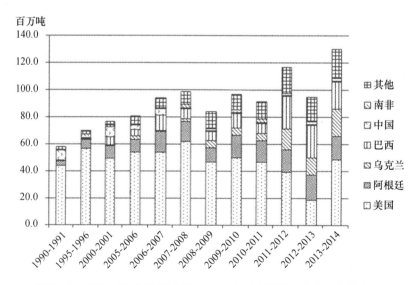

图3-1　1990—1991年度至2012—2013年度世界玉米出口量的变化

数据来源：USDA, *World Agricultural Supply and Demand Estimates*, Grain: World Markets and Trade, PS&D, January 2013。

图 3－2 反映了 1990—1991 年度至 2012—2013 年度世界小麦主要出口国的出口量变化情况。

20 世纪 90 年代世界主要小麦出口国（地区）是美国、欧盟、加拿大和澳大利亚。与玉米出口情况类似，经过自由贸易体制下各国农业 20 多年的发展，在原有传统农业大国（地区）美国、欧盟、加拿大、澳大利亚基础上，俄罗斯、哈萨克斯坦、印度、乌克兰等国发展成为小麦主要出口国。

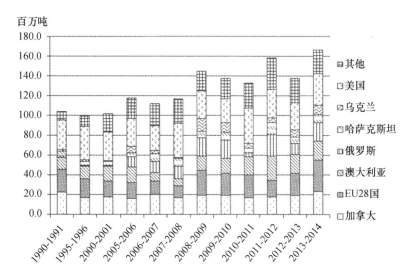

图 3－2　1990—1991 年度至 2012—2013 年度世界小麦出口量的变化

数据来源：USDA，*World Agricultural Supply and Demand Estimates*，Grain：World Markets and Trade，PS&D，January 2013。

3. 影响不发达国家的农业利益，使其农业雪上加霜

在 WTO 启动的首轮多哈发展回合谈判上，谈判成员就表现出非常明显的集团化趋势。代表最不发达国家利益的集团是 G90 国家利益集团。它是由身份重叠的最不发达国家（LDC，49 个）、非洲集团国家（54 个）和非洲—加勒比海—太平洋国家（ACP，77 个）WTO成员组成的一个松散的谈判利益群体。G90 国家利益集团希望能够

使贫困国家不受各种妥协的约束。因此，在谈判过程中，G90 国家利益集团强调最不发达国家成员（LDCs）削减例外、特惠安排以及侵蚀、特殊产品（SP）和特殊保障机制（SSP）等问题；还特别提出应排除发达国家的出口竞争和国内支持措施对非洲国家出口利益造成的损害；应有效加强建设部分不发达国家成员（LDCs）的农业生产能力等。但是以美国为首的既得利益集团，不顾这些弱势国家的呼声，主导着世界贸易谈判规则，严重伤害了不发达国家的农业利益。

例如美国长期对棉农进行补贴，干扰国际市场棉花价格。1999—2003 年，美国为其 2.5 万名棉农补贴近 148 亿美元，导致国际市场棉花价格暴跌。出于国内政治因素考虑，美国政府一直拒绝降低对本国棉农的补贴水平。美国的这种做法使非洲一些生产棉花的贫穷国家深受其害，致使 2009 年非洲贝宁、马里、乍得和布基纳法索四个棉花生产国发出警告，如果美国棉农补贴问题得不到解决，他们将会在世界贸易组织对美国提起申诉。但是诸多类似上述问题，不发达国家均未获得预期结果。2012 年 25 个国家的农业团体集体写信，要求停止多哈回合谈判，因为其中的农业谈判照顾发达国家利益，不断给不发达国家的农业带来损害。

综上所述，自 20 世纪 90 年代以来，得益于世界自由贸易体制的发展，总体来看，世界一些国家之间的农业优势资源发挥了互补作用。毫无疑问，主导设计这一自由贸易体制的美国及其利益集团国（地区），获得了更多经济利益，而很多不发达国家的利益诉求依然难以实现，这些国家农民和农业的利益受到了侵害。随着各国对自身的主权安全、民族产业，以及外交利益等的日益重视，各国政府对本国农业的保护意识不断提高。WTO 发展面临困境后，区域性的贸易协定悄然启动，随着以跨太平洋战略经济伙伴关系协定（简称 TPP）为代表的区域性贸易协定的发展，必然会对相关国家农业政策产生影响。

第二节　世界农业贸易演变[①]

一　世界农产品贸易的发展与地位演变

1980—2012 年，世界农产品贸易随着全球人口的增长、世界经济的发展和世界农业贸易体制的进步而逐年扩大。世界农产品出口额从 1980 年的 2988 亿美元扩大到 2012 年的 16567.11 亿美元，年均增长 5.5%；同期世界农产品进口额从 3122.17 亿美元增长到 17445.83 亿美元，年均增长 5.52%（表 3-4）。

一般认为农产品是需求弹性较低的商品，随着人们收入的提高，农产品消费在人们消费中的份额呈下降趋势，而其他商品的份额相应地呈扩大趋势。作为满足人们消费的方式之一，农产品贸易呈现同样的趋势。农产品出口在全部商品出口中的份额从 1980 年的 15.31%下降到 2006 年的 8.22%，金融危机期间该份额有所提升，2009 年提高到 10.01%，而后又逐年下降，到 2012 年下降到 9.56%。同期农产品进口在全部商品进口中的份额也表现出类似的趋势，1980 年农产品进口的份额为 15.68%，2006 年下降为 8.22%，随后提升到 2009 年的 9.96%，以后年度有所波动，2012 年份额为 9.72%（表 3-5）。

尽管农产品贸易份额在全部商品贸易中的份额和农业在国民经济中的份额一样呈现下降趋势，世界农产品贸易在世界商品贸易和世界经济中还是扮演着重要的角色，发挥着不可或缺的作用。

[①] 注：本节分析世界农业贸易使用的数据有两个来源：WTO 和 UN COMTRADE，数据口径有差异，数据大小有差别；鉴于数据可获得性，不同来源数据用于分析不同问题。

表 3 - 4　　1980—2012 年世界农产品贸易在商品贸易中的贸易额

单位：亿美元

年份	农产品出口额	农产品进口额	商品出口额	商品进口额
1980	2988.00	3122.17	19510.58	19917.25
1985	2655.17	2821.24	18747.08	19325.26
1990	4147.23	4429.46	32941.93	33949.27
1995	5893.61	6214.97	48534.71	49703.04
1996	6042.31	6412.34	50797.52	52237.81
1997	5962.16	6313.78	52673.62	54148.82
1998	5685.79	6046.33	51992.38	53664.45
1999	5477.98	5843.81	53953.84	55877.12
2000	5510.74	5963.14	60967.55	64013.31
2001	5527.85	5954.09	58432.33	61577.03
2002	5850.26	6263.57	61245.68	64189.22
2003	6840.43	7276.52	71579.88	74896.59
2004	7836.40	8364.22	87128.08	91349.23
2005	8523.35	8985.31	99545.13	103913.06
2006	9457.66	9810.59	115004.38	119330.72
2007	11347.63	11798.91	132952.84	138534.81
2008	13456.61	14084.45	153132.07	159120.81
2009	11819.38	12159.59	118107.88	122044.75
2010	13614.58	13926.31	143688.63	149031.22
2011	16605.17	17042.96	172595.75	178858.54
2012	16567.11	17445.83	173228.16	179574.91

数据来源：WTO 贸易统计数据库，www. wto. org。

表3-5　　1980—2012 年世界农产品贸易在商品贸易中的份额　　单位:%

年份	农产品出口份额	农产品进口份额
1980	15.31	15.68
1985	14.16	14.60
1990	12.59	13.05
1995	12.14	12.50
1996	11.89	12.28
1997	11.32	11.66
1998	10.94	11.27
1999	10.15	10.46
2000	9.04	9.32
2001	9.46	9.67
2002	9.55	9.76
2003	9.56	9.72
2004	8.99	9.16
2005	8.56	8.65
2006	8.22	8.22
2007	8.54	8.52
2008	8.79	8.85
2009	10.01	9.96
2010	9.48	9.34
2011	9.62	9.53
2012	9.56	9.72

数据来源: 根据 WTO 贸易统计数据库数据计算，www.wto.org。

二　世界农产品贸易的区域（国别）格局

（一）农产品出口的国别格局

第一，世界农产品出口比较集中，15 大出口国所占份额约为 81.4%—83.3%（表 3 - 6）。

第二，就单个国家来说，美国一直是世界最大的农产品出口国，1980 年美国农产品出口额占世界农产品出口总额的 17.0%，此后美国份额有所回落，1990 年为 14.3%，2000 年为 13.0%，2012 年为 10.4%，2012 年出口额为 1720 亿美元（表 3 - 6）。

第三，就经济体而言，欧盟是全球第二大农产品出口经济体，2012 年出口农产品 1630 亿美元，占全球的 9.8%。RTA 促进了区内成员的农产品贸易。如果统计成员间农产品贸易，欧盟农产品贸易额达到 6130 亿美元，占世界农产品贸易的 37%，欧盟成员间农产品贸易是欧盟与区域外国家农产品贸易的 3.78 倍。

第四，全球第三大农产品出口国为巴西，2012 年农产品出口额为 860 亿美元，占全球份额的 5.2%。

第五，中国在世界农产品出口格局中占据第五位，2012 年出口额为 660 亿美元，份额为 4%。

第六，就 2005—2012 年 15 大农产品出口国（经济体）产品出口增速而言，发展中国家如印度、印度尼西亚、巴西、马来西亚发展迅速。印度农产品出口额年均增长率达到 22%，在世界农产品贸易中的份额由 1990 年的 0.8% 提高到 2012 年的 2.6%；越南的年均增长率位列第二，为 19%；继而是印度尼西亚和巴西、马来西亚，年均增长率分别为 18%、14%、14%。发展中国家农产品出口高速增长的结果是，世界农产品贸易格局发生变化，一些发展中国家取代发达国家成为世界农产品出口的主角。

表3-6 世界主要农产品出口国出口额（份额）与年均增长率

单位：亿美元,%

出口来源	出口额	出口份额				年均增长率
	2012	1980	1990	2000	2012	2005—2012
EU-27	6130			41.8	37.0	7
EU-27a	1630			10.2	9.8	10
美国	1720	17.0	14.3	13.0	10.4	11
巴西	860	3.4	2.4	2.8	5.2	14
中国	660	1.5	2.4	3.0	4.0	13
加拿大	630	5.0	5.4	6.3	3.8	6
印度尼西亚	450	1.6	1.0	1.4	2.7	18
阿根廷	430	1.9	1.8	2.2	2.6	12
印度	420	1.0	0.8	1.1	2.6	22
泰国	420	1.2	1.9	2.2	2.5	13
澳大利亚	380	3.3	2.9	3.0	2.3	9
马来西亚	340	2.0	1.8	1.5	2.0	14
俄罗斯	320			1.4	1.9	12
越南 b	250			0.7	1.5	19
新西兰	240	1.3	1.4	1.4	1.4	9
墨西哥	230	0.8	0.8	1.7	1.4	9
15强合计	13490			83.3	81.4	

注：a 不包括成员间贸易额；b 含 WTO 秘书处估计数据。

数据来源：WTO，*International Trade Statistics 2013*，p.67。

表 3 - 7　世界主要农产品进口国（地区）进口额（份额）与
年均增长率　　　　　单位：亿美元，%

进口市场	进口额	进口份额				年均增长率
	2012	1980	1990	2000	2012	2005—2012
EU - 27	6230			42.6	35.7	6
EU - 27a	1730			13.3	9.9	6
中国	1570	2.1	1.8	3.3	9.0	19
美国	1420	8.7	9.0	11.6	8.1	6
日本	940	9.6	11.6	10.4	5.4	5
俄罗斯 b，c	420			1.3	2.4	14
加拿大 c	380	1.8	2.0	2.6	2.2	8
韩国	330	1.5	2.2	2.2	1.9	10
沙特	290	1.5	0.8	0.9	1.7	18
墨西哥 c	270	1.2	1.2	1.8	1.6	7
印度	260	0.5	0.4	0.7	1.5	19
中国香港	250					12
本地进口 d	170	1.0	1.0	1.1	1.0	13
马来西亚	210	0.5	0.5	0.8	1.2	17
印度尼西亚	210	0.6	0.5	1.0	1.2	16
埃及 b	180	0.6	1.1	0.7	1.0	20
泰国	170	0.3	0.7	0.8	1.0	13
15 强合计	13040			81.6	74.8	

注：a 不包括成员间贸易额；b 含 WTO 秘书处估计数据，c 按照 F. O. B. 价值计算，d 扣除用于转出口的部分。

数据来源：WTO，*International Trade Statistics* 2013，p. 67。

（二）农产品进口的国别格局

第一，世界农产品进口格局同样具有集中化特征。世界农产品进口 15 强 2012 年进口农产品 13040 亿美元，占世界农产品进口总额的 74.8%（表 3 - 7）。

第二，欧盟是世界第一大农产品进口经济体。2012 年含成员间

贸易的欧盟农产品进口额为 6230 亿美元，占世界农产品进口额的
35.7%。扣除成员间进口额后，2012 年欧盟农产品进口额为 1730 亿
美元，占世界的份额为 9.9%。

第三，经济发展迅速的中国成为世界第二大农产品进口国。2012
年中国进口农产品 1570 亿美元，占世界的份额为 9.0%。

第四，美国为世界第三大农产品进口国，2012 年进口额为 1420
亿美元，份额为 8.1%。

第五，日本是世界第四大农产品进口国，2012 年进口额为 940
亿美元，份额为 5.4%。

第六，就 2005—2012 年农产品进口额年均增长率来看，埃及、
印度、中国、马来西亚和印度尼西亚增速较快，其中埃及年均增长率
为 20%，印度为 19%，中国为 19%，马来西亚和印度尼西亚分别为
17% 和 16%。

三　世界农产品贸易的商品格局演变

（一）农产品出口的商品格局

第一，世界农产品出口的商品格局出现一定的集中化特征。前 5
大章出口农产品的份额从 2002 年的 39.67% 提高到 2013 年 44.52%；
前 10 大章出口农产品的份额从 64.82% 提高到 74.12%（表 3-8）。

第二，出口额最大的农产品是第 2 章农产品，即肉及食用杂碎，
出口额从 2002 年的 393.46 亿美元提高到 2013 年的 810.13 亿美元，
份额相应地从 9.10% 提高到 9.84%。

第三，2013 年占据出口额第二位的农产品为第 10 章农产品，即
谷物，出口额为 780.70 亿美元，份额为 9.49%。而 2002 年占第二位
的为第 22 章农产品，即饮料、酒及醋，出口额为 392.81 亿美元，份
额为 9.09%。

第四，2013 年占据出口额第三位的农产品为第 12 章农产品，即
含油籽仁及果实等，出口额为 761.54 亿美元，份额为 9.25%。

第五，2013 年占据出口额第四位的农产品为第 22 章农产品，即

饮料、酒及醋，出口额为 655.11 亿美元，份额为 8.08%。

第六，第 15 章农产品，即动植物油脂等，是 2013 年占据出口额第五位的农产品，出口额为 646.34 亿美元，份额为 7.85%。

表3-8　　　　　　　　世界农产品出口分章结构　　　　单位：亿美元,%

2002			2005		
章别	出口额	份额	章别	出口额	份额
02	393.46	9.10	02	632.36	9.44
22	392.81	9.09	22	583.34	8.71
03	339.79	7.86	03	537.15	8.02
10	308.96	7.15	08	462.33	6.90
04	279.94	6.47	04	436.12	6.51
08	256.89	5.94	10	423.08	6.32
07	214.78	4.97	07	319.96	4.78
23	208.84	4.83	15	316.72	4.73
20	205.51	4.75	20	305.43	4.56
15	201.53	4.66	21	295.63	4.41
12	194.42	4.50	19	295.35	4.41
19	184.76	4.27	12	292.76	4.37
21	182.64	4.22	23	287.77	4.30
24	181.44	4.20	16	246.34	3.68
16	157.14	3.63	24	232.43	3.47
17	139.26	3.22	17	227.92	3.40
18	107.13	2.48	18	196.68	2.94
06	91.67	2.12	09	175.46	2.62
01	89.68	2.07	06	134.73	2.01
09	83.61	1.93	01	126.77	1.89
11	56.27	1.30	11	82.26	1.23
05	31.59	0.73	05	49.67	0.74
13	18.87	0.44	13	31.95	0.48
14	2.38	0.06	14	4.21	0.06

续表

2002			2005		
1—24 章合计	4323.37	100	1—24 章合计	6696.42	100

2010			2013		
章别	出口额	份额		出口额	份额
02	938.66	8.37	02	810.13	9.84
10	843.01	7.52	10	780.70	9.49
22	825.35	7.36	12	761.54	9.25
03	792.57	7.07	22	665.11	8.08
08	784.43	6.99	15	646.34	7.85
15	720.46	6.42	08	565.41	6.87
12	689.80	6.15	04	501.88	6.10
04	668.72	5.96	03	457.65	5.56
23	552.81	4.93	23	419.91	5.10
07	547.11	4.88	19	328.08	3.99
21	470.04	4.19	21	318.33	3.87
20	466.33	4.16	17	301.33	3.66
19	459.77	4.10	07	282.81	3.44
17	418.81	3.73	20	281.95	3.43
18	372.83	3.32	09	190.22	2.31
24	363.21	3.24	16	183.87	2.23
09	356.01	3.17	24	183.32	2.23
16	331.03	2.95	18	166.08	2.02
01	177.04	1.58	01	127.09	1.54
06	176.66	1.57	11	97.93	1.19
11	134.67	1.20	06	57.05	0.69
05	68.79	0.61	13	53.41	0.65
13	50.35	0.45	05	46.17	0.56
14	8.52	0.08	14	3.41	0.04
1—24 章合计	11216.96	100	1—24 章合计	8229.74	100

注：本表数据根据 HS2002 标准收集。

HS 编码农产品分类如下：01：活动物，02：肉及食用杂碎，03：鱼、甲壳动物、软体动物及其他水生无脊椎动物，04：乳品；蛋品；天（接上页）然蜂蜜；其他食用动物产品，05：其他动物产品，06：活树及其他活植物；鳞茎、根及类似品；插花及装饰用簇叶，07：食用蔬菜、根及块茎，08：食用水果及坚果；柑橘属水或甜瓜的果皮，09：咖啡、茶、马黛茶及调味香料，10：谷物，11：制粉工业产品；麦芽；淀粉；菊粉；面筋，12：含油籽仁及果实；杂项籽仁及果实，工业用或药用植物；稻草、秸秆及饲料，13：虫胶；树胶、树脂及其他植物液、汁，14：编结用植物材料；其他植物产品，15：动、植物末、脂及其分解产品；精制的食用油脂；动、植物脂，16：肉、鱼、甲壳动物、软体动物及其他水生无脊椎动物的制品，17：糖及糖食，18：可可及可可制品，19：谷物、粮食粉、淀粉或乳的制品；糕饼点心，20：蔬菜、水果、坚果或植物其他部分的制品，21：杂项食品，22：饮料、酒及醋，23：食品工业的残渣及废料；配制的动物饲料，24：烟草及烟草代用品的制品。

数据来源：UN COMTRADE 数据库。

（二）农产品进口的商品格局

第一，世界农产品进口的商品格局同样呈现集中化特征。前5大章进口农产品的份额与 2002 年的 41.12% 相比略有下降，2013 年为 38.77%；前 10 大章进口农产品的份额基本维持在 65% 左右（表3－9）。

第二，2013 年世界第一大进口农产品为第 22 章农产品，即饮料、酒及醋，进口额为 651.25 亿美元，份额为 8.91%。

第三，2013 年世界第二大进口农产品为第 3 章农产品，即鱼、甲壳动物等水产品，进口额为 599.72 亿美元，份额为 8.20%。

第四，2013 年世界第三大进口农产品为第 10 章农产品，即谷物，进口额为 544.51 亿美元，份额为 7.45%。

第五，2013 年世界第四大进口农产品为第 8 章农产品，即食用水果及坚果等果品，进口额为 529.87 亿美元，份额为 7.25%。

第六，2013 年世界第五大进口农产品为第 2 章农产品，即肉及食用杂碎，进口额为 508.66 亿美元，份额为 6.96%。

表3-9 世界农产品进口分章结构 单位：亿美元，%

2002			2005		
章别	进口额	份额	章别	进口额	份额
02	464.78	10.13	03	623.53	8.91
22	401.75	8.75	02	605.68	8.65
03	401.47	8.75	22	599.00	8.56
10	339.07	7.39	08	538.08	7.69
04	280.24	6.11	10	418.44	5.98
08	259.04	5.64	04	411.98	5.89
07	229.31	5.00	15	371.84	5.31
23	208.59	4.54	07	340.37	4.86
20	206.64	4.50	12	329.26	4.70
15	205.35	4.47	20	310.72	4.44
12	195.98	4.27	23	300.07	4.29
19	194.91	4.25	21	297.49	4.25
21	179.39	3.91	19	283.21	4.05
24	173.74	3.78	24	268.55	3.84
16	162.71	3.54	16	241.36	3.45
17	140.77	3.07	17	231.24	3.30
18	139.67	3.04	18	216.46	3.09
06	111.69	2.43	09	190.64	2.72
01	99.12	2.16	06	136.78	1.95
09	86.67	1.89	01	121.36	1.73
11	45.03	0.98	11	69.26	0.99
05	36.88	0.80	05	52.22	0.75
13	23.27	0.51	13	35.91	0.51
14	4.18	0.09	14	5.79	0.08
1—24章合计	4590.24	100	1—24章合计	6999.23	100
2010			2013		
章别	进口额	份额		进口额	份额
02	897.92	7.91	22	651.25	8.91
10	853.95	7.53	03	599.72	8.20

续表

2010			2013		
22	838.53	7.39	10	544.51	7.45
03	838.09	7.39	08	529.87	7.25
08	809.63	7.13	02	508.66	6.96
15	752.78	6.63	15	442.22	6.05
12	720.81	6.35	23	414.49	5.67
04	650.89	5.74	07	375.20	5.13
23	588.53	5.19	04	364.26	4.98
07	541.02	4.77	21	338.38	4.63
21	488.35	4.30	20	334.24	4.57
20	450.21	3.97	19	326.82	4.47
19	444.69	3.92	16	287.32	3.93
17	417.04	3.68	12	285.31	3.90
18	379.90	3.35	17	251.35	3.44
24	367.88	3.24	09	240.80	3.29
09	352.18	3.10	18	230.24	3.15
16	343.42	3.03	24	213.23	2.92
01	182.57	1.61	01	89.63	1.23
06	167.70	1.48	06	87.41	1.20
11	132.18	1.16	11	87.15	1.19
05	70.22	0.62	13	54.92	0.75
13	50.66	0.45	05	48.31	0.66
14	8.62	0.08	14	4.21	0.06
1—24 章合计	11347.79	100	1—24 章合计	7309.49	100

　　注：本表数据根据 HS2002 标准收集。HS 编码农产品分类如下：01：活动物，02：肉及食用杂碎，03：鱼、甲壳动物、软体动物及其他水生无脊椎动物，04：乳品；蛋品；天然蜂蜜；其他食用动物产品，05：其他动物产品，06：活树及其他活植物；鳞茎、根及类似品；插花及装饰用簇叶，07：食用蔬菜、根及块茎，08：食用水果及坚果；柑橘属水或甜瓜的果皮，09：咖啡、茶、马黛茶及调味香料，10：谷物，11：制粉工业产品；麦芽；淀粉；菊粉；面筋，12：含油籽仁及果实；杂项籽仁及果实，工业用或药用植物；稻草、秸秆及饲料，13：虫胶；树胶、树脂及其他植物液、汁，14：编结用植物材料；其他植物

（接上页）产品，15：动、植物末、脂及其分解产品；精制的食用油脂；动、植物脂，16：肉、鱼、甲壳动物、软体动物及其他水生无脊椎动物的制品，17：糖及糖食，18：可可及可可制品，19：谷物、粮食粉、淀粉或乳的制品；糕饼点心，20：蔬菜、水果、坚果或植物其他部分的制品，21：杂项食品，22：饮料、酒及醋，23：食品工业的残渣及废料；配制的动物饲料，24：烟草、烟草及烟草代用品的制品。

数据来源：UN COMTRADE 数据库。

四　世界农产品贸易格局变化特点

（一）农产品贸易规模不断增长

2012 年，世界农产品贸易总额为 2.37 万亿美元，比 2000 年增长 1.06 倍，其中，出口总额为 1.17 万亿美元，进口总额为 1.20 万亿美元，分别增长 1.12 倍和 1.01 倍。从出口方面看，欧盟 27 国增长 1.14 倍，美国增长 0.67 倍，中国增长 1.5 倍，金砖国家增长 1.95 倍。从进口方面看，欧盟、美国分别增长 1.07 倍和 0.46 倍，中国增长 2.92 倍，金砖国家增长 2.39 倍。中国以及金砖国家农产品进出口较大幅度增长，是当前世界农产品贸易的重要特征之一。同一时期世界货物出口贸易总额增长 0.94 倍，其中，欧盟增长 0.87 倍，美国增长 0.35 倍，中国增长 3.82 倍，金砖国家增长 2.91 倍。可见，世界以及各国家或地区的农产品进出口贸易增长速度与世界货物贸易增长速度基本上保持一致。

农产品贸易规模取决于贸易量和价格的共同影响。10 年来，主要大宗农产品贸易量年均增长 3.1%，价格年均增长 7.1%，贸易规模年均增长 10.4%，这说明在大宗农产品贸易中，价格因素对贸易额变动的影响超过了对贸易量的影响。在食品制成品方面，贸易量年均增长 6.7%，价格年均增长 4.9%，贸易规模年均增长 11.9%，贸易量对贸易额的贡献大于价格。大宗农产品需求增长主要由于人口增长和经济发展，因此农产品贸易量增长速度较为稳定。高价值食品需求增长主要来自人们对高质量食品和食品多样化的需求，随着生活水平的提高，人们在这方面的需求可能出现较快增长。

（二）世界农产品贸易的产品结构变化

2012 年世界出口金额最大的 20 个农产品的出口额合计为 4600 亿美元，占世界农产品出口总额的 34.3%。其中，酒类、食品制成品、乳制品、香烟、面食、巧克力六类深加工产品是重要出口产品，出口额分别为 538 亿美元、419 亿美元、235 亿美元、199 亿美元、192 亿美元、187 亿美元，分别占 4.01%、3.13%、1.75%、1.49%、1.43%、1.40%，合计占 13.21%；小麦、大豆、玉米、橡胶、大米五类基础类农产品出口分别为 503 亿美元、437 亿美元、318 亿美元、169 亿美元、142 亿美元，分别占世界农产品出口总额的 3.75%、3.26%、2.37%、1.26%、1.06%，合计占 11.70%；棕榈油、豆粕、咖啡豆（生）、豆油四类粗加工产品出口额各为 293 亿美元、255 亿美元、168 亿美元、133 亿美元，分别占 2.09%、1.25%、1.90%、0.99%，合计占 6.53%；肉类产品中，牛肉为 227 亿美元、鸡肉为 171 亿美元、猪肉为 148 亿美元，合计为 546 亿美元，分别占 1.69%、1.28%、1.10%，合计占农产品出口额的 4.07%。

10 年来，各类农产品的贸易额占世界农产品贸易总额的比重逐渐发生了变化。目前，畜牧产品、水产品和粮食贸易仍占主要地位。随着世界各国经济发展和人均收入的增加，世界农产品贸易开始向营养型结构转变。其主要表现为，首先，大宗农产品主粮需求量趋于稳定，动物性高蛋白产品和水果的需求量趋于增加；其次，原料性食品向高附加值、适于远洋运输的加工食品发展。因此，在国际农产品贸易中粮食等大宗低值农产品所占比重呈缓慢而稳定的下降趋势，食用油、水果、水产品、花卉、坚果等非基本生活必需品的农产品所占比重则稳中有升。美国农业部（USDA）在农产品出口统计中，将农产品划分为大宗农产品和高价值农产品。20 年间，美国大宗农产品所占份额从 45% 左右下降到 40% 左右，1995—1996 年、2002—2004 年和 2006—2008 年出现三次出口高峰。三次出口高峰对应着世界贸易的三件大事：一是 WTO 成立，二是中国"入世"后效应，三是中国农产品进口过渡期结束，大豆等农产品进口剧增。从这个角度看，美国是贸易自由化的受益者，更是中国农产品市场开放的受益者。在美国三类高价值农产品中，加工程度较深的农产品成品比例不断提高，20 年内提高了 10 个百分点；农产品半成品份额波动较大，总体上是下降趋势，20 年内下降 5 个百分点；原材料类农产品份额基本稳定在 21% 左右。

（三）世界农产品贸易的主要国家和地区变化

根据世界贸易组织公布的数据，按出口额排序，2012 年世界主要农产品出口国（地区）依次为欧盟、美国、巴西、加拿大、中国、阿根廷、泰国、印度尼西亚、澳大利亚、俄罗斯、马来西亚。其中，欧盟农产品市场份额占世界的 42%，是世界第一大农产品出口地区；美国以 10% 的市场份额占据世界第二位。由于欧盟对外贸易统计包含欧盟内部的进出口贸易，因此，如果欧盟农产品出口额按对区外的出口计算，则美国是世界上第一大农产品出口国。

世界主要的农产品出口国大致可以分为以下几类：一是欧盟、美国、加拿大等发达经济体；二是澳大利亚、巴西、阿根廷等耕地资源非常丰富的国家；三是泰国、印度尼西亚、马来西亚等热带农产品出口国；第四是中国和俄罗斯，其中，中国的优势是拥有丰富、低成本的劳动力资源，出口加工业发达，俄罗斯的耕地资源丰富，出口竞争力和凯恩斯集团国家类似。在上述四类国家中，第二、第三类型国家的大多数是凯恩斯集团成员。

在上述国家中，2000—2012 年农产品出口增速超过世界平均增速的国家和地区有巴西、印度尼西亚、中国、阿根廷、俄罗斯、马来西亚和泰国，都是一些农产品比较优势非常明显的国家。其中，无论是巴西、阿根廷、俄罗斯的耕地资源，泰国、印度尼西亚、马来西亚的热带农产品生产条件，还是中国的劳动力资源，都是具有明显比较优势的要素。从这个意义上说，世界贸易组织为具有比较优势的农业出口国扩大出口提供了有利条件。

在农产品进口方面，欧盟、美国、中国、日本、俄罗斯、加拿大、韩国、墨西哥、中国香港、印度是世界上最主要的国家和地区。

其中，欧盟农产品进口额以44%的市场份额占据世界首位，即使扣除来自区域内的进口额，欧盟从区域外的农产品进口额也占有世界12%的市场份额，仍超过其他的国家和地区，稳居世界第一位。

在主要农产品进口国中，美国、欧盟、中国、日本、加拿大、俄罗斯的经济总量都位居世界前列，其中，中国和印度是世界人口最多的两个国家。可见，世界主要国家和地区的经济总量、人口规模与其农产品进口需求的分布具有较为明显的一致性。在农产品进口增长方面，年均增速超过世界平均水平的国家有中国、俄罗斯、印度，主要发达国家的进口增速普遍低于世界平均水平。这与中、印、俄三国经济增长速度高于世界平均水平有很大的关系，尤其是中、印两国，经济增长速度更快。由此可见，中、印、俄三国农产品进口增长速度明显快于美欧日发达国家，与其经济增长速度高有很大的关系，越是经济增长速度快的国家，其农产品进口的增长速度就越快。

五　世界农业贸易演变的影响

世界农业贸易演变产生的影响可以分为对农业部门的影响和对其他部门的影响，下文将从这两个方面进行分析。

（一）对农业发展的经济影响

世界农产品贸易的发展演变首先对农业部门产生直接的影响。

第一，农产品贸易促进了世界农业的一体化。经济学家一致认为贸易促进了世界经济的一体化。农产品贸易的增长速度快于农业自身发展速度，FAO（2005）报告指出1980—2002年农产品贸易的年均增长率为农业年均增长率的3倍左右。迅速发展的农产品贸易促进了世界经济和世界农业的一体化。农产品贸易促进了世界农产品生产和农产品消费的融合，在促进农业资源在全球范围内的配置、提高资源配置效率的同时，使世界的农产品生产者和消费者紧密地联系起来。

第二，农产品贸易是一些发展中国家保障农民就业和提高收入的主要渠道。一些对农产品贸易严重依赖的发展中国家，需要通过农产品贸易保障农民就业和提高其收入。如棉花在非洲布基纳法索（Burkina Faso）、贝宁（Benin）、乍得（Chad）、马里（Mali）、汤加（Tonga）等国的商品出口中占30%—40%的份额，在其GDP中占到4%—8%的份额，这些非洲国家有600万农民以种植棉花谋生（Aksoy and Beghin，2005）。农产品出口可以促进农业部门增加工资收益，中国的案例研究表明，2002年中国农产品出口使农业部门增加工资收益71.96亿美元，相当于农民人均收入中的4.3%来自出口收入（程国强，2004）。

第三，农产品贸易促进了农民就业。农产品出口为农民提供了大量就业岗位。中国的案例表明，农产品出口每增加1万美元，将增加28个就业岗位，其中70%为新增加农业就业（程国强，2004）。

第四，农产品贸易为发展中国家农业生产提供了市场，促进了这些国家农业生产力和竞争力的提高。农产品贸易的国别结构变化，反映了发展中国家农业生产力的变化，印度、中国、巴西、阿根廷、印度尼西亚和马来西亚等国家农产品出口能力显著增强，在世界农产品出口中的份额增加，地位提升，逐步取代一些发达国家在世界农产品贸易中的地位。

第五，农产品贸易品种格局的演变促进农业生产格局的升级和转型。农产品贸易促进优势农产品集中布局，提高专业优势、增强规模效益。在世界农产品贸易的品种格局中，肉类、水产品、酒和饮料、水果等的地位逐步提高，所占份额扩大，意味着农业生产将逐步转向这些高价值农产品。实际上农产品贸易格局的演变，反映了随着收入提高，居民对肉类、水产品和水果等高附加值农产品的消费需求增加，各国居民对异域特色农产品的需求增加。这些需求通过农产品贸易传导到具有优势的农产品生产国，从而推动这些国家农业生产格局的升级和转型。

（二）对其他经济部门的经济影响

在整个经济体系中，农业和非农业是相互关联的，农产品贸易的变化对国民经济整体和其他经济部门也会产生一定关联影响。

第一，农产品贸易有利于满足世界各国居民的多样化需求。农产品生产由于地理位置、气候条件、作物特性等原因具有明显的区域性，一些农产品只能够在特定国家或地区生产，而其他国家则可能无法生产。如果没有农产品贸易，或者没有农产品贸易的迅速发展，许多国家的居民则很有可能消费不到这些可以给他们带来更多元化的消费体验和享受的农产品。

第二，农产品贸易是发展中国家在发展前期积累资本的重要手段。在发展中国家的发展前期，由于技术水平的差距，它们在工业产品生产和服务提供方面不具有优势，而农产品尚具有一定比较优势，通过出口优势农产品，获得外汇，积累资本，换取工业设备和技术，推进本国的工业化进程。中国案例表明，新中国成立以后的50年中农产品贸易一直是顺差，顺差总额达到1243.8亿美元，为国家经济发展积累了大量资本（程国强，2004）。

第三，农产品贸易可以产生关联经济活动。农产品贸易在原料投入、生产加工、储存、销售、运输等多个环节和国民经济其他部门发生前向和后向关联。中国的案例表明，1美元的农产品出口可以产生2.66美元的经济活动。（程国强，2004）

第三节　世界农产品贸易环境的新变化

纵观世界农产品贸易发展，可以观察到农产品国际贸易的环境发生了一些新的变化，这些动态将成为世界农产品贸易未来格局产生的新动因，值得农产品贸易学界和管理部门进一步加以关注。

一　世界经济实力分布格局发生变化，农产品贸易面临的不确定性增加

近年来，以中国、印度、巴西为代表的新兴发展中国家经济持续

高速增长，改变了世界经济实力的分布，发展中国家的经济实力上升，而发达国家尽管仍居于主导地位但经济实力相对下降。这可能导致发达国家在制定世界政治经济议程和规则方面的主导地位受到削弱，新兴经济国家的话语权得到提高，发展中国家特别是发展绩效较好的国家更有能力避免被迫接受不利于自身利益的国际经贸规则和其他制度安排。但这也造成一些世界性事务陷入领导真空，提出解决方案的难度增大、做决策的时效性变差。不仅 WTO 多边贸易谈判可能会继续停滞，而且多边框架运作的有效性也会受到影响。这虽然会降低发展中国家进一步扩大市场开放的压力，但也使贸易活动面临更多的不确定性。

二 关税壁垒居高不下，非关税壁垒花样繁多

虽然乌拉圭回合谈判使农产品出口关税在一定程度上有所下降，但世界平均关税约束水平仍高达 62%。据统计，发达国家关税高峰农产品（即关税超过 12% 的农产品）占全部农产品税号的 10%，一些重要农产品关税更是高达 350%—900%。在关税高峰农产品中，美国有 20% 的农产品关税超过 30%，日本、欧盟、加拿大的比例分别达到 30%、25% 和 14%。虽然发展中国家关税高峰的情况略比发达国家普遍，但极端高关税情况却较少发生。一些国家借助食品安全、动植物卫生检验检疫法规，对入境农产品及食品实行近乎苛刻的检疫、防疫制度；产品质量标准、食品标签和包装要求不断升级，检测项目不断增多；制定不合理的环保和动物福利标准，对进口农产品设置"绿色壁垒"等，都严重影响了发展中国家优势农产品的出口。

三 国际农业贸易竞争环境依然不公平

事实上，即使发达国家能够很好地履行《农业协定》规定的削减农业补贴义务，但其可用"黄箱"补贴空间仍然较大。据 WTO 资料显示，从 2000 年开始至 WTO 新一轮谈判达成新农业协定前，欧盟

每年仍然可为农业提供高达 769 亿美元的"黄箱"补贴，日本为 284 亿美元，美国为 191 亿美元，而中国仅为 485 亿元人民币。从"黄箱"补贴约束水平相当于农业总产值的比重看，欧盟为 25%，日本为 41%，美国为 9.5%。发展中国家中，除墨西哥达 34% 外，其他国家的这一比例均不超过 4% 的水平。与此同时，发达国家继续对农产品提供巨额出口补贴，也造成了国际农产品贸易的严重扭曲，如 OECD 国家 1/3—2/3 的粮食出口需要补贴，欧盟、瑞士、美国和挪威 4 个 OECD 成员的出口补贴要占世界的 97%。

四　农产品市场波动性加剧，生产经营者面临风险增大

一是农业和非农产业联系日趋紧密，农业发展受宏观经济的影响越来越大。二是投机资本对农产品市场的影响增强。世界流动性的充斥降低了投机者的融资成本，经济世界化则降低了资本跨国境、跨行业流动的门槛，农产品特别是农产品期货成为投机资本青睐的金融投资品选项。热钱的流向容易受到偶然因素的影响而急剧变化，导致农产品价格出现较大波动。三是主要出口国的农产品储备量下降，平抑国际市场价格波动的能力受到削弱。乌拉圭回合谈判为美国等重要出口国开辟了市场，农产品价格上升，发达国家减少了对农业的财政补贴，之前高强度的农业支持政策导致的农产品生产过剩得以缓解，谷物库存下降。四是农产品加工业发展和生物能源开发在何种时机和何种程度上影响农产品需求仍不确定。综合上述情况，未来农产品价格大幅波动将可能更频繁地发生，农业生产者、消费者、企业和政府都面临额外的风险。

五　世界农产品供应链不断演进，跨国公司的影响力增强

发达国家的大型跨国公司在世界农产品供应链上早已形成主导地位。它们的国际竞争力不仅得益于雄厚的资金实力和先进的生产加工

技术，而且得益于其强大的信息获取能力，在知识产权保护和国际标准制定上确立的主导地位，通过市场操控在国内外市场获取额外利润的运作能力，利用政治游说和收买影响所在国政策制定的能力等，而发展中国家的涉农企业与之相比常常相形见绌。目前，世界食品供应链仍在继续由发达国家向发展中国家延伸，由城镇地区向农村地区延伸，由经济中心向边缘地区延伸。跨国公司借助经济实力、技术标准和专利、市场运作能力等方面的突出优势，或向上下游转移风险，或通过操纵市场谋取超额利润，有可能抑制东道国涉农企业的发展，影响政府政策目标的实现，导致国民经济财富的流失。

六 出口国粮食贸易政策不断变化

粮食贸易政策是世界各国针对粮食在制度领域所做的安排。各国为了实现其既定的粮食目标，往往会根据本国国情和环境的需要设定相关的规定，制定相关的政策，而国情和环境的变化也会对该国制定的规定和政策提出更高的要求，迫使政府对既定政策进行调整和变革，以适应不断发展变化的市场需求。各国粮食贸易政策不仅对本国粮食贸易提出要求，指出其发展方向，而且对世界粮食贸易产生重大的影响，如面对 2006 年年底以来国际粮食和燃料价格飞涨、粮食贸易疲软的局面，世界各国采取了一系列政策措施，缓解高价格对粮食消费的影响，同时调节着世界粮食贸易。其中，印度、越南、中国、巴基斯坦、埃及、阿根廷、哈萨克斯坦、俄罗斯和乌克兰等主要出口国，由于担心国内供应短缺和价格上涨，有选择性地对谷物出口实施了禁令或配额并提高了出口税收和最低出口价，引发了价格的进一步上涨和国际贸易的萧条。这些措施都会对世界粮食贸易的活跃程度产生或多或少的影响。

第四章

世界农业政策：演变及其角色

第一节　农业政策的类型、角色及其选择

一　世界农业政策的主要类型

农业是富国安邦、促进世界和平稳定发展的基础和战略产业，广泛受到世界各国的高度重视。系统、科学、优化的农业政策对于促进各国乃至世界农业发展和粮食安全作用巨大。纵观世界各国农业政策演变，可以看出，各国政府基本上是依照充分利用本国农业比较优势、适应国际社会经济环境变化、为本国农业持续发展提供支撑的原则制定农业政策的。随着全球政治、经济、社会形势变化，各国都在不断丰富和完善农业政策。20 世纪 90 年代以来，对各国和世界农业发展起主要作用的农业政策大致可归纳为以下四类。

（一）农业补贴政策

1. 按世贸组织规则的农业补贴政策分类

农业补贴有各种不同的类型。按世贸组织规则，分为"黄箱"政策、"蓝箱"政策和"绿箱"政策三类：第一，"黄箱"政策。农业补贴与当年耕种面积、产量或者价格相挂钩，例如，美国的贷款差价支付政策就属于这种农业补贴。第二，"蓝箱"政策。农业补贴与当年耕种面积相挂钩，其中对耕种面积、牲畜头数或生产总量有所限

制，例如，欧盟 2004 年改革之前实行的就是这种方式的农业补贴。第三，"绿箱"政策。农业补贴与当年的耕种面积、产量或者价格无关，例如，美国实行的"与生产脱钩"的补贴政策，就属于这种农业补贴。此外，对于农民实行良好的生态环境保护政策而给予的补贴、灾害救济、农民提前退休补贴等，也属于这种类型的农业补贴。

2. 按农业补贴的目标和实际效果对农业补贴政策分类

如果按农业补贴的目标和实际效果看，也可以将农业补贴分为三类：促进农民增收的补贴；促进农业生产的补贴；促进生态环境保护的补贴。严格地讲，所有的农业补贴政策都有使农民增收的效果。但是，从补贴的主要目的和主要效果出发，各种补贴之间还是有很大区别的。

第一，促进农民增收的农业补贴政策。实行这类农业补贴的目的是为了促进农民增加收入，既不要求环境保护，也不要求发展生产。由于不是以促进生产发展为目的，因此，这种农业补贴与当年生产情况无关，而只是以历史基期的土地情况和种植情况为基础，一旦确定了每个农场享受补贴的计算基数，就不再发生变动，这类似于中国税费改革时的计税面积和常年产量。这种方式的农业补贴，无论叫什么名称，实质上都是要直接增加农民收入。

第二，促进农业生产的农业补贴政策。这类农业补贴的目的是促进农业基本生产条件的改善，促进农业现代化。例如，欧盟对于农民平整土地、购买农机具和建造农业生产设施等方面的补助，就属于这一类别。在实际操作上，政府的补贴属于补助性质，仅仅是弥补农民投资的一部分而不是全部。如果农民没有改善生产条件的愿望和实际投资计划，那么就不能获得这种补贴。

第三，促进生态环境保护方面的农业补贴政策。近些年来，发达国家在这些方面的政策措施比较多，具体做法有所不同，总的方向是在特定的一些区域，按照保护生态环境的需要，对农民提出一些农业生产或者工程建筑方面的要求，然后给予直接补贴。如果农民不参加有关的生态环境保护计划，也就没有资格获得这种补贴。

（二）农业科技政策

20 世纪 90 年代以来，世界各国农业普遍面临着耕地面积趋于缩小，劳动人数趋于下降，化肥对作物产量的边际贡献越来越小的困境。提升农业生产力和竞争力唯一的选择，就是采取以提高资本密集程度和技术含量为主要内容的集约化增长方式，而推进农业科技进步则是其核心内容。因此，多数国家把科技兴农作为本国农业振兴的根本战略，制定一系列农业科技政策，鼓励科技创新，促进科技推广，从根本上提高农业生产力和竞争力。

美国采取产学研紧密结合的方式，构成技术创新的良性循环机制，成果转化率高；完善的农业科研体系、合理的分布及良好的运行机制，保障了科研活动的高效性；政府对农业科技的投入以 8% 的年增长率逐年增加，重视没有直接经济效益但关系到未来科技发展的基础性研究和应用性研究。英国在推广应用方面，重视农业科技项目的针对性，完全按照市场（农民）需求选择项目，对农民应用农业创新成果进行补贴。日本在新农业基本法中明确规定，制定必要的措施，积极开展农业教育，提高农民的技术水平和经营管理能力，确保农业发展后继有人；大力推进农村信息化，农机推广中心与农协及农户之间可以进行双向的网上咨询。

（三）农业贸易政策

首先，世界上各主要农业贸易强国如美国、加拿大及欧盟等发达国家和印度、巴西等发展中国家为维护本国利益，都设有健全的农产品贸易促进组织体系。例如美国粮食出口促进体系包括农业部海外农业服务局、州县地方农业部门和各级农业协会三个层次。美国农业部是直接负责粮食产品出口促销的政府机构，在国会授权下，海外农业服务局拥有用于粮食出口支持的专项预算资金、人员和手段，依靠世界性农业信息通报体系直接制订并组织执行出口促进计划。各州、县地方农业部门具体负责落实所在产业区的粮食促进计划。

其次，政府争取和营造有利的贸易环境，通过双边或多边谈判及协议，促使贸易伙伴降低关税和非关税壁垒，疏通扩大农产品出口的渠道。

此外，很多国家向出口商、出口农产品生产企业提供出口信贷、出口保险等金融服务。美国多年来一直实施粮食出口信贷担保计划，是提供出口信贷最多的国家。世界农产品出口大国还实施积极有效的财政支持措施，投入专门资金用于对农产品的促销营销服务；推进建立农产品对外贸易的综合信息网，向农产品生产者和出口企业提供有效的信息服务等。

（四）农产品质量安全保障政策

食品关系人民群众的生命健康，健全的质量溯源体系是质量和信誉的保证，是出口竞争的要求。因此，很多发达国家综合运用多种网络技术、条码识别等前沿技术，实现了对农业生产、流通过程的信息管理和农产品质量的追溯管理、农产品生产档案（产地环境、生产流程、质量检测）管理、条形码标签设计和打印、基于网站和手机短信平台的质量安全溯源等功能。2003 年，美国食用牛肉检验出疯牛病，国内外舆论哗然，世界各地迅即对美国牛肉出口和消费提高了警戒度。对此，美国农业部不敢怠慢，立即着手调查，并根据食品溯源制度，在 72 小时内锁定了病牛的农场并找到了致病源。

中国也在不断制定完善农产品质量有关规章制度；实施"无公害食品行动计划"；开展了无公害农产品认证、绿色食品认证和有机食品认证；逐步完善农业标准体系，加强质量安全检验检测，建立追溯制度；出台《农产品质量安全法》，促进提升中国农产品竞争力，应对农业对外开放和参与国际竞争。

二　农业政策在各国和世界农业发展中的角色

农业政策在各国农业和世界农业中扮演着十分重要的角色。农业政策为各国农业发展创造良好的内外环境，推动世界农业发展进程，并决定着世界农业发展方向。

（一）农业补贴政策是农业生产的调节器

从主要国家农业补贴政策的目的和效果看，农业补贴政策具有重要的调节农产品产量和生产结构等作用。例如欧盟为了解决农产品过剩问题，采取降低支持价格水平的做法控制生产，削减了谷物等耕作物以及奶类等重要农产品的支持价格；为弥补由于支持价格的削减而带来的农民收入损失，欧盟又不断增加对农民的收入补贴。这些政策通过多年渐进式实施，抑制了生产过剩，同时保证了农民收入稳定。中国通过实施粮食补贴等一系列配套政策，促进了粮食连续十一年增产以及农民收入稳步提高。中国粮食生产取得的成果对促进世界农产品市场稳定、保障世界粮食安全具有积极意义。

（二）农业科技政策是农业发展的引擎

科学技术是农业发展的原动力。以美国为例，美国有着健全的农业科技政策体系，农业科技进步对农业生产的贡献率高达80%，保持着世界上最发达的农业强国和最大的农产品出口国地位。美国农业科技政策属于典型的产学研结合型农业科技创新模式。农业研究机构完成一项新技术研发后，由专门的推广机构进行简化，然后转让给企业、协会和农户应用。企业、协会和农户也会把市场需求和技术需求反馈给农业研究机构。这种技术创新的良性循环机制，保证了农业科研成果的及时转化。美国农业科技政策对美国农业机械化，农业新品种研发应用，农产品产量提高、品质改善等诸多方面都起着重要作用，同时在农业科技政策作用下形成的新品种及其栽培方式等对提高世界农产品产量增长也具有推动作用。

（三）农业贸易政策是农产品市场流动的控制器

世界粮食出口大国无不采取多种政策促进海外销售。当一国农产品国内价格人为地高于国际价格时，政府以现金支付形式进行补贴，鼓励产品出口。如美国对粮食产品包括小麦、大麦、稻谷、饲料用谷物等都实行出口补贴。美国用于粮食促销服务的资金增长迅速，有效保持了美国作为世界农产品出口大国的地位。

欧盟的粮食出口促销计划是欧盟促进粮食出口的重要手段。该计划规定对粮食出口给予最直接的资金支持。促销措施主要包括资助企业开展促销公关行动、资助企业参加具有国际影响的交易会或展会、资助研究单位研发新的国际市场等。这些直接和间接政策都有利于促进农产品按照既定方向和数量在国际市场流动。

（四）农产品质量安全保障政策是农业可持续发展的保护神

发达国家的食品安全保障政策相对较为成熟。确保食品安全的举措，不仅有利于国民享受质优安全的食品，更为可持续发展的农业生产方式提供了保证。欧盟针对食品质量安全，陆续制定了多部法律法规和一系列食品安全规范要求。其中 2002 年生效的《欧盟新食品法》使食品安全监管覆盖所有生产与经营环节，最大化降低了食品安全风险。在生产环节，欧盟采取可持续农业技术，限制农药、化肥施用量；对化肥、农药等投入品加强控制等。权责明晰的食品安全监管体制、专业化监督等食品安全保障政策以及先进农业技术的集成和应用，对欧盟农业的可持续发展起到保驾护航的作用。

中国也积极按照有机食品、绿色食品、无公害食品的生产要求，在农业生产过程中，遵循可持续发展原则，尽可能少施用化肥、农（兽）药、除草剂等化学制品。这不仅可减少对农产品的污染，还可减少对大气、水体、土壤的污染，保障农业可持续发展和使食品更安全。

三 主要国家（地区）的农业政策选择

20 世纪 90 年代以来，影响世界各国制定农业政策的因素不断增多，除粮食安全、农民增收外，关贸总协定谈判以及世贸组织（以下简称 WTO）要求、农业的环境保护功能、农业对能源的作用、财政对农业投入状况等，都成为各国制定农业政策时的重要考量因素。特别是受关贸总协定谈判以及 WTO 体制的影响，世界各国先后都对本国农业政策做了调整。因此，世界农产品贸易体制变化提高了世界各国间农业政策的关联程度，促进了世界农业政策的演变。本章以美国、欧盟、日本和中国，以及印度、巴西、俄罗斯和南非8个国家（地区）为代表来分析世界农业政策的演变。因为这8个国家（地区）在世界农业发展中各具特点，在世界农产品贸易体制形成过程中各具独特作用。这8个国家（地区）的农业政策演变基本上可以反映世界农业政策演变的脉络和轮廓。

　　美国和欧盟是世界最大农产品生产国（地区）之一，也是世界农产品贸易自由化谈判中两个最主要的利益相关方。在世界贸易体制发展史中，美国是关贸总协定的发起国。美国发起关贸总协定的目的是根除英联邦国家之间的帝国特惠制，在资本主义世界中推行自由贸易。欧盟则在世界农产品贸易自由化谈判中与美国互相制衡，势均力敌。关贸总协定后，美国和欧盟这两大阵营为了本国（地区）利益继续在世界农产品市场展开竞争，并在贸易谈判中互相制约。可以说，在1986年乌拉圭回合谈判以及WTO农业多边贸易体制形成过程中，美国和欧盟都起到了推手作用。随着贸易规则变化，双方又带动了全球利益相关国（地区）相应做出了农业政策调整。

　　日本是亚洲乃至世界典型农业资源禀赋相对较少的农业现代化国家之一，也是关贸总协定和WTO的主要成员国。第二次世界大战后，美国为了实现通过日本遏制东亚的战略，积极促成日本加入关贸总协定，以推动日本经济复兴。1955年日本加入关贸总协定后，日本工业制品得以大量出口至美国等国，从而拉动了日本经济增长。经过短短十余年，日本迅速成长为仅次于美国的资本主义经济大国。从此，日本在亚太地区政治经济势力范围日益扩张，美日同盟关系不断加强。但由于日本农业比较优势弱，加之在关贸总协定和WTO谈判中，日本被动地承诺减少限制农产品进口品种，降低关税，使日本食品自给率逐步降低至40%左右，成为世界主要农产品进口国之一。在贸易自由化冲击下，日本政府不得不煞费苦心制定保护农业的政策。

　　中国是世界上逐步从传统农业向现代农业发展、农产品市场日益开放的代表国家。中国人口众多，人均农业资源严重不足，但经过多年努力，中国取得了以世界9%的耕地养活世界21%的人口的举世瞩目的成果。改革开放后，中国积极加强与世界的经贸联系，调整相应经济贸易立法和政策，成功加入WTO。入世后，中国制定了既符合我国农业农村经济发展要求，又适应国际经济通行规则的农业政策。中国政府把粮食安全上升为国家战略，积极推进现代农业建设，实行改善农民生活、提高农民收入的政策。中国农业政策的演变可以为世界人口大国以及低收入国家保障粮食安全提供经验借鉴。

除了上述4个主要国家（地区）外，印度、巴西、俄罗斯和南非四国的农业政策演变也值得关注。因为随着世界农产品贸易谈判不断深化，发展中国家组成的20国集团成为多哈回合谈判的新增主角。印度、巴西和南非正是新增主角中的重要成员，并在谈判中发挥了重要作用。例如巴西和印度在2005年作为世贸组织的重要成员国参加了在日内瓦举行的部长级会谈，就农业和非农产品市场准入问题坚持发展中国家利益，不做让步，使美国未能达到谈判目的。另一方面，俄罗斯是加入WTO的最后一个世界重要经济体。俄罗斯入世有利于改变多边贸易体系的力量构成，有助于金砖国家在多哈回合谈判中维护发展中国家利益。分析这些国家的农业政策演变，不仅有利于我国更加全面把握发展中国家农业政策动向，对于探讨世界农业生产和贸易趋向也具有重要意义。

第二节 主要国家（地区）的农业政策演变

一 美国的农业政策演变

20世纪90年代以前美国的农业政策演变可以概括为由价格支持政策向市场化改革。1933年美国实施《农业调整法》后，农业政策以实行农产品价格支持政策，保护农场主利益为主要特征。20世纪80年代，由于世界农产品市场的激烈竞争以及美元大幅度升值，美国农产品出口量下降，库存急剧增多加大了政府的财政负担。从《1985 年美国食品安全法》（*Food Security Act of 1985*）开始，美国政府降低价格支持标准，减少补贴面积，鼓励农场主根据市场需要调整生产，积极扩大出口，美国的农业政策朝着市场化方向有所发展。20世纪 90 年代以来，美国农业政策演变可以依照世界农产品贸易谈判进程清晰梳理。

（一）20 世纪 90 年代—20 世纪末，"乌拉圭回合谈判"背景下降低价格支持和直接补贴政策

1986 年农业首次被纳入乌拉圭回合谈判。该谈判旨在降低各国农业关税、改善市场准入、减少国内支持对贸易的扭曲。在这一大背景下，美国制定《1990 年食品、农业、资源保护和贸易法》（*Food, Agriculture, Conservation, and Trade Act of 1990*），继续降低价格支持和农业补贴水平，鼓励扩大农产品出口。（蔡海龙，2013）1995 年乌拉圭回合农业协议明确了 WTO 各成员国要调整农业政策，取消农产品贸易壁垒、降低农业支持水平、实现农产品贸易自由化。迫于协议的约束，1996 年美国实施了历史上最重要的农业政策自由化改革。《1996 年联邦农业促进和改革法》（*Federal Agriculture Improvement and Reform Act of 1996*）（简称 1996 年《农业法》）将受 WTO 农业规则约束的"黄箱"政策补贴转变为允许的"绿箱"政策补贴，降低了对农业的价格支持、出口补贴和关税，转向农业补贴逐步与农产品生产脱钩；政府对农民收入的保障从以价格支持为重点转向了以直接收入保障为重点。

（二）21 世纪初—2013 年，"多哈回合谈判"背景下加大农业补贴

在 1996 年《农业法》实施期间，由于遭遇国际农产品价格持续低迷，美国农产品价格大幅下降，农场主农业收入急剧减少，以出口为导向的美国农业陷入困境。在农场主利益集团的压力之下，美国《2002 年农业安全与农村投资法案》（*Farm Security and Rural Invest-*

ment Act of 2002）（简称2002年《农业法》）减慢了自1985年以来的农业市场化改革步伐，规避了WTO《农业协定》的约束，提高了对水土保持与环境保护、农村公共设施服务等属于"绿箱"的政策支持和补贴力度。这一相悖于"多哈回合谈判"的法案遭到了世界多个农业大国的反对。此后美国国会进一步一意孤行，2008年通过了以增加农业补贴为主的《2008年食品、环保、能源法》（*Food，Conservation，and Energy Act of 2008*）（简称2008年《农业法》）。法案不仅延续了2002年《农业法》中的巨额补贴，而且还大幅度提高了补贴的额度和范围，进一步强化了农业保护政策。法案不仅保留了固定直接补贴、反周期补贴、营销支援贷款、贷款差额补贴等措施，而且提出了收入保障直接补贴政策，首次将蔬菜、水果纳入补贴范围。2008年正值多个第三世界国家发生粮食危机，而这一法案却开启了将玉米用于大规模生产新能源的时代。由于美国农业立法的保护主义趋势重新回归，多哈回合谈判最终陷入僵局。

（三）2014年以来，实施降低农场主经营风险等"与生产脱钩"的支持政策

2008年世界粮食危机以来，美国农产品价格一直保持较高水平，普遍高于目标价格。这使得直接支付、反周期支付、平均作物收入选择计划和补充收入援助付款计划等政策手段对农场主的收入保障作用欠佳。预计未来五年美国农产品价格仍将普遍高于目标价格。因此，2014年2月美国的《2014年农业改革、食品和就业》（*Food，Farm and Job Act of 2014*）（简称2014年《农业法》）法案，取消了直接支付（DP）和反周期补贴（CCPS）等"与生产挂钩"的保障收入的直接补贴政策，同时加大政府对农业保险项目的支持范围和支持力度。法案提出了价格损失覆盖计划（PLC）、农业风险覆盖计划（ARC）、棉花重叠收入保护计划（STAX）和补充保险方案（SCO）等"与生产脱钩"的支持政策。这些政策有利于减少美国财政赤字，进一步为美国农业生产搭建安全网，为美国粮食安全提供保障。

二　欧盟的共同农业政策演变

欧盟的前身是欧共体。20世纪90年代之前，欧共体农业政策主要是对内实行价格支持，对外实行贸易保护。统一的农产品价格、市场干预、差价税和出口补贴等措施对欧共体农业发展起到了促进作用。但是农产品过剩、农产品价格显著高于国际市场、农业补贴负担加大等问题日益突出，加之乌拉圭回合谈判的压力，1992年欧共体更名为欧盟，此后欧盟对共同农业政策进行了一系列改革。改革的主要方向是从支持农业生产者收入向市场化方向发展，并且重视保护环境，促进农业可持续发展。

（一）20世纪90年代—20世纪末，为适应"乌拉圭回合谈判"，向直接补贴政策过渡

1992年欧盟共同农业政策（以下简称CAP）改革内容包括：降低价格支持水平，控制农产品过剩；为缓解因降低价格支持水平，导致农业生产者收入减少，引入"蓝箱"政策，实施了"与生产挂钩"的直接补贴制度，即根据不同品种制定补贴标准，依据种植面积支付直接补贴。补贴作物对象是小麦、大麦、玉米、大豆、牛肉、牛奶等。另外，欧盟还实行了调整农业结构、促进农业生态环境保护、发展林业农场和鼓励提前退休等促进农村发展的政策。

（二）21世纪初—2007年，强化适应WTO规则的直接补贴，确定两大支柱政策

随着欧盟范围不断扩大，超过一半的欧盟人口居住在农村地区，促进农村发展成为欧盟基础性的重要政策，欧盟农业预算也面临着较大压力。另一方面，考虑到WTO新一轮农产品贸易谈判和应对美国的压力，1999年欧盟委员会通过了《欧盟2000年议程》，对农业政策进行了第二次改革。这次改革实现了价格支持政策更多向"与生

产挂钩"的直接补贴政策的转移。同时还明确了保证农业生产者收入的价格支持政策、直接补贴政策，以及促进农村发展政策为 CAP 政策的两个支柱。其中，第二支柱促进农村发展政策是指第一支柱政策以外的各种政策的总称，包括对农业生产条件较差地区、保护环境、提高竞争力、地区振兴等方面的支持政策。

2003 年为适应新一轮 WTO 谈判关于提高市场开放程度的要求，迎合欧盟公众对环境保护的呼声，解决新增欧盟成员国带来的问题，欧盟进一步改革了农业政策。改革的主要特点是：第一，欧盟实行了单一支付的农业补贴政策。补贴与产量、种植面积等脱钩，这种"与生产脱钩"的直接补贴政策朝"绿箱"政策前进了一大步。农业生产者要想获得直接补贴，就必须符合欧盟及本国规定的环境保护等要求（cross-compliance）。第二，改革重点向第二支柱——促进农村发展转移。

（三）2008—2012 年，进一步完善直接补贴方式，着力促进农村发展

欧盟农业政策改革是伴随着欧盟成员国不断增加进行的。2007年欧盟成员国增加到了 27 个，新老成员国之间农业水平差距、利益矛盾凸显。2008 年 5 月欧盟委员会公布了"健康检查"相关法案，实施渐进式政策改革。欧盟要求成员国检查各项政策实施效果，并完善修订。政策调整包括：原则上自 2010 年起废除"与生产挂钩"的直接补贴，彻底实行"与生产脱钩"的直接补贴政策；废除强制休耕制度；减少价格支持；修改农业生产者获得补贴需满足的欧盟及本国保护环境等条件（cross-compliance）；减少第一支柱资金支持，更多发展第二支柱等。在此期间，欧盟也探讨了 2014—2020 年的改革方向。2011 年 10 月欧盟委员会公布了欧盟共同农业政策（2014—2020 年）的改革法案，为 CAP 全面改革做好准备。

（四）2013 年以来，全面改革直接补贴制度，加强对环境的保护

与以往 CAP 改革时欧盟所面临的生产过剩、应对 WTO 谈判、国

际农产品价格上涨等形势不同，改革是以欧洲金融危机、经济恶化、加盟国间利益分歧、欧盟财政紧缩为主要背景展开的。2013 年 9 月欧洲委员会、理事会以及欧洲议会针对欧盟共同农业政策（2014—2020 年）改革法案达成了一致。11 月改革法案得到了欧洲议会的认可。CAP 改革主要是在财政紧缩压力下，应对欧盟内部农业问题。2014 年开始部分实施的 CAP 改革包括 4 部分内容：直接补贴、促进农村发展（第二支柱）、单一共同市场组织（市场政策）、财政和监督管理等四部分内容。

这次 CAP 政策重点是全面改革直接补贴制度，缩小新旧成员国、成员国内部农业生产者间的补贴差距。政策预定 2015 年 1 月正式实施。改革将直接补贴细分为以全体农业生产者为对象实施的基础补贴和"绿色"补贴，以及以特定农业生产者为对象实施的再分配补贴、"与生产挂钩"补贴、小规模农业生产者补贴、受自然条件限制的土地补贴、青年农业生产者补贴等。政策更加重视环境保护，要求各成员国将 30% 的直接补贴用于"绿色"补贴。"绿色"补贴是对农民进行有益于气候、环境活动所给予的直接补贴。农民要获得"绿色"补贴，在原有政策基础上还必须达到符合以下任意内容的三个环境保护要求（cross-compliance）：农业生产者要种植多种农作物、设定环境重点保护用地、维持永久草地等。在预算使用方式上，允许成员国将任一支柱政策预算的 15% 向另一支柱政策灵活转移。这一政策改革有利于加强欧盟公共财政预算，实现成员国间、区域间公平化的直接补贴，改善农业生产者收入减少的风险等。

三 日本的农业政策演变

第二次世界大战后至 20 世纪 80 年代末，在《农业基本法》框架下，日本政府主要采取价格支持政策，提高农户收入，并在贸易自由化潮流中逐步开放农产品市场。日本食品安全保障问题变得越来越重要。

（一）20 世纪 90 年代初—2009 年，保障食品稳定供给，价格支持转向直接补贴

1992 年日本农林水产省发布了《新的食品、农业和农村政策方向》，提出在国际竞争日益激烈的形势下，应培育具有竞争力的优秀农业经营主体，促进大米生产、流通市场化等。在明确的政策方向指导下，日本政府着手制定具体政策。另一方面，在乌拉圭回合谈判压力下，日本不得不承诺逐步降低关税、削减国内补贴。随着经济日益全球化，保障食品稳定供给成为日本农业要解决的重要问题。1999 年日本政府颁布了新农业基本法——《食品、农业、农村基本法》。新农业法蕴含着保障食品稳定供给、发挥农业的多功能性、实现农业可持续发展和振兴农村四个理念。按照新农业基本法，以及 5 年修订一次的《食品、农业、农村基本计划》，日本农业政策逐步具体化。

2000 年日本对山区半山区的农业生产者实行直接补贴，目的是弥补与平原地区生产条件的差异，维持农业生产活动，保护国土环境、涵养水源。农业政策由价格补贴转为直接和间接收入补贴。2005 年日本制定了第二个《食品、农业、农村基本计划》，决定从 2007 年开始实施"跨品种农业经营稳定对策"。农业补贴方式，由原来的补贴对象是全体农户、对不同农作物品种采取不同补贴的做法，变为以具备一定经营条件的骨干农户为补贴对象、不分品种地对农户整体经营进行收入补贴（薛桂霞，2007）。这一政策改革减少了"与生产挂钩"的直接补贴，增加了以过去生产业绩为基础的直接补贴。政策转向了"与生产脱钩"的直接补贴。2007 年日本还实施了对农地、水资源和环境保护的补贴。另外，对少施农药化肥等减轻环境压力的农业生产方式给予各种补贴。这些政策有利于提高日本农业的国际竞争力，强化了 WTO 的"绿箱"政策。政策工具和手段内容类似于美国和欧盟，但实施时期迟于欧美。

（二）2010 年以来，强化"与生产脱钩"的直接补贴政策，应对 TPP 时代

2009 年日本政权从自民党转入民主党手中。民主党感到随着人口增加和发展中国家经济的发展，世界粮食供求将长期处于紧张状态。而日本农业却面临着劳动力不足、农业生产日益衰退的局面。未来日本还有可能应对 WTO 和 FTA 贸易自由化对国内农业生产的冲击。于是，民主党提出日本政府必须保护农户，提高食品自给率，保障粮食安全。民主党政权实行了对所有农户进行补贴的"户别收入补贴制度"，与"生产脱钩"的直接补贴政策进一步得到了加强。2010 年，日本政府首先将"户别收入补贴制度"在稻米种植农户中实施。2011 年这一制度又扩大到了旱田作物。

2010 年 10 月，日本正式表明了加入《跨太平洋战略经济伙伴协定》（TPP）的意向。从经济战略上看，日本认为实现经济增长需要依靠出口贸易拉动，加入 TPP 为日本商品出口提供更多机会。从政治战略上看，日本谋求与美国共同主导未来亚太自由贸易协定。TPP 也是日本增强日美同盟关系的重要手段。（王国华，2013）但是毫无疑问，TPP 必将给萎靡不振的日本农业、农村雪上加霜。为此，2011 年年底日本政府制定了有关食品和农、林、渔、业复兴的"基本方针和行动计划"，大力促进土地集中，提高大规模农业经营主体（20—30 公顷，山区 10—20 公顷）的比例，增强农产品竞争力。这也使得几乎陷于停滞的"农业经营稳定对策"继续发挥了作用。

2013 年自民党执政后，将户别收入直接补贴政策调整为"新经营收入稳定政策"，将与农业生产直接相关的多项补贴进行整合，并提出了构建"日本型直接补贴政策"的改革思路。日本政府试图在原有农户收入补贴政策基础上，进一步扩大补贴范围和补贴对象，完善对农业多功能作用的补贴政策。（黄波、李欣，2014）

四　中国的农业政策演变

从 1949 年新中国成立到改革开放前，中国政府积极以农业剩余支援工业发展。农业作为国民经济的基础，对中国工业体系的形成做出了很大贡献。为促进农业生产发展，政府也采取措施加大农业技术推广和应用力度，组织农民兴修水利和改善农业生产条件等，为改革开放后农业的迅速发展打下了基础。

（一）从改革开放到加入 WTO，改革农村经营体制，搞活农村经济，加入世贸组织

改革开放后，中国经济发展战略从原来的优先发展重工业转变到产业协调平衡发展上来。政府重点对计划经济体制下的农村制度进行改革；全面放开农产品市场价格，确立粮食最低保护价收购等。政府对农业的投入还十分有限，补贴大部分用于降低支农服务的收费标准、降低农用生产资料价格。此外，政府还实行了农产品购销环节的补贴、农业生产用电补贴、贷款贴息补贴等。（李岩、孙宝玉，2012）

另一方面，中国积极与世界各国建立了经济联系。1986—1995年中国政府开始了加入关贸总协定、加入 WTO 的谈判工作。2001 年11 月中国正式成为 WTO 成员，中国农业政策也将按照 WTO 规则进行改革。

（二）党的十六大以来，适应 WTO 规则，加大农业投入，完善农业支持政策

2002 年，党的十六大将"统筹城乡经济"作为全面建设小康社会的重大任务提了出来，目的在于解决"三农"问题，消除城乡二元经济结构。另一方面，伴随加入 WTO，中国积极构建与中国入世承诺和 WTO 规则一致的农业政策体系。2004 年以后中央连年下发"一号文件"，出台政策促进农业发展。政府不断加大对农业的投入

力度，将增加农民收入作为主要政策目标。农民收入支持政策主要有：全面取消农业税；建立和完善以"粮食直补、农资综合补贴、良种补贴和农机具购置补贴"为核心的强农惠农政策；实施小麦、稻谷最低收购价制度；扩大农业保险保费补贴区域和品种；实行玉米、大豆、油菜籽等重要农产品临时收储政策等。除实行"与生产挂钩"的收入补贴外，中国实施了"与生产脱钩"的补贴政策，如退耕还林补贴、退牧还草补贴等。

当前，中国农业发展面临着保障粮食等重要农产品供给与资源环境承载能力的矛盾。2014 年中国农业政策立足完善国家粮食安全保障体系，积极探索推进农产品价格形成机制与政府补贴脱钩的改革；强化农业支持保护制度，完善农业补贴政策；同时，在建立农业可持续发展长效机制、深化农村土地制度改革、构建新型农业经营体系方面也有新的政策。

五　印度、巴西、俄罗斯和南非的农业政策演变

（一）印度的农业政策演变

印度从独立至 1990 年，主要实行了发展科技、价格支持和限制农产品出口等政策。在实施"绿色革命"的同时，政府加大对高产种子、灌溉、化肥、电力等农业科技和基础设施的财政投入，健全金融优惠政策；对稻谷和小麦的生产执行最低支持价格，保护农民的粮食生产利益；以补贴价格向贫困群体分配粮食；还建立起最低程度的缓冲库存。（陈兴华，2009）20 世纪 80 年代以后，政府对农业的投入迅速增长。印度中央政府对化肥进行价格补贴，州政府则负担电力补贴和灌溉补贴。农产品进口仅作为在国内生产突然减少时的紧急措施。除了少数传统贸易品种外，政府对农产品出口实行数量限制、许可证制度、配额限制和高关税等政策。

20 世纪 90 年代至 1999 年，印度政府实行有限的农产品自由贸易政策，提高粮食最低支持价格。1991 年印度发生了严重的国际收支危机，为此，拉奥政府开始实行自由化、市场化和全球化的经济政

策改革。1992 年印度政府又公布了 1992—1997 年的新贸易政策。印度是 WTO 的原始会员国，在农业方面，除洋葱出口和谷物、豆类、食用油进口外，印度政府废除了对其余农产品的贸易限制，并取消了对多数农产品的贸易数量限制，降低了农产品关税。1991—1995 年政府平均每年提高粮食最低支持价格 10%—15%，缩小粮食国内价格与国际市场价格的差距。

进入 21 世纪以来，印度政府实行了以提高农业生产率和农业生产者者收入为目标的国家农业政策。虽然印度农业在产业中所占份额减少，印度依然有一半以上劳动力集中于农业领域。为此，2000 年，中央政府制定了"国家农业政策"，目标是提高农业生产率。这是印度农业部首次制定的系统农业政策。① 2007 年印度政府又对这一政策进行全面修改，制定了"国家农业者政策"，政策重点放在了提高农业生产者收入上。"国家农业者政策"主要目标有：持续增加农业生产者的实际收入，增加农业活力，以是否提高农业收入来评价农业发展情况；继续在种子、灌溉、电、农业机械、肥料等方面，对农业生产者给予适当财政支持和价格支持；保护谷物、家畜、鱼、森林等生物资源；完善食物、水、能源保障系统，确保所有儿童、妇女、男性各层人群的充足营养；促进农业劳动力在非农产业就业等。

（二）巴西的农业政策演变

从 20 世纪 30 年代世界恐慌至 1964 年，巴西政府逐步干预农业，形成了农业保护政策的雏形。1964—1985 年巴西军政权时期，巴西政府主要通过价格支持和农业信贷两个政策手段加强对农业的支持。政府对粮食生产实行最低保证价格制度，价格支持投入占农业 GDP 的比例由 20 世纪 70 年代的 5% 提高到 1982 年的 12%。1967 年巴西政府制定了约束存款制度，规定商业银行的现金存款有义务按照一定比例用于农业领域。同年，商业银行对农业的贷款

---

① 由于印度宪法赋予州政府在国防、外交和通信以外强大的地方管理权力。印度中央政府的农业部一直没有制定过系统的农业政策。

达到农业贷款总额的 22.7%。1971 年开始，巴西银行和中央银行也积极增加对农业的贷款，贷款比例进一步扩大。1978 年，在农业 GDP 中，农业贷款所占比例达到了 85%。在政府对农业的支持下，巴西大豆、肉类、橘汁等农产品生产能力大大提高，为出口打下了坚实基础。

1985—1995 年，巴西农业政策进入转换期。巴西政府改革农业政策，减少对农业的保护，实行了农业自由化政策。20 世纪 80 年代中期，巴西经济遭遇了高通货膨胀和债务危机，经济停滞。为此，政府积极实施外向型经济政策，降低农产品进口关税，减少了农业贷款。1994 年，在巴西农业 GDP 中农业贷款所占比例减少到了 29%。巴西对粮食生产的价格支持占农业 GDP 比例在 20 世纪 80 年代曾逐步提高，但是 90 年代开始，政府对粮食价格的支持降低为 0。因此巴西在 WTO 谈判中，表现出坚定的自由贸易态度。1988 年巴西政府制定农业发展计划，投资 101.4 亿美元，发展农田灌溉、粮食储藏、畜牧业和植树造林等项目，巴西粮食生产迅速发展。1993 年巴西政府还制定"支持水果生产和出口计划"，促进水果生产和出口。(热震衡，1996)

1995 年至今，巴西在继续实行最低保证价格制度和农业信贷政策，减少对农业保护的同时，又实行了农村社会政策。1994 年政府实施"雷亚尔货币稳定计划"后，高通胀问题得到缓解，宏观经济稳定。但由于 1985 年开始的迅速外向型经济政策，导致城乡收入差距扩大、农村贫困加重等问题。为此，巴西将农村社会政策确定为新的农业支柱政策。伴随 WTO 体制的形成，作为原始会员国，巴西减少了对扭曲市场的价格支持政策，实施了收入支持政策。另一方面，1997 年后，由于受亚洲和俄罗斯金融危机的冲击，1999 年年初巴西货币出现危机，政府被迫放弃了 1994 年以来实行的固定汇率制。采取浮动汇率以后，巴西雷亚尔货币不断贬值，对巴西农产品大量出口起到了促进作用。2003 年卢拉成为巴西历史上首位直选上台的左派总统，并任命具有丰富商业经验的罗伯特任农业部部长。巴西继续加强实施农业现代化政策。2005 年，巴西政府补贴额仅占农场收入的

3%，而美国和欧盟则分别为18%和34%。作为世界贸易组织多哈回合贸易谈判中6个主要国家之一，巴西坚决要求富有的经济体（例如美国和欧盟）取消补贴和关税，以实现全球农业贸易自由化。2008年巴西国内发生农业危机，巴西政府以收购、补贴、担保等形式扶持破产农民，其干预规模在过去数十年中少见。（朱行，2009）

（三）俄罗斯的农业政策演变

20世纪90年代前，俄罗斯的前身——苏联实行了农业计划生产政策。这一时期，苏联政府注重农业基础设施建设，提高了农业电气化、水利化和化肥化程度。政府对生产者和消费者实行价格补贴。虽然国家决定的农产品价格多年不变，由于生产成本不断上升，政府为低价格食品供给提供了巨额的消费补贴。苏联实行单一的土地国有制，以集体农庄和国营农场一大二公的形式开展农业生产经营。这种体制使农业生产者缺乏劳动积极性，粮食减产，并需进口以满足国内需求。20世纪80年代，苏联进行了农业改革。1982年，农村广泛实行了集体承包制。但这种承包制没有突破旧制度框架，依然受分配上平均主义、大锅饭的束缚，劳动报酬与最终成果脱钩，挫伤了承包者的积极性。（朱行，2007）

20世纪90年代至21世纪初，俄罗斯农业政策改革重点集中在所有制改革上，减少了对农业的财政支持，导致粮食和畜禽生产衰退。1991年年底，苏联解体，俄罗斯成为独立的主权国家。政府在全国开展了以土地私有化为核心的大规模激进式农业改革，推进农业市场化。俄罗斯政府颁布了《俄罗斯联邦土地法典》，推进土地及国营农场私有化。与土地私有化相适应，政府对在农业中占绝对统治地位的国营农场与集体农庄进行登记，取消与改组那些无力支付劳动报酬和偿还贷款债务的农场、农庄。出于紧缩银根、减少财政支出的需要，政府大幅缩减了对农业的投入。（江宏伟，2010）政府对农业生产的支持主要有干预性收购、农用物资购买补贴等。农业预算额占财政预算总额的比例下降，1990年为19%，20世纪90年代末降到了2%—4%。

2000 年开始，俄罗斯进入农业政策转折期，政府加强了对农业的保护。由于俄罗斯长期减少对农业生产者的保护，俄罗斯农业生产一直处于停滞或衰退状态。1998 年俄罗斯发生金融危机，卢布贬值使得俄罗斯粮食价格远远低于国际市场价格。这成为俄罗斯粮食出口的有利条件。1998 年第四季度，粮食不足的俄罗斯出口小麦 51.5 万吨。对此，政府采取了限制小麦出口的措施，随之俄罗斯国内小麦价格不断攀升。2000 年俄罗斯小麦价格达到了国际市场水平。粮食价格的提高促进了农民扩大生产。与此同时，2000 年 2 月俄罗斯农业部部长在俄罗斯农工综合体活动家会议上指出，俄罗斯的农业发展已经落后于美国、欧盟等国家（地区），应对农业部门给予必要的支持，以适当的贸易政策对农业生产者进行保护（日本综合研究所，2009）。2001 年，俄罗斯议会通过了《农业土地改革法》，为创建农业土地市场和解决土地的所有权、购买、出售、出租等问题铺平了道路（朱行，2007）。2005 年，俄罗斯政府确定农业为国家重点扶持领域。2005—2007 年，国家财政对农业的支出增长了 87%。政府明确表示，农业政策的主要目的是扩大牲畜业生产，以减少不断增加的肉类进口。2007 年《联邦农业发展法》生效。将政府零散的农业措施整合成一个完整的系统，并且首次将农业政策纳入政府的社会经济政策之中。同年，政府颁布了独立以来第一个农业发展五年规划。

2010 年以来，俄罗斯在延续 2000 年农业政策的基础上，实行了重视粮食安全，提高农产品自给率的政策。2010 年俄总统批准粮食安全准则。这一准则的宗旨是为居民提供可靠的食品保障，发展本国农业和渔业，对影响粮食市场稳定的内部及外部威胁做出快速反应，并有效参与国际粮食安全合作等。① 准则还明确了到 2020 年主要农产品的自给率目标：谷物 95%、砂糖 80%、植物油 80%、肉及肉制品 85%、牛奶及奶制品 90%、鱼制品 80%、土豆 95%、食盐 85%。2012 年俄罗斯加入了 WTO，农产品平均关税由 13.2% 降低到

---

① 新华网：《俄总统批准粮食安全准则》，2010 年 2 月 1 日，http：//news. xinhua-net. com/fortune/2010 - 02/01/content_ 12915161. htm。

10.8%，下降 2.4%。但猪肉获得了 8 年的关税保护期；猪肉、牛肉和禽肉产品依然采用进口配额制度。普京总统表示，加入 WTO 并非意味着放弃国内保护政策，而是要在 WTO 规则范围内，灵活运用保护政策。

（四）南非的农业政策演变

1910 年—20 世纪 40 年代末，是南非农业支持政策的开始时期。1912 年南非成立了土地银行，主要为白人农场主提供金融服务。1913 年南非实施了《种族隔离土地法》，白人剥夺黑人绝大多数土地，仅将 8% 的土地分给黑人，以便使大量黑人劳动力从事矿业以及为白人农场劳动，黑人农民完全失去与白人竞争的能力。南非形成了两种不同的农业生产机制。一方面是由少数白人经营的大规模商业农场，另一方面是黑人仅能维持生计的传统农业。为维护白人利益，政府支持白人商业农场农业基础设施建设，对兽医、园艺生产等给予补贴。1937 年南非颁布《市场法案》，针对白人商业农场生产的食糖、葡萄酒等产品实行价格支持。南非建立后的半个世纪里，为支持白人商品性农业生产，议会通过了 80 多个法案。

20 世纪 50—70 年代末，南非实施优惠的信贷、税收政策，加大了价格支持力度。20 世纪 50 年代，南非制定了《农业信贷法》（the Agricultural Credit Board，简称 ACB），规定金融机构为白人农场提供贷款，支持基础设施建设，为白人获得土地提供金融支持等。政府还对白人商业农场实行减免税收政策，并严格控制农产品价格，使之经常高于国际市场水平。南非一系列的支持政策刺激了农业技术进步，增加了农业生产，但也给社会、经济、环境带来负面影响。在贴息贷款等优惠政策下，农业机械化水平不断提高，这又使从事农业生产的劳动力减少，失业率提高；玉米价格保证制度，刺激了白人农场开垦荒地种植更多玉米，生态环境遭到破坏。

20 世纪 80 年代至曼德拉政府前，南非进行了减少农业支持，消除价格扭曲等改革。在上述社会、经济、环境背景下，20 世纪 80 年代，政府不得不付出更大代价引导农场转种其他作物。又由于接受国际社会的金融和投资制裁，南非政府财政负担日渐沉重。1987 年以后，政府下调了玉米支持价格标准；1991 年取消了小麦和小麦粉的价格管制。南非农业政策不断朝市场方向发展。

1994 年曼德拉政府开始，南非政府推行以土地改革为核心、以市场为导向的国内农业政策改革。曼德拉担任南非总统后，推进土地改革，改变种族歧视引起的土地资源配置严重扭曲的问题；放松对农业生产部门的管制，大幅减少对农产品销售和价格的干预，取消所有出口补贴以及除食糖以外的农产品价格支持，仅依靠关税措施实施价格支持（袁祥州、朱满德，2011）。农业政策的支持对象由以商业农场为主转向以家庭农场为主（宋莉莉、马晓春，2010）。作为 WTO 原始会员国，为履行在 WTO 农业协议中的承诺，南非逐步降低了农业支持水平。进入 21 世纪以来，南非政府积极调整农业支持方向，将大部分财政补贴投向与土地改革及新兴农场和小农户有关的项目。

第三节　各国农业支持政策和农产品贸易政策调整

在过去 20 多年的世界农业政策演变中，由于伴随着世界贸易体制形成和发展，各国在农业支持政策和农产品贸易政策方面作了较大调整。

一　美国农业支持政策和农产品贸易政策调整

（一）农业支持政策的调整

1. 实行直接补贴政策

为履行乌拉圭回合农业协议承诺，逐步降低对贸易造成扭曲的"黄箱"政策，美国 1996 年《农业法》规定仅对食糖、烟草和奶制品继续实行价格支持政策，并计划从 1996—2002 年逐步取消农产品市场价格支持政策。价格支持政策在美国的农业政策中的重要性不断下降，代之以生产灵活性合同补贴农民收入。加入灵活性生产计划的生产者可以种植几乎所有的作物。美国在结束了签署乌拉圭回合协议的过渡期后，在 2002 年《农业法》中进一步提出用与农产品生产价格不挂钩的直接支付政策取代 1996 年《农业法》引进的生产灵活性合同（Production Flexibility Contract，PFC）补贴。

美国对粮食作物的直接补贴集中性强、力度大。在 1999—2001 年给予农场主的 642 亿美元直接补贴中，超过 90% 的补贴款投向 5 种农产品——小麦、玉米、棉花、大豆和稻米（宋士菁，2003）。

2. 反周期支付政策

反周期支付政策（CCPs）是美国在 2002 年《农业法》中制定的政策。其目的是在农产品的实际价格低于政府确定的目标价格时，支持和稳定农场主收入。因此，反周期支付与当期的产量无关而与当期的价格相关。单位产品反周期支付补贴由农产品目标价格与有效价格的价差决定。当有效价格低于目标价格时，按二者之差进行反周期支付；当有效价格等于或大于目标价格时，不进行反周期支付（马晓春，2010）。这一政策要求农业生产者具备一定资格，补贴对象作物是小麦、玉米、高粱、大麦、燕麦、陆地棉、长粒米、中粒米、大豆、其他油料作物、花生等。2009 年政策又新增补贴对象作物干豌豆，小扁豆，大、小鹰嘴豆等。反周期补贴是保障农民收入的又一个政策手段。

3. 农业信贷支持

美国 2008 年《农业法》为拥有 3 年或 3 年以上农场经营经历的家庭农场主提供贷款业务，将最高贷款金额由先前的 20 万美元增加到 30 万美元；对资本较少的农场主实行贷款利率优惠，贷款的最高本金由先前的不得超过贷款农场资产评估价值的 40% 增加到 45%（或不超过 50 万美元）；贷款利率从 4% 降低到 1.5%；贷款最长期限从 15 年增加到 20 年；贷款人的定金从 10% 降低到 5%。

4. 土地休耕补贴政策

美国政府倡导农场主保护土地资源、恢复生态环境、保持土地综合生产能力，启动了一系列耕地保护计划，对积极开展这些活动的农场主给予补偿。1996 年《农业法》取消了对小麦、稻米、饲料粮和棉花种植减耕计划，解除大部分作物种植限制。农场主可以根据市场需求，用 100% 的土地种植除水果和蔬菜之外的任何作物。2002 年《农业法》加大了对土地保护的补贴力度，增加了对湿地保护项目、农田保护项目和草地储备项目等的资金支持。2002—2007 年美国保护耕地的预算由 1996—2002 年的 13 亿美元增加到 46 亿美元。[①]

5. 农业保险补贴

美国 1994 年通过的《联邦农作物保险改革法》规定，所有参加政府农场计划的农场主，在面临灾害减产时，都可得到政府最低的灾害保险金额，即当农场主产出损失超过历史平均产出水平的 50% 时，政府提供的保险补偿额将是农作物预计价格的 60%，很大程度上补偿了农场主的农业灾害损失（王雅芬、马红霞，1999）。1996 年美国还推出了农场主收入保险，以春季种植作物时的价格为基础，收获季节若价格下降，则购买收入保险的农场主便可享受到因农产品价格下降得到的保险。1996 年之后，政府又成立了风险管理局，对农业保险进行监管，而农业保险主要由私人保险公司经营。政府对从联邦作物保险计划购买的任何产品都给予保费补贴；1999 年美国政府开始实施保费打折，这相当于一种变相的保费补贴，可以减少生产者购买保险的费用并且提高参保率。1999 年美国政府增加支出 14 亿美元实施 30% 的保费打折，2000 年增加支出 13 亿美元实施 25% 的保费打折（郭洪渊、张囡囡、曹永利，2013）。

2010 年全美国农作物保险达 114 万份，涵盖了全国 50 多万个规模农场；投保农地 2.5 亿英亩（折合 15.18 亿亩），占全国农地 80%以上；投保农作物近百种；畜牧场也同样参加了保险。同年全美农作物保险费达 77.5 亿美元，各级财政为此支付 80% 的保险费用（杨辉，2012）。美国的农业保险制度逐渐走向成熟，有力地推动了美国农业的发展。

---

① 盛立中：《聚焦西方发达国家的农业生产补贴》，国际在线，http://gb.cri.cn/321/2004/04/30/762@146038. htm。

6. 农村公共服务政策

美国在 2008 年《农业法》中规定拨付资金用于农村水资源系统建设，扩展水循环系统，为可再生能源项目提供政府贷款等。在科技政策方面，美国建立了农业研究和推广基金，对动植物卫生、食品安全、可再生能源、农业经济和农村社区等问题开展研究。2009—2012年政府每年还提供 7500 万美元用于生物能源的研究和推广；为农村提供通信和信息服务；为农村商业提供贷款等。美国 2014 年《农业法》进一步加强了农村宽带服务、远距离学习和医疗、污水处理与利用、垃圾处理以及节能项目等基础设施建设。①

（二）农产品贸易政策的调整

1. 技术壁垒

美国政府为保护本国农场主的利益，利用公共卫生、动植物检疫等技术壁垒，限制国外农产品进口。

2. 出口补贴

2008 年 3 月，美国实行出口提升项目（EEP）和乳制品出口促进项目（DEIP），以出口量为基础，为农产品出口商提供现金补助。EEP 具体补贴的商品包括小麦、面粉、米、冷冻家禽、大麦、大麦芽、植物油。DEIP 的对象商品是奶粉、黄油和各种奶酪。

3. 出口信贷、保险

美国政府制定了出口信贷保证计划（GSM—102）、设备保证计划（FGP），由商品信贷公司为美国农产品的出口方提供期限为三年的贷款。

美国农业补贴条款的适用范围包括玉米、高粱、大麦、燕麦、水稻、大豆、油料、棉花、奶类、花生、糖类、羊毛和羊线、蜂蜜、苹果、干豆类等大约 20 种农作物和产品，重点补贴对象是粮食、棉花、油籽和乳品生产。1995—2002，美国政府总共提供了 1140 亿

---

① 《世界农业补贴发展趋势对我国的启示》，中国行业研究网，http：//www. chinairn. com，2014 年 3 月 19 日。

美元的农业补贴，每年平均142.5亿美元，其中，80%以上用于农民和农业企业，12.5%用于"水土保持项目"，7%用于自然灾害救助方面等。

二　欧盟农业支持政策和农产品贸易政策调整

（一）农业支持政策的调整

1. 与作物种植面积或产量挂钩的补贴

欧盟对一些重要农产品保留实施与作物种植面积或产量挂钩的补贴方式。这些农产品有：硬粒小麦、蛋白作物、大米、坚果、能源作物、淀粉马铃薯、奶及奶制品、种子、棉花、烟草、食糖等。牛、绵羊等按照牲畜饲养数量给予补贴。大米以产量配额为基础实行市场价格支持。

2. "与生产脱钩"的单一直接补贴体系

1992年欧盟实行与当年种植的产品类别和种植面积挂钩的补贴，这对生产和贸易具有直接扭曲性影响。因此，欧盟逐步把这种以与产量挂钩为主的直接补贴转向不挂钩的单一直接补贴体系（Single Payment System，SPS），每个农民获得的补贴额将以2000—2002年为基期的情况确定，与当年种植的作物种类和面积大小无关。其补贴范围覆盖可耕作物、大米、牛羊肉以及奶制品，但条件是农民必须满足环境保护、粮食安全和动物福利等方面的一系列标准才能获得这些补贴（王新志、张清津，2013）。

3. 分离政策

分离政策（decouple）旨在使农场主生产活动与所获得的补贴分开，避免他们盲目生产、忽视环境保护等行为。此政策的核心是鼓励农场主遵守欧盟农业方面可持续发展的各种法规，因为他们的收入不再完全由农产品价格差异决定。分离政策由单一直接补贴体系（SPS）和交叉达标要求（cross-compliance）等一系列政策组成。单一农场支付补贴体系（SPS）和交叉达标要求（cross-compliance）的核心思想，即是为了将农场主生产活动和实际补贴进行分离，使农场主更多考虑到环境保护等方面的需求。根据分离政策，即使一个农民什么都不种，只要他遵守环境保护、食品安全、动物福利等方面的规定，他仍然可以得到补助。欧盟还计划在2012年完成分离政策的任务，并到2013年使欧盟至少有92%的直接补贴与生产分离（于立安，2012）。

4. 动物福利政策

动物福利的基本原则是使动物免于饥渴，生活舒适，免于疼痛、伤害和疾病，免于恐惧和忧伤。具体政策措施包括：第一，人性屠宰；第二，确保动物在有阳光、宽松和清洁的环境中生活；第三，对动物在整个运输过程中进行保护。欧盟禁止对狗和猫的皮毛进行贸易。政策规定养殖者必须遵守动物福利最低标准。欧盟对于高于标准的福利化养殖给予奖励。动物福利政策有利于欧盟树立畜禽产品质量信誉，并在畜禽产品出口方面显示出独特优势（于立安，2012）。

5. 农村发展政策

欧盟农村发展政策主要包括条件较差地区政策和农业环境政策。此外，欧盟农村发展政策还包括鼓励青年农业生产者务农政策、提前退休补贴等政策。为保证条件较差地区农业持续发展，以及维持最低人口水平和保护景观，欧盟根据农地面积大小给予当地农业生产者补贴。具体补贴对象是拥有3公顷（南欧各国2公顷）以上农地，连续从事农业5年以上的农业生产者。

为了减轻农业生产对环境的压力、保护环境，欧盟实行了农业环境政策。具体来说，欧盟对于持续采取以下生产方式最低5年的农业生产者给予补贴。这些生产方式是：第一，保护和改善环境、景观、土壤等的农业生产；第二，对环境友好的粗放农业生产，以及集约度较低的牧草经营；第三，能够保护富有自然价值农业环境的农业生产；第四，能够维持农田景观和历史特征的农业生产；第五，参加保护环境计划的农业生产等。

6. 食品安全政策

欧盟食品安全一直"以法为先导"，以高标准建立了较完善的食品安全法规体系。欧盟食品安全政策以1997年发布的《食品法律绿

皮书》为基本框架。欧盟发表的 2000 年《食品安全白皮书》、2002
年《欧盟新食品法》等都为欧盟食品提供了安全屏障。欧盟针对
"从农田到餐桌"整个食物链的各环节，制定了详细的法律和指令。
欧盟食品法规种类多，涉及面广，如涉及农产品的技术标准有 2 万多
项，为保障欧盟食品安全提供着技术支撑。欧盟食品安全法规，如欧
盟发布的农药残留法规等保持着不断完善修改状态，注重食品安全法
规的延续性和时效性，力求在每一环节消除不安全因素。

（二）农产品贸易政策的调整

1. 关税

乌拉圭回合农业协议签订后，欧盟从 1995 年开始取消对部分
农产品进口征收差价税和有关杂税，代之以不同的进口关税及关税
配额制度。同时欧盟按照 WTO 农业协议的承诺，逐步削减农产品
进口关税；对敏感农产品实行关税配额管理；减少对农产品的出口
补贴。例如，欧盟对中国蘑菇罐头、大蒜以及禽肉等产品实行进口
关税配额限制。欧盟农产品的关税配额管理为敏感农产品提供了有效
的保护。

2009 年欧盟执行的农产品平均进口关税税率高于美国的农产品
进口关税税率。对于不同的农产品，欧盟征收的农产品进口关税税率
差异较大，如：对可可、咖啡、油菜籽等农产品征收的进口税率相对
较低，对食糖、奶制品、牛肉等产品征收的税率相对较高。对于与欧
盟签署区域贸易低关税协议或双边贸易低关税协议的国家，欧盟执行
的农产品平均进口关税税率为 10%。

欧盟实行加工产品关税升级政策，即对加工产品征收的进口关税
税率高于对原材料的进口关税税率。例如，欧盟征收可可豆的进口税
率为 0，可可油为 5%，巧克力提高到 20%（马晓春，2010）。关税
升级为欧盟加工业提供了额外保护，使其国内生产成本高于国际成本
时仍能继续维持生产。

2. 技术性壁垒

近年来，欧盟颁布了大量技术法规和标准，并制定了相应的合

格评定程序，其中有的要求苛刻，甚至缺乏充分科学依据，直接或间接地构成了对第三国特别是针对包括中国在内的发展中国家的技术性壁垒。另外，动植物卫生检疫限制也是目前欧盟采取的限制发展中国家出口的主要贸易壁垒措施。欧盟制定严格的食品安全标准，任何欧盟以外的其他国家，必须满足欧盟食品安全标准，方可进入欧盟市场。很多经济欠发达出口国的农产品很难达到欧盟的要求。欧盟较高的食品安全标准对其他国家构成了实质性的进入限制。

三　日本农业支持政策和农产品贸易政策调整

（一）农业支持政策的调整

1. 农业补贴政策

日本投入大量财政资金为农户提供农业生产补贴和农产品价格补贴。为适应 WTO 规则，日本政府又把农产品价格支持补贴转向收入补贴。日本的收入补贴包括直接补贴（如"户别收入补贴制度"）、灾害补贴、投入补贴等。投入补贴是指对在一定标准下，把农户联合起来集体平整耕地，区划田块或蔬菜大棚建设等的农业生产投入给予补贴。投入的一半由中央财政进行补贴，25% 由都府县进行补贴，其余部分可以从接受国家补贴的金融机构获得相应的贷款（董捷，2013）。"户别收入补贴制度"所需资金量很大。2011 年度日本用于户别收入补贴的预算金额为 9160 亿日元，占预算总额的近 37%，即农业财政支出的 1/3 多用于收入补贴（王国华，2013）。

2. 稻米经营稳定政策

这是日本保护农户稻米收入稳定的政策。具体来说是用政府和农户两方共同出资建立起稻米稳定经营基金，对稻米价格下降带给农户的损失进行补偿。其中，政府提供大米基准价格 6% 的基金，农户提供大米基准价格 2% 的资金。政府以各品牌大米 3 年的市场价格作为基准价格，当稻米价格低于基准价格时，政府就从稻米稳定经营基金中支付基准价格和当年价格差额的 80% 给农户。

3. 农业产业化政策

2009 年日本制定了《农业六次产业化》白皮书，提出发展"第六产业"。"第六产业"是通过农业与第二、第三产业相互融合，形成集生产、加工、销售、服务于一体的完整产业链。这一政策的具体措施有：提高农产品附加值；促进农业经营多元化；农工商合作，促进农产品加工转化增值等。政策的目的是通过延伸农业产业链，创造农业综合效益（王国华，2013）。

4. 农村公共服务政策

农村公共服务政策主要是农业基础设施建设支持政策。日本高度重视农业的基础设施建设，并设立了众多补贴项目。例如农田改造建设项目，通常中央财政的补贴占一半，县财政的补贴占 25%，村财政的补贴占 15%，剩余的部分由农民自己负担。

（二）农产品贸易支持政策的调整

1. 关税

日本对进口农产品征收高关税，且征税覆盖种类多，从量关税与从价关税并用，抬高贸易门槛。日本农业关税水平高。2004 年世界农业关税保护平均水平为 60%，美国为 35%，欧盟为 53%，而日本却高达 90%。2007 年 1 月 WTO 通过的关于日本贸易政策的审议报告认为，2006 年日本进口农产品平均实际关税率为 18.8%，比 2004 年高出 1.1 个百分点。日本复杂的农产品关税体系导致其平均关税率不降反升，受到了国际社会的批判。

2. 技术性贸易措施

2006 年日本凭借在科技、管理、环保等方面的优势，实施了新的食品管理制度——"肯定列表制度"。该制度堪称目前世界上最为严密、标准最苛刻的农产品安全法规。法规范围几乎涵盖了中国出口日本的所有农产品，对食用蔬菜、水产品、禽肉、畜肉等中国优势出口农产品造成了严重冲击，保护了日本国内农业生产。

四 中国农业支持政策和农产品贸易政策的调整

（一）农业支持政策的调整

20 世纪 90 年代以来，中国在 WTO 规则下对农业政策作了调整，从以往的单纯粮食价格保护转变为农业支持。农业支持政策的主要内容包括农业保险、环境保护补贴、农业科研投入、生产结构升级与调整、贫困地区救助等，支持力度上逐年加大。

1. 最低收购价和临时收储政策

2004 年以来，国家在粮食主产区先后执行了粮食最低收购价政策和临时收储政策。以最低收购价和临时收储为主的价格支持是支持农业的基础性措施。

20 世纪 90 年代末，中国粮食市场供大于求，粮食价格持续下跌，1998—2003 年中国的粮食产量出现连续多年下降。为抑制这种局面，中国政府在 2004 年开始对重要农产品（如小麦、稻谷）实施最低保证价格制度。如果市场价格高于最低保证价格，国有粮食企业就按照市场价格从农民手中收购余粮，保护农民的利益。保护价由粮食成本价加 15%—20% 的利润确定。临时收储政策是针对玉米、大豆等粮食价格下跌，为提高农民收入和农民种粮积极性采取的措施。从近十年的执行情况看，这些政策在保护种粮农民利益、增强粮食调控能力、确保国家粮食安全等方面都发挥了极为重要的作用。

2. 收入支持政策

入世后，按照 WTO 有关规则，结合发展农业和农村经济的方针，中国在"黄箱"和"绿箱"支持政策方面均做了广泛的调整和优化。政府制定了"两减免""三补贴"等一系列收入支持政策。"两减免"是指为减轻农民负担的农村税费改革，分为费改税和减免农业税两个阶段。分别在 2003 年和 2004 年全面实施。"三补贴"是指对种粮农民的直接补贴、粮食主产区的良种补贴和农机具购置补贴。此后，由于成品油调价、农资价格上涨，政府在 2006 年又出台了农资综合补贴政策。目前收入支持政策已经涵盖种养殖业。随着中国建设现代农业需要，以及粮食安全的要求，中国的收入支持政策在补贴对象、方式、范围等方面日益丰富和多样化。

3. 其他支持政策

伴随入世，中国政府对促进农业和农村发展政策进行了全面调整。除了上述两项政策外，农业支持政策还覆盖了粮食流通、农业科技、农业金融、农业基础设施建设等农村公共服务领域。

（二）农产品贸易支持政策的调整

1992 年之后，中国贸易体制进行了较大幅度的改革。主要内容有：降低关税、取消部分商品的进口许可证管理、取消进口替代政策、实行单一汇率、改革国营贸易等。与之相适应，农产品贸易政策也做出了相应的调整。

1. 关税政策

自 1992 年乌拉圭回合谈判起，中国逐步下调农产品平均关税，降低了对农产品的关税保护。入世后，中国积极兑现 WTO 协议所规定的承诺，继续下调农产品关税。2005 年中国农产品关税水平已经降至 15.8%，仅为 1992 年的 1/3，远远低于世界平均水平的 62%。中国已成为世界上农产品关税总水平最低的国家之一。此外，从 1996 年开始，中国政府开始对主要粮食作物和油料作物实行关税配额。2002 年 10 种关税配额内农产品的配额内关税平均为 6%，配额外关税平均为 55%。这在 WTO 成员国当中处于较低水平。2006 年关税配额农产品的算术平均配额完成率达到了 103.68%[1]。

2. 非关税政策

近年来，中国逐步取消了一些非关税壁垒。在农产品进口方面，政府打破了国有农产品企业在农产品进口中的垄断地位、废除进口许可证制度等。在农产品出口方面，政府还取消了农产品出口补贴、废

---

[1] 我国关税配额农产品的算术平均额完成情况来自吴强《贸易自由化下的中国农产品贸易政策变动之影响分析》，博士学位论文，南京农业大学，2008 年，第 65 页。

除了出口许可证制度。

1992 年中国取消了 1985 年开始实行的 14 种商品的进口调节税；1993—1994 年政府又取消了十多个种类共计 600 多种具体进口商品的进口许可证和限额限制。1995 年 12 月中国政府发布了《关于取消 176 个税目商品的进口控制措施公告》，决定取消植物油、酒等农产品的进口限额和许可证限制，而代之以关税及关税配额管理。对于关系国计民生的粮、棉、油、糖等重要农产品的进口，政府确定了"立足国内，适度进口"的原则，除此之外的其他农产品，中国已全部放开价格和经营。在外贸经营权上，2004 年政府取消了对于企业从事对外贸易的审批制，代之以登记备案制。

五　印度等四国农业支持政策和农产品贸易政策调整

（一）印度等四国农业支持政策的调整

印度在 WTO 农业协议框架内，加大了对农业的支持力度。在农业投入品补贴、农业信贷政策、农业科研投入等方面都增加了财政投入。巴西对农村增加信贷数量和降低信贷利率，在此基础上，还采取了其他一系列调整措施，如，支持农民通过农机现代化计划购买二手农业机械；通过农业一体化计划提供特殊贷款支持环境保护类项目等。这些措施提高了农民从事农业生产的积极性。（宗义湘、闫琰、李先德，2011）俄罗斯政府在独立后第一个五年计划中提出了改进俄罗斯农业的竞争力；加大对农业的财政支持，加快发展重点农产品替代进口等目标。南非为黑人推进以土地归还、土地再分配、土地所有权改革等为内容的土地改革；2007 年出台《农产品销售法》，放松对农业生产部门的管制，取消所有出口补贴以及除食糖以外的农产品价格支持等。

（二）印度等四国农产品贸易政策的调整

印度在确保粮食自给自足和稳定消费者购买价格的原则下，取消了绝大多数农产品进口数量限制措施，关税成为印度保护国内农业主要手段。为控制进口数量，印度对奶粉、玉米、葵花籽和红花油、油菜籽、菜籽或芥末油等产品保持着原有进口关税配额政策。① 巴西采取鼓励农产品出口和限制农产品进口的税收政策。巴西对用于出口的原材料和半加工产品免税，对咖啡、食糖、酒及相关产品的出口也免税，这有效地促进了巴西农产品的出口（徐宝泉、傅尔基，2007）。俄罗斯降低关税，扩大进口农产品的同时，在 WTO 规则允许范围内，保护本国利益。根据 WTO 规定"为保护本国安全利益，该国有限制贸易的权利"，2014 年 8 月，针对西方国家对俄罗斯的制裁，俄罗斯宣布未来一年内禁止或限制从美国、欧盟、加拿大、澳大利亚、挪威等国进口农产品、原料及食品。南非对糖类产品、羊肉、牛奶和玉米征收较高的进口关税。

六　结语

通过系统剖析以上 8 国（地区）农业政策演变过程，概观各国（地区）农业支持政策和农产品贸易政策的调整，可以看出，自 20 世纪 90 年代以来，由于各国（地区）在世界政治和经贸环境中作用和地位不同，又受到各国（地区）农业资源禀赋和发展状况约束，各国（地区）农业政策呈现出多样化的发展格局。美国是世界农产品生产和贸易大国，也是国际贸易自由化的主要倡导者，一直积极推动他国形成与 WTO 规则一致的农业政策体系。欧盟是美国最大的制衡力量。在农产品贸易方面，双方既有共同利益，也有冲突。印度、巴西和南非作为发展中国家"20 国协调组"成员，在适应 WTO 规则积极调整本国农业政策的同时，保护发展中国家农业利益，敦促美国和欧盟进一步朝着符合 WTO 规则的方向改革农业政策。WTO 农业谈判中，保护国家农业利益，以及为本国获得更多经济、政治利益是各

---

① 中国商品网地区报告：《印度农产品贸易政策》，http：//ccn. mofcom. gov. cn/spbg/show. php？id＝9008。

国（地区）政府的根本目标。在这种利益目标驱动之下，发达国家与发展中国家、农业资源优势国家与农业资源劣势国家等多种复杂力量互相影响、制约，各国（地区）进行农业政策改革，形成了符合世贸组织规则和各国国情的农业政策。

美国和欧盟的农业政策改革是世界各国农业政策改革的风向标，影响着其余六国农业政策的制定。由于日本农业资源有限，相当一部分农产品依赖国际市场。日本的农业政策改革是在 WTO 规则，以及维护本国农业和农民利益前提下，参照美国和欧盟农业政策变化进行的。中国则适应 WTO 规则，借鉴美国、欧盟和日本等国农业政策改革经验，结合本国实际，相应进行了农业政策改革。

世界各国农业政策变革有一个共同特点，即各国（地区）都把农业看作关乎国家（地区）安全的战略产业，增加对农业的补贴和投入，向"绿箱"调整政策，实行"与生产脱钩"的补贴及收入支持政策。各国（地区）对农业的支持由片面的农业保护逐渐转向农业、农民和农村全面支持。只是不同国家（地区）依据各自所处的社会经济环境和自身条件，对农业、农民和农村进行了不同程度的支持政策选择。

最近，美国在 2014 年《农业法》中增加了农业收入保险政策。美国农业政策的新变化引起了各国政府关注。例如，日本已经将是否在"经营收入稳定对策"中引入收入保险支持方式确定为完善日本农业政策的研究课题。

第五章

世界农产品的库存变化与中国因素

第一节 引言

传统意义上，对于全球农产品价格而言，库存消费比是一个重要指标（苗齐、钟甫宁，2003）。从食品角度来看，由于农产品消费在任意一个连续时期内的变化相对较小，[①] 由此库存变化对价格与市场的影响更为显著，对此，相关的研究已经十分丰富，诸如，最优库存决定问题，库存消费比与价格变化问题，具体产品的供应链布局问题等。那么，对于全球整个农产品库存甚至整体资源性产品的库存，在一个更长的历史时期，是否存在一种合理的逻辑来支配农产品市场变量特别是库存的变化？

可以观察到的是：在工业革命之前，即便是大航海时代，对于当时既有国家而言，农产品特别是粮食的库存消费比[②]在理论上都应当超过1，否则就意味着在青黄不接时期会有不同程度的饥荒；随着"绿色革命"及全球农业生产力的不断提高，全球农业分工日趋专业与精细，世界农产品市场的产需分离状况日趋显著，全球库存消费比呈现出不断下降的趋势。毫无疑问，在理论上，如果存在一个连续生产与消费的市场系统，那么最优化库存一定为0，存在直观地比喻，例如居民家

---

① 生物质能源与非食品部门在短期内会改变需求结构与总量，在此不做讨论。

② 该库存消费比概念为收获季库存与上一年消费量的比值，下文计算数为本期期末库存与本期消费量的比值。

庭的生活用水，在没有自来水之前，每个家庭都必须根据各自的实际生活状况保持一定的储水量，而使用自来水之后，储水量自然降为0。

对于上述的观察及逻辑思考，在一个理论框架内，可以表述的是：在一个比较静态的封闭经济系统中，当期的农产品消费由当期的产出与上一期的库存决定，由于农产品及食品需求刚性的存在，使得价格对需求的抑制作用并不显著，加之传统农业生产的周期性，必然对库存水平提出一定要求；扩展到工业品领域，由于工业品需求的弹性抑制作用存在，使得价格作用能够更为有效地平衡市场，由此并不需要维持很高的库存。这一理论框架即使在市场经济并不发达的小农经济时期仍然有效。

毫无疑问，在一个封闭系统中，库存实际上由价格弹性与风险共同决定，当风险相对较大、价格弹性抑制作用较小时，市场内生机制倾向于保留更高水平的库存。而在开放经济条件下，由于贸易平衡作用，使得库存水平与贸易水平之间存在紧密联系。从经济系统的内生决定来看，库存在很大意义上是具体产品在市场经济运行中的必然结果，但是从经济实践来看，库存可能在一定程度上又受到一系列政策、环境变量的影响，属于一个外生变量。可以归纳的是：库存既是既往市场运行的必然结果，同时又会对预期市场产生相关影响，意即库存与市场存在十分显著的反馈机制。

第二节　全球农产品库存变化

一　水稻

相对而言，全球水稻市场一直保持相对平稳的状态：（1）未受到如玉米、甘蔗等作物由于生物能源带来的波动；（2）也没有受到诸如小麦等作物由于饲料报酬带来的影响，例如2013年出现的国内大量使用小麦替代玉米的情况，从而改变对小麦的需求。由于需求结构并未受到很大影响，水稻的产需变动仍然由人口与生产效率两种传统因素决定。整体来看，过去的50多年，全球水稻的库存消费状况不断优化，大致可以分为三个阶段，如图5-1所示：

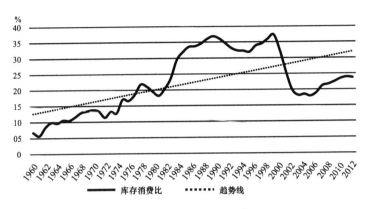

图5-1　全球水稻库存消费比

数据来源：联合国粮农组织（FAO），http：//www.fao.org/statistics/en。

第一阶段为1960—1980年，全球库存消费比从5%稳步增长到20%。1960年全球水稻消费量为1.56亿吨，全球库存量为0.1亿吨，库存消费比为6.7%；1980年全球水稻消费量为2.7亿吨，全球库存量为0.53亿吨，库存消费比为19.5%。1960—1980年，全球水稻的库存消费情况不断走向宽松。第二阶段为1980—2000年，全球水稻库存消费比始终维持在35%的水平上下，以1990年为例，当年全球水稻产量为3.43亿吨，库存量为1.27亿吨，库存消费比为36.8%，这一时期全球水稻供求更为宽松，其主要原因得益于中国改革开放带来的产量增长。第三阶段为2000年至今，全球水稻库存消费比快速回归并继续相对宽松。2000年全球水稻消费量为3.9亿吨，库存量为1.5亿吨，库存消费比为37.3%，但是2004年全球水稻消费量为4.1亿吨，库存量大幅度下降到0.7亿吨，库存消费比降至18.1%，大约相当于1977年全球水稻的库存消费水平，近年来又呈现出稳步提升的局面。

二　小麦

与水稻库存消费整体宽松的格局所不同的是，全球小麦库存消费状况存在较为显著的波动，并且趋势中轴呈现出缓慢下降的情形。从消费属性来说，水稻主要作为口粮消费，且生产与消费主要集中在亚洲地区；而小麦则是全球种植和消费最为广泛的粮食作物，其全球贸易量远远超过水稻。此外，小麦可以通过饲料配方的改变在一定程度上对玉米形成替代，从而使得口粮与饲料粮之间的市场边界变得模糊，意即小麦市场库存消费比的显著波动有其自然属性。

具体来看，1960 年至今，全球小麦库存消费比基本上维持在 30% 的中轴上下波动，如图 5-2 所示。其中，库存消费比最高年份为 1968 年，当年小麦消费量为 2.98 亿吨，库存量为 1.21 亿吨，库存消费比为 40.7%；库存消费比最低的年份为 2007 年，当年小麦消费量为 6.15 亿吨，库存量为 1.3 亿吨，库存消费比为 21.1%。从波动规律来看，全球小麦库存消费比的变化大致每 8 年经历一次波峰波谷转换，可以直观地表述如下：1960—1965 年，1965—1973 年，1973—1981 年，1981—1989 年，1989—1997 年，1997—2005 年，2005—2013 年，几乎每 8 年全球小麦的库存消费比将经历一轮周期性波动。综合来看，1960 年至今，全球小麦库存消费比形成了以 30% 为均值、10% 为波幅、8 年为转换频率的周期性波动格局。

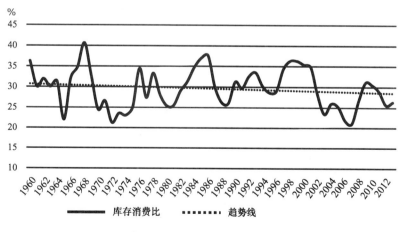

图 5-2　全球小麦库存消费比

数据来源：联合国粮农组织（FAO），http://www.fao.org/statistics/en。

三　玉米

玉米不仅是全球最重要的饲料作物，同时也是使用量最大的生物质能源作物，其市场结构在过去的 50 多年中历经了数次重大调整，这一点有别于水稻、小麦两种口粮。从时间序列角度大致可以区分为三个大的阶段，如图 5-3 所示：第一阶段为 1960—1973 年，在这一阶段全球人口增长带来的消费增长使得玉米库存消费比持续下降，直到 1973 年第四次中东战争爆发降到历史最低点，1973 年全球玉米消费量为 3.26 亿吨，库存为 0.39 亿吨，库存消费比为 11.8%；第二阶段为 1973—1986 年，全球玉米库存消费比不断提升。得益于全球绿色革命带来农业生产率的提升，玉米产出大幅度增长，其产需结构不断走向宽松，1986 年全球玉米消费量为 4.46 亿吨，库存为 2.05 亿吨，库存消费比达到 46% 的历史高点。第三阶段为 1986 年至今，随着美国生物乙醇消费量的快速增长，全球玉米产需宽松的局面完结，并逐步走向紧平衡，进入 2000 年之后，全球玉米库存消费比基本上都维持在 15% 左右，2013 年全球玉米消费量为 9.4 亿吨，库存为 1.58 亿吨，库存消费比为 16.9%，这一水平大致与 1966 年相当。

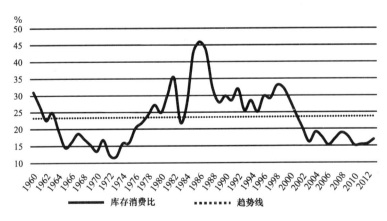

图 5-3　全球玉米库存消费比

数据来源：联合国粮农组织（FAO），http://www.fao.org/statistics/en。

通过玉米库存消费比的持续下降这一现象，不难理解：在全球农业产出持续增长的背景下，考虑到全球贸易对国内支持与市场准入的谈判筹码，对于玉米产出大国，以美国为例，其最优策略就是通过改变消费结构来持续降低库存消费比，从而实现农业市场化目标——低库存消费比和高价格。这一点与水稻、小麦市场有所不同，首先，自然属性决定了这两种粮食在现阶段不能成为生物能源的来源；其次，水稻、小麦的种植区域分布也决定了个别国家很难对市场结构产生重大影响。

四　棉花

与粮食作物不同，棉花的存储周期相对较长，受到下游棉纺织业及竞争产品，例如化纤等原料的影响，其市场价格波动幅度更大。简单来说，棉花的需求弹性要高于粮食作物，见图5-4。这也决定了在一定程度上棉花的库存消费的波动状况会大于粮食作物。从实际运行来看，如果不考虑2010年以来的棉花库存消费变化，那么在1960—2010年，全球棉花库存消费比基本上以45%为中轴，15%为波幅上下波动。库存消费比宽松年份如1960年，全球棉花消费量为536万吨，库存326万吨，库存消费比为60%；再如1985年，全球棉花总消费量为756万吨，库存476万吨，库存消费比为63%。而库存较为紧张的年份如1980年，全球棉花消费量为650万吨，库存206万吨，库存消费比为32%；再如1989年，全球棉花消费量为871万吨，库存250万吨，库存消费比为29%。这一时期，棉花库存基本上是全球供求变化的市场反映。

2010年以来，全球棉花市场的库存消费状况发生了重大的偏转。2013年全球棉花消费量为1091万吨，库存量达到968万吨，库存消费比为0.88，呈现出大幅度提高的趋势。从短期来看，这一库存消费比的突跃将全球棉花库存消费比的中轴拉高，但是根据1960—2010年的经验来看，棉花的库存消费比中轴基本维持在45%左右，

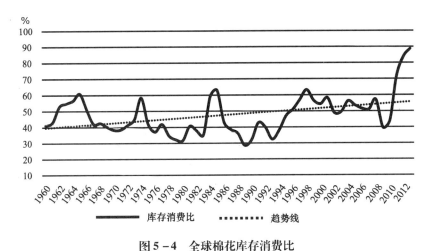

图 5 - 4　全球棉花库存消费比

数据来源：联合国粮农组织（FAO），http：//www. fao. org/statistics/en。

因此从中期来看，当前这一过高的库存消费比一定会不断回归并对市场供求产生较大影响。

五　食糖

全球最主要的糖料作物是甘蔗，也是仅次于玉米的第二大生物乙醇作物。随着全球甘蔗单产水平的提升以及食糖消费的缓慢增长，以巴西为代表的南美国家开始了糖料作物能源化的进程，与玉米能源化相似，随着生物乙醇对糖料消费结构的改变，也对全球食糖市场产生了重要影响。从实际运行来看，全球食糖的库存消费变化也呈现出一定幅度的波动，但是与玉米库存消费的结构性变化所不同的是，食糖库存消费比整体上仍然围绕着 25% 的中轴线，以 5% 的幅度上下波动。

1960 年，全球食糖消费量为 0. 37 亿吨，库存量为 0. 14 亿吨，全球库存消费比为 38%，为最近 50 年来的历史高点；自 1960 年之后，全球食糖库存消费比高点一般为 30%，例如 1983 年，全球食糖消费量为 0.95 亿吨，库存量为 0.29 亿吨，库存消费比为 31%；再如 2001 年，全球食糖消费量为 1.3 亿吨，库存量为 0.4 亿吨，库存消费比为 31%。而历史低点一般维持在 20% 的水平，例如 1974 年，全球食糖消费量为 0.82 亿吨，库存量为 0.15 亿吨，库存消费比为 18%；再如 2010 年，全球食糖消费量为 1.54 亿吨，库存量为 0.29 亿吨，库存消费比为 19%。

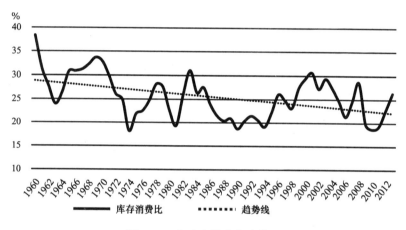

图 5-5　全球食糖库存消费比

数据来源：联合国粮农组织（FAO），http://www.fao.org/statistics/en。

六　小结

上文列举水稻、小麦、玉米、棉花、食糖五种全球性大宗农产品，通过对库存消费比的历史数据分析，可以得出：（1）从整体上看，全球大宗农产品的库存在过去 50 年中基本保持了相对稳定，其波动基本都呈现出合理的规律性。（2）不同产品之间，由于自身属性、市场结构等的差异，其库存消费状况存在显著不同，例如，水稻库存消费的整体宽松与玉米库存消费的整体紧张。（3）大宗农产品的趋势—波动规律具有明确的政策含义，过高或过低的库存消费状况最终将向趋势中轴回归，而库存消费的结构性偏转将意味着产品市场发生重大的结构性调整。

　　如果从全球大宗农产品的库存消费出发，存在的必然问题就是忽略国别的库存差异，如上文所述，在全球水稻、小麦的库存消费变化中，中国因素起到很大作用。实际上，对于玉米、棉花、食糖等大宗农产品而言，中国的市场与政策变化对全球库存消费都产生很大的影响，为了厘清中国因素的作用，本书将对这一问题进行讨论。

第三节　中国因素

　　根据统计，2011 年中国已经成为全球最大的农产品进口国，但是这并不妨碍中国仍然是全球最大的农产品生产国。由于长期以来的饥荒观念及对于粮食安全的重视，中国的大宗农产品特别是粮食，始终维持了较高的库存水平，从而形成了中国与全球其他国家大宗农产品库存的二元结构，并带来了市场之间的"水坝效应"。这种效应使得国内市场与国际市场有效切割，但是考虑到"水坝"容积以及相应的补贴持续性问题，如果不能有效疏导，也会出现诸多问题（胡冰川，2015）。

一　水稻

　　如果将全球水稻的库存消费情况拆分为中国与其他国家，那么将呈现出明显的分野。从全球其他国家的库存消费状况来看，水稻的库存消费状况大致维持在15%的中轴线上，以5%的幅度上下波动（如图 5-6 所示）；而长期以来，中国水稻的库存消费状况则一直维持在30%以上。特别是在 1978 年之后，随着中国家庭联产承包责任制的推行以及杂交水稻技术的推广，水稻产量大幅度提升，1985—2002年，中国水稻的库存消费情况甚至一度在60%以上①，伴随着1998—

————————

　·　①　当然，这一数据的真实性有待考察。

2003 年的持续减产才使得 2004 年之后我国水稻库存消费状况回到
30% 的水平上，但是这一指标仍然高出全球平均水平不少。例如
2013 年，我国水稻的库存消费比为 31.6%，同期其他国家水稻库存
消费比为 20.2%，这也形成了全球水稻市场的二元结构。

从库存数量角度来看，在 20 世纪 90 年代，中国水稻库存总量峰
值达到 0.96 亿吨，占当时全球水稻总库存量 1.2 亿吨的 77.9%。这
一情况在 1998—2003 年逐步实现去库存化之后有所改观：2013 年，
全球水稻库存量大约为 1.12 亿吨，中国库存量为 0.46 亿吨，占全球
总库存量的 41.3%；全球其他国家库存量为 0.66 亿吨，占全球总库
存量的 58.7%。根据当前的库存对比，中国水稻消费量占全球的
31%，而库存量占全球的 2/5，维持了非常高的规模。

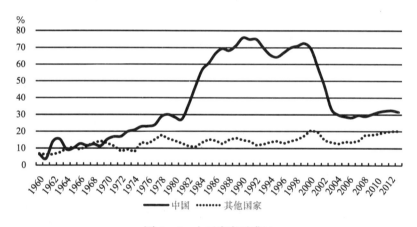

图 5-6 水稻库存消费比

数据来源：联合国粮农组织（FAO），http://www.fao.org/statistics/en。

二 小麦

与水稻库存消费状况相类似的是，全球小麦的库存消费比基本上
维持在 25% 的趋势中轴上，以 5% 的幅度上下波动；而中国的小麦库
存消费比常年维持在 50% 的趋势中轴上（见图 5-7），并呈现出更

大的波动幅度。从历史来看，全球其他国家小麦库存消费比最高出现在 1968 年，为 40.7%，除此之外的年份平均库存消费比约为 25%，2013 年，全球其他国家的小麦库存消费比为 22%。中国的小麦库存消费比从 1960 年开始持续上升，特别是改革开放以来，最高峰为 1999 年，当年库存消费比为 94.1%，随后经历了 1998—2003 年的产量下降，库存逐步降低至 40% 的水平，2013 年我国库存消费比为 45%。根据国内相关研究的推算，我国小麦的实际库存消费水平要高于测算水平。

从库存数量角度来看，1999 年，中国小麦库存总量峰值达到 1.03 亿吨，占当时全球小麦总库存量 2.11 亿吨的 48.9%。与水稻去库存化相类似的，1998—2003 年小麦由于国内减产逐步实现去库存化。2013 年，全球小麦库存量大约为 1.84 亿吨，中国库存量为 0.58 亿吨，占全球总库存量的 31.4%；全球其他国家库存量为 1.26 亿吨，占全球总库存量的 68.6%。根据当前的库存对比，中国小麦消费量占全球的 18%，但是库存量占全球的 31.4%，体量十分庞大。

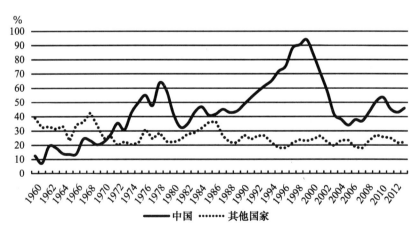

图 5-7　小麦库存消费比

数据来源：联合国粮农组织（FAO），http：//www.fao.org/statistics/en。

三　玉米

在全球谷物的库存二元结构中，玉米的情况最为严重。从历史数据来看，1986年全球其他国家的玉米消费量为3.8亿吨，库存量为1.5亿吨，库存消费比达到38.3%的历史高点（见图5-8）；20世纪90年代以来，全球其他国家玉米的库存消费比平均为15%左右，波动幅度为5%，波动趋势日臻稳定；2013年，全球其他国家玉米消费量为7.2亿吨，库存量为0.8亿吨，库存消费比为11.9%。与水稻、小麦的库存消费比相一致的，中国玉米的库存消费比远高于全球其他国家的水平，从历史数据来看，在20世纪60年代，中国的玉米库存消费状况大致与全球其他国家相当，但是自70年代以来，中国玉米的库存消费状况始终远超全球其他国家的平均水平；在1988—1999年，中国玉米库存消费比在多数年份高于100%，其中1996年库存消费比达到了111.6%的历史高位；即使在去库存化之后，中国玉米的库存消费状况也远高于全球其他国家，2013年，我国玉米消费量为2.2亿吨，库存量为0.7亿吨，库存消费比为33.4%。

从库存量角度来看，1996年，中国玉米库存总量峰值达到1.2亿吨，占当时全球玉米总库存量1.7亿吨的70.9%。与水稻、小麦的库存消费比相一致的，我国玉米市场在1998—2003年间断性减产，逐步实现去库存化。2013年，全球玉米库存量大约为1.6亿吨，中国库存量为0.7亿吨，占全球总库存量的45.6%；全球其他国家库存量为0.9亿吨，占全球总库存量的54.4%。根据当前的库存对比，中国玉米消费量占全球的23%，但是库存量占全球的45.6%，由此可见，中国三大谷物的库存状况已经形成了与全球其他国家库存切割的"水坝效应"。

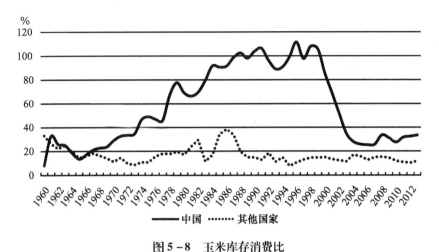

图 5 - 8　玉米库存消费比

数据来源：联合国农食组织（FAO），http：//www. fao. org/statistics/en。

四　棉花

中国是全球最大的棉花生产国与消费国，也是全球最大的棉花进口国与棉纺织品出口国。与三大谷物不同的是，我国棉花的库存消费并未形成明显的二元结构，从根本上讲，这与我国长期的粮食安全观有很大关系。由于棉花的经济作物属性，其市场化程度较高，从1998年放开国内棉花市场以来，中国政府主要通过储备、进出口管理、质量管理来调控棉花市场，而价格则由市场供求决定。

从全球其他国家与中国的棉花库存消费对比来看：全球其他国家的库存消费比相对比较稳定，围绕50%的趋势中轴呈现出10%的波动，全球其他国家棉花库存消费比最高的年份为1965年，当时全球其他国家的棉花消费量为536万吨，棉花库存量为326万吨，库存消费比为70%，随后的几十年中，波动幅度相对较小；2011年，全球其他国家棉花库存消费比达到65%，为历史第二高点。从中国的历史数据来看，国内棉花的库存消费比变化非常大，改革开放之前，除个别年份之外，我国棉花库存消费比一般维持在20%以下；改革开放以来，随着棉花市场开放程度的提高，棉花库存消费波动日趋剧烈，库存消费比最低点在2010年，低至23%，高点在2013年，高至163%。毫无疑问，库存的剧烈变化对市场的预期影响将会很大。从库存数量角度来看，2013年，中国棉花库存总量峰值达到578万吨，占全球总库存量968万吨的59.8%，全球其他国家库存量为389万吨，占全球总库存量的40.2%。根据当前的库存对比，中国棉花消费量占全球的32.5%，但是库存量占全球的59.8%。

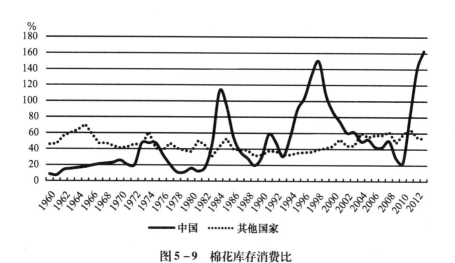

图5-9 棉花库存消费比

数据来源：联合国粮农组织（FAO），http://www.fao.org/statistics/en。

五 食糖

与棉花库存消费相类似的，中国的食糖库存消费状况与全球其他国家大致相当，其主要原因在于：（1）食糖在中国居民膳食营养结构中不占主要地位，同时糖料作物种植及食糖加工区域集中，因此中国食糖市场化程度很高；（2）中国食糖产量、贸易量在全球均不占主要地位，尽管中国食糖贸易采用配额管理，但是国内外市场整合程度较高。从历史数据来看，全球其他国家食糖库存消费比基本上维持在25%的趋势中轴，按照5%的幅度上下波动；2000年以来，全球其他国家食糖库存消费比最高的年份为2001年，全年消费量为1.2亿吨，库存量为0.4亿吨，库存消费比为32%；最低年份为2010年，全年消费量为1.4亿吨，库存量为0.3亿吨，库存消费比为19%。

相对而言，中国的食糖库存消费比变化非常大，与棉花不同的是，这一库存消费比的剧烈变化来自体量规模较小，2000年以来，中国食糖库存消费比最低的年份为2006年，最低值为6%；最高年份为2013年，最高库存消费比为52%。从库存数量角度来看，2013年，中国食糖库存总量峰值达到835万吨，占全球总库存量4338万吨的19.2%，全球其他国家库存量为3503万吨，占全球总库存量的80.8%。根据当前的库存对比，中国食糖消费量占全球的9.5%，但是库存量占全球的19.2%；尽管库存比例高于消费比例，但是总量占比并没有特别突出，这一点有别于粮食与棉花。

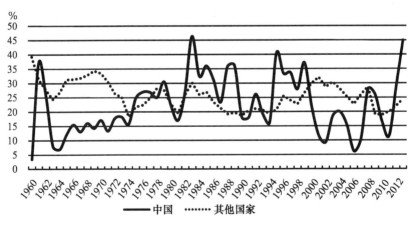

图5-10　食糖库存消费比

数据来源：联合国粮农组织（FAO），http：//www.fao.org/statistics/en。

六　简要小结

通过上述分析，取整来看：当前全球水稻库存的 40%、小麦库存的 30%、玉米库存的 50%、棉花库存的 60%、食糖库存的 20% 在中国，2014 年的数据则更加明显。实际上，中国维持高库存只是市场切割的必然结果：这一市场切割的目标在于在粮食安全战略下保障供给，其手段在于对内使用最低收购价等一系列价格政策，对外采取贸易管控措施。而市场切割之后的结果就是国内外库存差异形成了"水坝效应"，显然"坝体"为国内的财政支持与边境管理措施，这一效应在短期内可以实现保障中国农民收益、提高农作物产量的目标，但是如果水坝落差过大，则会对未来全球农产品市场形成十分巨大的影响：（1）如果库存的内外落差继续加大，那么将使得国内外农产品价差进一步扩大，农产品走私将更加猖獗，国内财政补贴的持续性受到挑战；（2）当前全球经济仍然没有显示出强劲复苏的势头，资源性产品的价格始终低迷，在这样的背景下如果中国大宗农产品开始"放水"去库存化，那么势必进一步恶化全球大宗农产品的供求形势。这也使得中国农产品市场政策陷入进退维谷的两难境地。从历史数据的对比来看，当前的库存消费情况并不算极端，如果能及早采取相关措施，也可以顺利实现去库存化的目标。

第四节　政策讨论与启示

一　政策讨论

中国长期维持粮食及经济作物的高库存实际上并不经济，其经济损失可以主要理解为"粮食安全"观念的代价。从政策逻辑出发，既有内在的思想根源，又有外部的环境压力，从历史经验来看，主要涉及以下三个阶段。

第一，新中国成立至改革开放。长期受到世界革命及"备战备荒"思想的影响，维持必要以上的库存水平是重大的战略任务，但是由于当时生产力与生产关系的双重约束，我国的粮食及相关大宗农产品库存水平并不高；而为了维持战备等库存，在少数年份甚至出现了重大的饥荒，成为一代中国人惨痛的历史回忆，并成为长期影响中国粮食安全观念的重要因素。第二，改革开放至2003年。随着改革开放的深入，长期制约中国农业的生产关系得以改革，生产力也随之获得解放，农业生产发生了巨大变化，由于工业化的先导作用，早期的城镇化水平并不高，农业产出的提高不仅支持了居民食品消费增长，同时也形成了大量的粮食储备；1998—2003年间，由于城镇化的快速扩张，作物播种面积的持续萎缩带来的连续减产，2004年中国大量从国际市场进口小麦并带来了全球小麦价格的上涨，由此引发了新的粮食安全讨论。第三，2004年至今，随着十二个中央一号文件连续关注农业，耕地红线的确立、农业税的取消，一系列强农惠农政策的推行，农业生产水平与能力的进一步提升，使得粮食及主要农作物产量不断增长，由于需求结构的进一步多元化，产需匹配的矛盾日益突出，加之农业支持政策带来的国内外价差，最终导致中国大宗农产品库存形成了巨大的"水坝"。

可以这样认为：根深蒂固的粮食安全思想与不稳定的贸易参与构成了我国农产品库存的思想根源与环境压力，这两点实际上都与经济属性无关。维持这一庞大库存则涉及大量的保管、贴息费用以及轮换过程产生的品质损失，却是必须面临的经济问题。

二　政策启示

根据前文的分析，从理论层面来看，在世界和平的大背景下，随着全球贸易的便利性提高，维持绝对安全数量的库存并无实际意义，库存优化才是理性选择。通过分析全球大宗农产品库存消费的历史数据，不难发现：除了中国之外，全球谷物、棉花、食糖的库存消费长期保持在相对稳定的水平。甚至可以更为积极地判断：未来全球大宗农产品的库存消费水平将持续下降。从逻辑上讲，中国大宗农产品库存的"水坝效应"存在，导致了中国农产品的高价格并压低了全球农产品的价格，意即中国为实现国内的市场支持目标支付的财政补贴在某种意义上补贴了全球的粮食、棉花、食糖的消费者，这种补贴的外溢实际上是财政支持政策的效率损失。

在全球农产品贸易体系中，一个小国，例如日本，其国内的供求及库存状况根本无法影响全球市场；通过上文数据可以知道，当前中国大宗农产品的库存总量几乎占到全球一半，因此势必对全球农产品贸易产生重要影响。针对当前的市场实际，在全球贸易背景下，中国的策略优化实际上已经比较明朗，即短期内保持必要的农产品减产。其目的在于：（1）通过减产信息的释放，提高全球农产品价格的中轴，使得国内去库存化压力减轻，从而实现国内财政补贴的持续性；（2）通过大宗农产品的减产实现土地休养生息，并以此为契机调整国内种植业结构与布局，根据当前贸易数据，2015 年估计我国高粱、大麦进口将双双超过 1000 万吨，在此背景下三大主粮的库存畸高，形成鲜明对比。中国幅员辽阔，在比较优势背景下优化作物结构既符合国家经济利益，也服从国家战略利益，但是农业主粮化的经济后果是补贴不可持续、生产不可持续；战略后果是彻底消灭了小品种农产品，对中国这样的人口与资源大国均是不能承受之重。

三　结语

从 1960 年至今的历史数据来看，除了个别年份之外，全球大宗农产品库存实际上呈现出稳定的规律性。对比来看，中国特定的国情基础下的粮食安全战略带来了较大的库存消费状况异化，从实际意义上看，是以中国纳税人补贴了全球其他国家的粮食消费者，同时也留下了深刻的市场问题，并对中国财政的可持续性构成很大挑战。因此，从中国的政策对策来看，有必要适时作出一些转变，适度容忍粮食及部分大宗农产品的减产，以市场化的方式来化解市场化的矛盾，并且以此为契机进一步优化国内的农业生产结构，提高农业生产资源配置效率才是中国农业在短期内的唯一出路。

第五节　发展方向与策略选择

一　进一步的发展方向

2015 年，根据国家发改委、国家粮食局、财政部、中国农业发展银行联合发出通知明确，国家继续在东北三省和内蒙古自治区实施玉米临时收储政策，国家临时存储玉米挂牌收购价格水平确定为每斤1 元（国标三等质量标准），较 2014 年每斤 1.11 元价格下降了 10%，但是仍较当前进口到岸价每斤 0.8 元的价格高出 25%。此外，2015年水稻、小麦最低收购价维持 2014 年水平不变，实际上都是对库存以及粮食市场一系列相关问题的政策回应。从这一点上看，按照中国改革的逻辑，已然是发出了明确的政策信号：尽可能降低政策对粮食市场的干预，使市场机制在农产品市场的资源配置中发挥更大作用。

尽管 2015 年玉米临储价格下调，此前东北大豆、新疆棉花更是启动目标价格补贴政策，加之 2015 年不再上调粮食最低收购价，从客观效果来看，虽然已经进了一步，但是距离完全与市场接轨仍有一定距离。因此在未来一段时期内，可以断定的是：国内农业的政策扭曲仍将存在，其幅度将会显著下降。具体来看，随着国内水稻、小麦最低收购价的不变，以及玉米临储收购价格的下调，国内三大谷物的种植预期会发生一些变化，至少表现在部分中低产田的种植品种会存在一定水平的替代，三大谷物的产出水平会有一些调整；进一步来看，随着玉米价格的下调，下游养殖业的成本上涨压力能够得到缓解，养殖业将得到一个调整和稳定发展的机会。由于国内外谷物价差的缩小，国际农产品，特别是饲料粮（高粱、大麦）大量输入的情形将得到一定的舒缓，同时在一定程度上可以遏制农产品走私，这对国内农产品库存大量积压并带来的"水坝效应"能够起到缓解作用。

　　从根本上看，当前我国粮食等农产品的库存都处于历史高位，而整个国内国际政治经济环境并不存在较大的外在压力，全球农产品整体供需格局在短期内仍然维持宽松。例如，由于全球农产品价格的大幅度下跌，导致巴西等南美主产国进一步增加产出，以期平衡由于价格下降带来的市场损失，这一点与石油贸易高度一致。由此，在这样的背景下，全球农产品价格中轴将维持在较低水平，这对我国大宗农产品"去库存化"及财政补贴都将形成很大压力，虽然当前国内相关价格支持政策有所调整，但是并不能从根本上解决这一问题。所以，国内农业政策的"两个天花板、两道紧箍咒"问题在一段时间内难以破解。

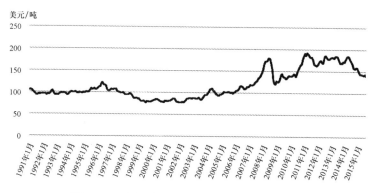

图 5 - 11　国际农产品价格指数（2005 = 100）

数据来源：IMF，http：//www.imf.org/external/np/res/commod/index.aspx。

二　可能的策略选择

　　从短期来说，可以考虑进一步调低国内农产品的支持价格水平，特别是水稻、小麦最低收购价及玉米临储收购价格，使得粮食价格进一步与市场价格接轨，使得"市场机制在资源配置中起决定性作用"。同时将用于相关农产品价格支持的财政补贴逐步"绿箱"化。具体为：（1）在西北旱作区推行适时休耕政策，毫无疑问，国际国内粮食价格处于低位的时候恰恰是启动较大范围休耕的时间窗口，粮食安全的基础在于确保粮食生产能力，从经济上看，粮价低迷时启动休耕成本最低；从生态上看，适时休耕对于恢复土地肥力、涵养水源、确保未来生产能力有重要意义。（2）挂钩补贴逐步脱钩化，鉴于当前我国粮食总产量水平及库容水平，可以考虑将用于粮食生产的挂钩补贴逐步脱钩，至少这一政策在短期内不会出现重大偏差。即便未来出现极端减产情况，也可以适时重启挂钩政策促进粮食生产。

　　从中期来说，需要以农产品价格市场化为前提，在逐步消弭我国大规模农产品库存的基础上，在开放经济条件下逐步构建系统性的中国农业安全网。从战略上看，中国农业安全网应当从农业风险管理的需求出发，以市场为导向，以保障农业生产和相关农业生产者收入为目标，构建指向明确、重点突出、协调配套的农业支持政策体系。从操作上看，可以美国农业安全网为蓝本，并充分考虑中国农业的具体情况，综合运用监控体系、谈判策略、收入补贴、保险与信贷等政策工具，积极稳妥地推进相关政策的制定落实，为农业提供全方位多层次的立体安全网防护。例如，逐步将生产补贴转向收入补贴，在我国四化同步的背景下，进一步提高农村农业人口的社会保障标准和保障水平，促进公共服务的进一步扁平化。

　　总体来说，当前我国粮食及农产品库存维持了非必要的高水平，直接导致了市场压力过大及财政的不可持续，形成了较强的"水坝效应"。很显然，当前政策决策层已经认识到该问题的严重性与紧迫性，从现实的一系列政策调整来看，都在朝着以"市场化的方法解决市场化的问题"方向努力。综合考虑国际国内的政治经济形势，当前的国内政策调整仍然面临相当大的压力，综合中国改革开放以来的相关经验，不能轻视的是政策当局具备"壮士断腕"的雄心，所以对该问题也不必过分忧虑。站在一个更长远的历史起点上，农业政策需要一个更为系统性的调整，诸如国内支持的逐步减少与退出等，这不仅是开放经济条件的外在压力所致，更是我国农业长远发展的内生要求。库存高企仅仅是当前我国农业生产与农产品市场诸多矛盾的一个缩影，辩证地来看，这一问题既是挑战，也是机遇，如果不能成为压死骆驼的最后一根稻草，那将会成为打开一扇大门的金钥匙。

第六章

世界农业可持续发展问题

第一节　农业可持续发展的产生背景

一　当代农业所面临的问题和挑战

19 世纪 40 年代开始，农业生产依靠化肥、农药、机械等外部投入逐步提高到了一个过去难以想象的水平，结束了农业长期停滞的局面，开始了世界农业快速发展的新时期。尤其是伴随着"绿色革命"的开展，世界主要农作物的平均产量提高了一倍多，一些谷物的产量甚至提高了 4—5 倍。农作物产量的增加满足了世界粮食需求，一定程度上缓解了世界饥饿问题。以亚洲为例，直到 20 世纪 60 年代，亚洲还在面临着大规模的饥荒威胁。但是，近 20 年内，即使人口数量增加了一倍，亚洲的粮食供应基本可以做到自给自足。然而，随着人口数量也不断增加，快速增长的粮食产量并没有最终解决世界饥饿问题。世界银行近期的研究表明，到 2050 年，全世界人口将突破 90 亿，粮食需求量将增加 70%—100%。① 因此，如何确保生产出足够的粮食来养活 90 亿人口，仍然是当代农业发展面临的重大挑战。

---

① FAO, The State of Food Insecurity in the World, http：//www. fao. org/docrep/012/i0876e/i0876e00. HTM.

在全球在面临粮食增产压力的同时,土地、水资源等自然资源却在不断减少。农业是环境资源最主要的使用者。农业的可持续性发展牢牢依靠着自然资源的可利用性。然而,不断增加的密集型农业生产方式给环境带来了巨大的压力,对农业生产支撑系统的可持续性产生了很大的影响。首先,从全球范围来看,农田和牧场面积已经占据了全球约50%的土地,但可耕地面积正以每年10万平方公里的速度流失,[①] 开垦边际性土地以及毁林开荒有增无减。同时,过度放牧以及不当的农耕和灌溉方式也导致了土地盐碱化和土地沙漠化。在次撒哈拉非洲、地中海非洲、中东、西亚、南亚、美国西部、南美和墨西哥部分地区,沙漠化进程不断加速。其次,作为农业发展命脉的水资源在严重萎缩。目前,农业生产用水占人类活动用水总量的70%(Molden,2007)。许多国家的灌溉农业是以过度抽取地下水来维持的。世界一半人口的国家地下水位不断下降。而使用化肥、农药所导致的农业污水已严重威胁到了人类的发展和生存。因此,如何在增加农业产量的同时,降低农业活动对环境的影响和减少对不可再生资源的使用,也成为当代农业发展亟待解决的问题之一。

此外,对广大的发展中国家而言,农业仍然是农村贫困人口的主要生活来源和经济增长的"发动机"。考虑到一直以来农业对减少贫困和经济增长做出的巨大贡献,如何在现有的资源条件约束下继续通过改善农业来帮助扶贫和拉动经济将是发展中国家农业发展需要面临的巨大挑战。

二 农业可持续发展的由来及其内涵

农业可持续发展(Agricultural Sustainable Development)概念的产生,最早可以追溯到20世纪50年代出现的对于环境问题的关心,那时社会上引发了很多对于未来发展的辩论。20世纪60年代,在雷切

---

① Foley, J. A., DeFries, R., G. P., Barford. C., and fifteen other. 2005. Global consequences of land use. science 309:570-574.

尔·卡森的著作《寂静的春天》的影响下，由农业引起的环境风险被广泛关注。70 年代，罗马俱乐部提出了一份有具有争议性的报告《增长的极限》。在此报告中提到当社会面临环境资源被过渡使用、耗尽或受损时会产生的一系列的经济问题，并指出需要不同类型的政策来支持经济的长久性的增长。1987 年以布伦兰特夫人为首的世界环境与发展委员会（WCED）发表了报告《我们共同的未来》。这份报告正式使用了可持续发展概念，并对之做出了比较系统的阐述，产生了广泛的影响。有关可持续发展的定义有 100 多种，但被广泛接受影响最大的仍是世界环境与发展委员会在《我们共同的未来》中的定义。该报告中，可持续发展被定义为："能满足当代人的需要，又不对后代人满足其需要的能力构成危害的发展。"它包括两个重要概念：需要的概念，尤其是世界各国人们的基本需要，应将此放在特别优先的地位来考虑；限制的概念，技术状况和社会组织对环境满足眼前和将来需要的能力施加的限制。随后在 1991 年 4 月，联合国粮农组织在荷兰召开农业与环境国际会议，发表了著名的《丹波宣言》。拟定了关于农业和农村持续发展的概念和定义："采取某种使用和维护自然资源基础的方式，以及实行技术变革和体制改革；以确保当代人及其后代对农产品的需求得到不断满足。这种可持续的发展（包括农业、林业和渔业）旨在保护土地、水和动植物遗传资源，是一种优化环境、技术应用适当、经济上能维持下去以及社会能够接受的方式。"首次把农业可持续发展与农村发展联系起来，并力图把各种农业的持续发展要素系统组合到一个网络中；使其更具有可操作性。提出了为过渡到更加持久的农业生产系统，农业和农村持续发展必须努力确保实现三个基本目标：第一，在自给自足原则下持续增加农作物产量，保证食物安全；第二，增加农村就业机会，增加农民收益，特别是消除贫困；第三，保护自然资源，保护环境。从总体看，农业可持续发展的目标是：追求公平，追求和谐，追求效益，实现持续永久的发展。

农业可持续性是农业可持续发展中最关键性的概念，各国对于农业可持续发展的研究是建立在对农业可持续性不同理解的基础之上的。目前，国际学术界对农业可持续性解释的论述较多，观点也不尽一致，其中，代表性的观点有两类：

第一类观点对农业可持续性的理解主要关注在运用特定的技术类型上，即可持续农业是一种经营战略的体现与结果。生产者可以通过选择种植品种、耕作方式、轮作方法、病虫害防治等来减少农业生产过程中对不可再生资源和环境有害物质的输入依赖，具体包括：生态农业，永久性农业，有机农业，低投入、动态型、环境友好型农业等。具有高度可持续性的农业体系被认为是旨在最佳的使用环境商品和服务而不对其有破坏。而关于是否农业体系具有了上述提到的一些特质就有资格被认为是可持续性的问题，学术界一直有着激烈的讨论。

第二类观点包括了更广泛的含义，侧重于农业可持续的概念而超越了具体的农业生产体系。他们认为农业可持续性是根据其缓解冲击和压力的适应性和维持系统容量的持久性来决定的，即当外部或内部的条件变化而产生的自我调节和改变的能力。具体而言，农业可持续性应包括以下三个方面的内容：

1. 生态的可持续性

从农业生态系统的角度出发，衡量农业生态体系是否具有为人类经济社会发展提供永久性支持的能力。农业生态体系是农业生产的必要物质基础，因此，稳定农业生态系统的可持续性是保障农业可持续发展的最基本前提。

生态可持续性要求，农业发展对生态系统的利用应保持在生态系统的承载范围之内，在生产过程中减少对环境和健康的负外部性效用，合理高效地利用当地环境生态资源，保护生物多样性，以保证自然资源与环境的可持续利用。这种基本原则在实际操作层面上体现为戴利三原则（1990）：一是对可再生资源的开发利用不超过其再生的能力；二是不可再生资源储量能保持稳定或被其他资源有效代替；三是污染排放量不超过环境的自净能力。值得一提的是，最近还开始更广泛关注如何认识和利用农业对环境的正外部性效用。

2. 经济可持续性

从经济角度出发，衡量农业发展是否可以持续地满足各方面对经济利益的需求，其包括产出的可持续性和效率的可持续性两个方面。产出的可持续性侧重于衡量农业生产能力，具体来说，就是产出能力的非减性，即保证农业生产的产出长期维持在历史水平或以上，以保证后代人的需求满足程度至少不低于当代人。效率的可持续性从实物量和价值量两个方面衡量。具体有两方面要求：一是保证土地生产率与劳动生产率的递增性，有效缓解农业生产对土地资源和人力资源的压力。二是保证在农业生产的经营过程中有必需的经济利益，以保障其资源可得性和农业生产的自我维持、自我发展的能力。

3. 社会的可持续性

从社会的角度出发，衡量农业发展的可持续性。具有满足需求和代内公平两个方面的要求。满足需求是社会可持续性中最基本的要求，是指持续地满足社会对农业的需求。这种满足包括对农业生产活动经济收益的分享（主要是满足社会对农产品以及对环境的需求）和对农业生产活动的参与（如农业劳动者的就业需求）。代内公平是指资源利用及其收益在国家、地区以及不同的社会利益集团之间是否得到公正而合理的分配。

以上三个方面分别从不同的角度对农业可持续性进行了分析。随着时间和地点的改变，人们对这三个维度之间的相对值也有不同的权衡。达到它们之间的一个平衡是实现农业可持续发展理念的最大挑战之一。生态可持续性和社会资源的可持续性部分取决于经济效益，经济效益必须为维护这些资源提供再投资，同时也要满足参与生产过程的所有者和雇工的生活需求。相对的，经济可持续性也依赖于劳动生产力和自然资源生产力。农业可持续性应该是以上三个可持续性构成的整体。其中，生态可持续性是基础，经济可持续性是手段，社会可持续性是目标。

第二节　农业可持续发展的现状

一　农业可持续增产的资源制约及缓解

2008 年的全球粮食危机，让农业受到了前所未有的关注。国际粮食价格虽然在金融危机的影响下有所下降，但依然远高于 2006 年。在很多局部地区，比如埃塞俄比亚和尼日利亚，粮价依然在高位波动。同样因为金融危机的影响，虽然粮价下调，许多依靠粮食进口的发展中国家依然没有资金为国民购买足够的粮食。2007 年下半年和 2008 年上半年国际粮食价格的巨幅上涨，尽管有着国际投机者操纵的因素，但并没有背离粮食状况的基本面。在过去 10 年中，国际粮食储备基本上是连年持续下降。为了维护粮食安全和食品安全，世界各国纷纷探索农业资源高效利用模式来解决粮食危机和资源限制对农业可持续发展的长期约束。

（一）农业资源对农业可持续发展的硬约束

农业资源是指人们从事农业生产或农业经济活动中可以利用的各种资源，包括农业自然资源和农业社会资源。农业自然资源主要指自然界存在的、可为农业生产服务的物质、能量和环境条件的总称。它包括水资源、土地资源、气候资源和物种资源，等等。农业发展过程中，农业自然资源已成为评价和衡量农业可持续发展的重要指标，是农业可持续发展的基础。节约和合理开发利用自然资源，解决自然资源日益尖锐的供需矛盾，实现资源的可持续利用，是实现农业可持续发展的关键。

过去 20 年，人口增长给农业可持续发展带来了巨大压力。全球人口增加了 15 亿，达到了 70 亿总人口，如果从农业文明起源开始，到 1820 年的一万年时间地球第一次达到 10 亿人口，但从 20 世纪 60 年代以来，几乎每十二三年就增加 10 亿人口。据有关研究，到 2100

年，世界人口总量将达到 100 亿，但人口增长的极限到底在哪里？任何一个很小的数字或者很小的消耗乘上 100 亿，那将是一个极其严峻的挑战。然而在人口爆炸式增长的同时，农业生产所需的主要农业自然资源面临短缺危机。

首先，耕地资源作为"农业发展之基石"，已很不稳固。全球 1 亿 4800 万平方公里的陆地中大约有 3100 万平方公里是可耕地，但目前可耕地面积正以每年 10 万平方公里的速度流失，开垦边际性土地以及毁林开荒有增无减。① 近几十年来，全世界森林面积的近一半已被破坏，年均消失 1600 万公顷。在南亚、近东和北非，耕地稀缺问题已十分严重。②

其次，水资源作为"农业发展之命脉"，已严重萎缩。目前，全球大约有 12 亿人，生活在水资源自然缺乏的区域，还有 5 亿人正接近这种状况。另外还有 16 亿人，几乎占了世界人口的 1/4③，面临着与经济有关的水资源缺乏。在许多国家，灌溉农业是以过度抽取地下水来维持的。水资源的短缺对若干国家农业的制约要比土地造成的制约严重得多，中等收入国家农业用水占总用水量的 70%。世界一半人口的国家地下水位不断下降，问题最严重的国家包括中国、印度和美国这三个粮食生产大国④。中国的华北平原地下水位年平均下降速度超过 1 米，机井常常深达 100 米甚至 200 多米，在部分地区地下水位已达基岩，说明无水可采。水资源的使用量在 20 世纪一直以人口增长率两倍的速度增长。

再次，生物多样性的锐减限制了农业可持续发展。从最早有记载的历史时期起，人类已经利用了大约 5000 种生物作为粮食作物，其中不到 20 种提供了世界绝大部分粮食。但是最近 400 年来，地球上的物种灭绝速度在加快，如兽类在 17 世纪平均 5 年灭绝 1 种，到 20 世纪每 2 年就灭绝 1 种。由于生物链的作用，地球上每灭绝 1

---

① http：//zh. wikipedia. org/wiki/%E8%80%95%E5%9C%B0.
② http：//news. aweb. com. cn/2005/6/7/7191244. htm.
③ Maurizio G，et al. ，2011.
④ Maurizio G，et al. ，2011.

种植物，往往有 10—30 种依附于这种植物的动物和微生物也随之消失（徐振英，2005）。每一种植物的丧失都减少了自然和人类适应变化条件的选择余地。生物多样性减少，必然恶化人类生存环境，限制人类生存与发展机会的选择，甚至严重威胁人类的生存与发展。

如何适应资源短缺带给农业可持续增产的困境，转变资源的利用方式，发展资源节约型和生态友好型的农业生产方式，实现高效、节约、持续地利用有限的农业资源已成为世界农学界和资源学界一个亟待研究和解决的问题。

（二）世界农业资源高效利用状况及发展前景

在资源普遍短缺的形势下，世界各国都致力于对资源的节约、高效与持续利用的研究。工业化国家由于大量投入能源的"石油等新型农业生产方式农业"而带来了严重的环境问题，相继提出生态农业、有机农业，特别是在 20 世纪 70 年代兴起的"持续农业"备受各国重视，已为国际社会所接受。仅美国在探讨可持续农业发展的过程中，在 80 年代就曾先后提出过"替代农业"（alternative agriculture）、"低投入持续农业"（low input sustainable agriculture）和"高效率持续农业"（high efficiency sustainable agriculture）等设想，其主要目的都在于充分利用资源内部的潜力，减少外部资源的投入和环境污染。80 年代中后期，应用全球定位系统（GPS）和信息系统（GIS）与现代化农事操作相结合，进行定时定位农田操作管理的一种集约化持续农业管理技术的所谓精确农业（precision farming）、计算机辅助管理农业（computer aided farming）在美欧等西方国家悄然兴起，这是西方发达国家为避免环境严重污染与资源过度浪费，利用高新技术进行的一种现代化的持续农业管理的尝试。

在区域资源优化配置方面，世界各国都根据其自身的自然资源基础，进行合理的资源配置与生产布局，把农业生产安排在最适宜发展的地区，实现区域的专业化生产。如美国经过一个世纪的调整，特别是战后几十年的调整，形成了明显的乳酪带、玉米带、小麦带、棉花带、蔬菜带和烟草集中产区。发达国家也很重视在农业部门之间的资源优势互补。先进的畜牧业国家普遍实行农田与草地结合、人工草地与天然草地结合，大大提高了草地资源的载畜能力。澳大利亚建立了小麦带养羊带的混合农业，创造了高效利用半干旱土地的成功经验。美国更把牧畜在西部草原的繁育与在玉米带的育肥结合，实现了区域资源优势互补，大大提高了整体资源利用效率与经济效益。这些经验均为各国借鉴。可以预计，随着统一市场的形成，农业区域化、专业化、产业化的趋势将不可避免。

在农业技术方面，发达国家也十分重视资源高效利用技术的研究。以色列以节水为中心的资源高效利用，使单方水资源粮食产量从1949年的1.6千克提高到1989年的2.32千克，创造了沙漠农业的奇迹，不但解决了本国人民农产品短缺问题，还可供出口。美、英、法等国也都大力推行喷灌、滴灌、微灌、渗灌等节水灌溉技术，开展利用盐水、海水以及免耕、覆盖旱作技术等的研究，以解决本国、本地区的农业灌溉用水供应不足的问题。在肥料方面，90年代世界各国肥料生产与施肥都以提高肥料利用率为重点，施肥技术从单元素施肥向多元素的平衡施肥、从单一作物施肥向轮作体系内作物施肥的统筹安排转变，并注意发展液体肥料、缓效肥料与多元素复（混）合肥料、专项肥等新型肥料的研制与应用。如美国和日本研制的树脂包膜肥料，氮素利用率可达60%—70%，被称为施肥技术的一次革命。对于饲料短缺的局面，世界各国也都在研究开发新饲料资源和提高饲料利用率的途径。如欧洲的地中海地区，木本饲料和灌木饲料的利用占全年饲料的75%以上，各类饲料加工业发展迅速。以节地、节水、节肥、节粮为重点的资源高效利用技术的研究与开发已成为当今世界农业技术发展的一个重要趋向。

总而言之，可持续的农业发展观是农业资源的高效利用，而不是高效农业。衡量农业资源高效利用的标准是：节约利用资源，资源利用率高；有效利用资源，资源产出率高；投入少产出多，经济效益高；不造成资源退化、枯竭，保持高质量的农业生态环境。农业资源是一个相互联系、彼此依存的耦合关系。只有调节好农业资源系统内部的土、水、肥、气与植物生长的关系，使之处于最佳状态，才能最大限度地挖掘资源系统内在的潜力，充分发挥农业资源效益，减少外部资源投入，实现农业生产高产、优质、低耗、高效的目标。使全球在资源有限而紧缺的情况下能够满足或基本满足人口增长和消费扩张对农产品的需求，以缓解人口、食物和资源的矛盾，实现农业的可持续发展。

二　能源问题对农业持续发展的影响

近年来世界范围内不同程度地感受到了能源价格危机及能源环境问题对社会经济的冲击。农业这一传统产业也不例外，农业早已不是人们过去所想象的那种可以躲避工业文明喧嚣的一个浪漫而宁静的方式，任何追求农业持续发展的措施正日趋受到国家能源安全因素的影响。从能源问题的发展趋势及各国的应对战略来看，高产农业与国家能源安全政策之间的关系将是一个长期存在的问题，要使农业发展有可持续性就必须面对这一问题。

（一）能源问题对农业持续发展的影响

1. 能源价格危机直接增加农业生产成本

现代农业以物质生产及效率为至上使命，能源消耗量非常可观。在美国，每生产一个单位的食物热量，要消耗 5—6 倍的化学热量，而在英国，这一比例也高达 3 倍。随着农业现代化、产业化进程的不断推进，全球农业生产对能源的依赖程度不断加强，能源消耗量递增态势明显。这意味着能源供应是农业生产的重要物质保障。最近一轮的能源价格危机对那些严重依赖能源投入的化肥、农药和柴油等农业生产资源价格产生了明显的影响。

2. 能源作物需求刚性增长将诱发粮食种植结构的变化

基于历次能源危机的教训，世界各国普遍认为推行能源多元化战略不仅最能有助于降低过度依赖传统化石能源的风险，而且能有效改善环境质量。相应地，生物质能源已被许多国家确立为可再生能源发展战略的重要组成部分，欧盟 2007 年 1 月提出的新能源战略将 2010 年生物燃料应占运输能源使用份额的比重由原来的 5.75% 提升到至少 10%。美国提出到 2020 年生物燃料发展目标是 30.6 亿加仑（约 115.8 升）。

生物燃料的大规模发展导致了对能源作物需求的急剧增加，随着能源作物价格的变动，粮食种植结构也会发生变化。扩大能源作物种植面积的强劲趋势因受到耕地面积有限的制约，往往是挤占其他作物的种植面积，直接影响到其他粮食作物的生产。在全球化趋势下，发展中国家可能会受到国内国外双重的影响而激励大规模发展能源作物，对可耕地形成的竞争压力是显而易见的，甚至导致粮食作物生产量的减少，这对不断增长的人口需求来讲是一个极为严重的问题。如果不减少粮食作物的生产，则存在发展中国家将森林转变为大规模单一作物生产基地的可能。而且，巨大的单一能源作物生产将急剧减少农业生物多样性，土壤侵蚀、化肥和杀虫剂的使用及用水需求问题也将对环境造成严重影响。此外，也会导致基因工程生物应用的增加，如：大豆、玉米和油菜籽等。

（二）利用生物质能源防范能源问题对农业可持续发展的冲击

生物质能源是以生物质（包括植物、秸秆、枯枝落叶、动物及其排泄物、垃圾及有机废水等）资源为基础的能源，是一种古老而新兴的能源。当用化学物质逐渐替代生物质实现农业工业化的同时，伴随其出现的能源危机及生态环境危机已经严重危及人类健康和经济发展。作为应对措施，世界各国纷纷将对生物质的研究与发展作为国家农业可持续发展的重点战略加以扶持。目前在全球范围内，生物质产量巨大。以中国为例，每年有相当于农田生物量的 70% 和热量相当于 3.5 亿吨标煤的 7 亿多吨作物秸秆没有得到很好利用；有相当于 3 亿吨标煤的 25 亿吨畜禽粪便及大量有机废弃物，由于未能利用而成为水体的污染源；此外，尚有 1 亿多公顷不宜开垦但可种植高抗逆性能源植物的边际性土地。① 这些农林废弃物和边际性土地，对生物质产业而言，是一笔宝贵的能源资源和物质财富。

日益扩大的能源价格危机和全球气候变化问题已经使农业的可持续发展变得不容乐观，而利用好这些巨大产量的生物质能源是当前解决能源短缺与环境问题的重要途径。首先，生物质能源是最佳的可再生能源。太阳能、风能、水能等可再生能源可以提供能量，但不能形成物质性生产；不能像煤炭和石油那样形成庞大的煤化工和石油化工产业，为农业生产提供直接的化工产品。而生物质能源既是可再生能源，也能生产出上千种的化工产品，且因其主要成分为碳水化合物，在生产及使用过程中对环境的友好，又胜化石能源一筹。其次，利用生物质能源能够逐步摆脱农业对化石能源的依赖。目前，能源的多元化、可持续、环境友好以及降低进口依存度已是大势所趋，生物质能源将扮演越来越重要的角色。发展生物质能源可以使各能源进口国逐步摆脱因进口石油、天然气过程中受制于人的局面以及减少为此付出的外交代价。再次，发展生物质能源可以根除有机污染。将作物秸秆、畜禽粪便、林产废弃物、有机垃圾等农林废弃物和环境污染物为原料，使之无害化和资源化，将植物蓄存的光能与生物质资源深度开发和循环利用。最后，发展生物质能源可以减轻化肥污染。用生物质肥料和饲料逐步替代化学肥料和粮食饲料，是减轻化肥污染、减轻粮食生产对环境压力的根本途径。

三　农业可持续发展制度与生产实践中的生态环境保护

（一）全球环境危机

农业环境保护的历史就像农业发展的历史一样久远，从人类农耕、游牧等文明开始，就始终伴随着环境、生态保护的问题。千百年来大自然为人类的发展壮大提供了无限的资源，随着人口的增加和社

---

① 农业资源综合管理研究课题组、农业部农村经济研究中心：《资源综合管理实现农业可持续发展》，《农业经济问题》1998 年第 3 期，第 190—193 页。

会经济的发展，大自然生态系统的功能逐渐被破坏了，环境问题成为近代发展产生的不容忽视的首要问题。

开荒毁林、不良的农牧业生产方式以及城市的兴建，导致土地退化（Brown，2000）。目前，全球有11%即12亿公顷的土地，已经出现不同程度的退化，其中最严重的是亚洲和非洲。同时过度放牧、不当的农耕和灌溉方式，也导致了土地盐碱化和土地沙漠化。在次撒哈拉非洲、地中海非洲、中东、西亚、南亚、美国西部、南美和墨西哥部分地区，沙漠化进程不断加速。据联合国估计，全球33亿公顷的耕地和牧地已经有不同程度的沙漠化。目前，森林覆盖面积仅剩下36亿公顷，每年砍伐林木的面积不少于1400万公顷。[1] 大规模毁林也破坏了生物的栖息地，造成了一些物种的消失。专家警告，如果毁林规模按目前的速度继续下去，那么，在今后100年中，50%的物种就会完全消失。淡水资源的匮乏已经成为严重问题。目前，人类可利用的淡水资源，大约只有全球水资源总量的0.5%，而淡水消耗量每年以4%—8%的速度在增加。[2] 由于谷物灌溉面积的不断扩大，导致地下水超标使用。贫乏的水资源，还在不断遭受着破坏。生活、生产垃圾污水的排入造成淡水污染日益恶化。而在所有全球性环境问题中，气候变化对人类生存与发展的影响最为严重。据IPCC第四次评估报告，认为过去30年气候变暖可能已在全球尺度上对许多自然和生物系统产生了影响。在未来100年，全球地表温度可能会升高1.6—6.4℃[3]。

（二）农业可持续发展理念与生产实践中的生态环境保护

1962年美国海洋生物学家卡森《寂静的春天》问世，其中指出滥用农药对环境和生物有极大的破坏作用，被认为是现代环保思想的

---

[1]　Brown, Lester R., State of the Word 2000, W. Norton & company, New York, 2000. p. 26.

[2]　Ernst, W. G., Earth System, Processes and Issues, Cambridge University Press, Cambridge, UK, 2000, p. 339.

[3]　联合国政府间气候变化专门委员会，2011。

开端，环境问题逐渐进入人们的视野，引起了全球的广泛关注，并提出了以保护人类为核心目标的环境保护主张，把人类的发展与环境保护、生态安全紧密联系在一起。随后，以保护人类作为核心目标而发起了许多环保行动。随着人类对自然界的进一步了解和科学技术的不断进步，人类从更广阔的视野、从不同的层面和社会发展的不同时期来审视环境保护的行为和效果，把可持续发展的理念融入环境保护的具体实践中。

大多数学者认为，在探索农业可持续发展制度和生产模式时，必须先建立三个基本的共识。

第一，计算农业生产效率、生产成本必须从宏观角度出发，即必须计算"宏观效率""宏观成本"。以美国大型的农业综合企业为例，普通观点认为其生产效率很高，生产成本较低，但这只是从微观角度计算的结果。如果从宏观角度计算，美国在生产玉米、小麦等谷物时所投入的化石燃料的热量，大大超过了玉米、小麦等谷物所产生的热量。美国科学家计算过，美国农业综合企业目前在生产玉米时，仅氮肥一项投入的热量就比 1945 年增加了 20 倍以上，而玉米的产出较 1945 年仅增加了 3 倍（Paoletti，1989）。

另外，计算"宏观成本"时，还要考虑"环境成本"和"社会成本"。前者包括土壤流失，"基因冲刷"，大气、土壤、水源污染等所造成的经济损失；后者包括农业生产方式对人类健康的影响、食物品质对人体健康的影响等所带来的经济效益或经济损失。

第二，农业可持续发展要求人类与自然合作，而不是对抗。森林与土壤、气候、空气、雨量、水资源、生物栖息地等之间，都有一个错综复杂的相互关系，形成一个巨大的生态系统。人类只能在认识这种相互关系中，遵循自然规律，与自然合作进行生产活动。如果不遵循自然规律，人类就会受到自然的惩罚。例如，反常的气候，暴虐的洪水，可怕的沙尘暴，等等。

第三，地球上的各种自然资源都是有限的，自然资源和人口数量之间存在着一种承载量，如果超出资源环境承载量而过度发展，不但达不到目的，而且后果堪忧。例如，有限的耕地资源问题。人口过度发展，耕地就不能满足需要。西方学者认为维持一个人丰富而有营养的饮食，每人至少需要 0.5 公顷的耕地，如果达不到这个标准，生活品质就会降低。再如，有限的淡水问题。人水比例失调，不但影响工农业生产，也会降低生活品质和生活水平。此外，山林、河川、原野净化废物的能力也是有限的，超过一定限度，就会出现污染。因此，必须尊重自然资源的承载力，超过环境资源承载力的发展，就达不到可持续发展的要求。

从上述三个基本的立场出发，在农业可持续发展的生产实践中应该考虑到：第一，每一农业生产的基本单元将农耕、园艺、养畜、造林等有机结合起来；将一年生作物和多年生作物、草本作物和木本作物结合起来。改变过去在一块农地中单纯种植一种大田作物尤其是一年生谷物的耕作方式。专家建议，木本作物、多年生作物的比重，应当不少于 50%。第二，改变化石燃料集约的农业生产方式，少用或不用大型农机具耕作，尽可能转向免耕或少耕；少用或不用化肥、化学农药和除草剂；采用轮作、间作，施用天然肥料，采用生物防治手段等有益生态环境的传统耕作方式，同时又积极采用无害于环境的一系列新技术。第三，改变工厂化的养畜、养禽方式，实行自由、分散饲养。同时要求尽可能从多年生作物和木本作物中挖掘饲料来源。第四，改变目前的人类食物结构。为了节约水源，充分利用土地资源，应当广泛开辟新的食物来源。第五，将农牧业生产和美化环境相结合。

第三节　典型国家农业可持续发展的政策与借鉴

一　日本"环境保全型"农业

日本是一个典型的人多地少的发达国家，人均拥有资源相对较少。20 世纪 50 年代，随着进入重化学工业发展阶段，日本在农业发展上采取了"高投入、高产出"的方式，依靠大量使用化肥和农药实现农业高收益化，但同时也引起了水资源污染、土壤肥力退化、自然环境和生态资源被破坏、农产品质量下降等严重问题，曾被斥为世界"公害大国"，农业的可持续发展面临严重危机。20 世纪 80 年代，日本开始重视农业环境问题，提出发展"有机农业""绿色农业""自然农业"等多种可持续农业。1992 年日本农林水产省在其发布的《新的食品、农业、农村政策方向》中首次提出"环境保全型农业"之后，开始全面推进"环境保全型"可持续农业的发展。

（一）日本"环境保全型"农业的内涵

日本将"环境保全型农业"定义为：发挥农业特有的物质循环机能，持续注意与生产效率的协调、减轻由于使用化学肥料和农药而造成的环境负荷的可持续农业。在实践中，主要是通过"减量化、再生化、有机化"措施来完成"环境保全型"农业的目标。其基本思路是立足于人口、资源、环境与经济平衡发展，强调维护生态平衡、环境保护以及农村经济发展的协调关系，主张以有机物还田和合理轮作为基础，利用农业的物质循环机能，一方面限制或减少人工合成化学制品的使用，减少其对环境的负面影响；另一方面在环境容量内重新构筑农业生产技术，加大对生物农药和生物肥料的开发与应用，增进其对环境的积极影响，促使农业经济效益与生态效益的可持续发展。

（二）日本发展"环境保全型"农业的措施

1. 政府宏观调控措施

在贯彻实施"环境保全型"农业政策的过程中，日本政府非常重视环境法规的保障作用，形成了由《农业基本法》为总法，及一系列专项法组成的环境法律法规体系。1999 年 7 月，在对 1961 年颁布的《农业基本法》进行评估之后，日本政府颁布实施了新的《食物、农业、农村基本法》，使之成为指导日本振兴农业经济和实现农业可持续发展的"母法"。之后作为配套法规，又制定实施了《家畜排泄法》《肥料管理法》《可持续农业法》和《有机农业促进法》等专项法规，内容涉及从农业生产投入到食品加工和饮食业等诸多环节。另外，日本政府在农业发展的不同时期，还陆续出台相关的法律法规，以此来推进"环境保全型"农业的发展。如《食品循环资源再生利用法》《水资源开发促进法》《农地管理法》《农药残留法》《地力增进法》以及《沿海渔业整顿开发法》等。这些法律都是以《农业基本法》为基础的，它们之间相互协调、相互促进，有力地保障了环境保全型农业的建设和发展。

在健全农业环境保全法律的同时，日本政府还积极制定各种扶助资金和鼓励政策。日本是世界上农业支持与保护水平最好、政策体系最完善的国家之一，这种对农业的保护与支持政策在很大程度上为日本农业可持续发展创造了条件。为了促进"环境保护型"农业的发展，与农业环境保护密切相关的活动都可能获得政府的政策支持。农户享受政策支持的途径主要有现金补贴、政府贴息、税收减免等。例如，对于从事"环境保全型"农业的农户提供专用资金无息贷款；对堆肥化措施或有机农产品贮运设施等进行税款返还或资金补贴；被认证为"农业生态者"的农户，给予金融、税收方面的优惠政策。政府各项优惠政策的实施有效调动了农民发展"环境保全型"农业的积极性，对日本农业可持续发展影响重大。

在市场监管方面，日本政府采取一系列的认证制度，1990 年制定了《农林物资规划和质量表示标准法》（即日本有机 JAS 标准），实行了对有机食品的认证。根据规定有机食品进入日本市场必须在农林水产省（MAFF）注册的认证机构进行认证，由农林水产省制定和实施有关有机农产品的标准，并对认证机构进行监督和检查。通过消费者的市场选择来巩固和提高农户发展环境保全型农业的积极性。目前，有机农业被农户们视为发展环境保全型农业的首选。截止到 2013 年 4 月 1 日，日本国内符合有机 JAS 的耕地面积为 9529 公顷，占全国耕地总面积的 0.21%，有机农产品的种类已覆盖了大米、小麦、蔬菜、水果、牧草等主要作物。[①]

---

① 日本农林水产省网站（http：//www. maff. go. jp/j/jas/jas_ kikaku/pdf124yuuki_ wenseki_ kokunai_ 130208r. pdf. ）。

此外，日本的农药注册管理制度也十分严格。对于农药的注册，按照《农药管理法》规定，农药生产者或进口商必须将药效试验、代谢试验、毒性试验、残留试验以及对环境影响试验等资料与注册申请书、药样同时提交农林水产省审查、注册。审查特别重视安全性指标，如作物、土壤农药残留标准、水质污染标准等。

2. 技术措施

在技术措施方面，主要是通过土壤改良技术和（化肥、农药）减量技术来达到环境保护的目的。土壤改良技术主要包括：用杂草、秸秆、农作物残渣和家畜粪便等有机物堆肥还田以及种植紫云英等绿肥作物，改善土壤肥力。对于已经污染的土地，采用排土、添土、水源转换等方法进行治理。此外，政府还实施了土壤环境基础调查措施，并制定了防止土壤中重金属蓄积的管理标准，将土壤污染防患于未然。

环境保全型农业中化肥减量技术主要是通过加强对土壤的技术诊断，根据诊断结果有针对性地进行施肥，以此来减少化肥的使用量。具体包括：局部施肥技术，施用肥效调节型肥料技术等。农药的减量技术是通过采用机械、利用动植物以及昆虫自身的功能，来减少化学农药的使用量。例如：使用机械除草技术和动物除草技术替代农药；发展微生物技术，利用捕食害虫或寄生生物技术替代杀虫剂；利用地表覆盖栽培等技术，使农作物与虫害相隔离等。

（三）日本农业可持续发展的经验借鉴

从日本环境保全型农业的实践经验来看，改变农业生产模式、减少农用化学品的投入、发展环境友好型农业，是改变生态环境恶化趋势和实现农业长期、稳定、可持续发展的重要途径。分析日本环境保全型农业的政策演变和推荐措施，可以为我国探索农业可持续发展之路提供许多有益的启示。第一，建立健全农业可持续发展法律法规体系。日本通过立法把农业环境保护政策和措施法制化，以立法的形式推进农业环保政策和措施，使农业环保政策和措施具有延续性，完善农业环境保护法规体系，依法治理农业环境污染，同时加大执法力度，使有关法律得以贯彻执行。第二，要实现农业保护形式多样化。支持和保护农业应该是一项综合性的工作，需要多部门多种政策的组合协调。日本的农业保护体系形成了金融优惠、财政支持、农业保险、贸易保护等方面联动的保护体系、多样化的保护方式和方法。第三，建立权威的认证制度。日本具有完善的有机食品认证制度。通过严格执法，健全监督和检查认证体系和制度，维护农业生产者的利益和市场秩序，调动农民推进环境保全型农业的积极性和主观能动性。第四，政府在农业可持续发展建设中发挥主导作用。首先，日本政府对农产品市场实行了强有力的政府干预，通过对环保型农业生产的高补贴和扶助，带动本国农业向可持续发展方向的转型。其次，从环境法律体系建设、环保技术研发到认证体系和制度的构建，政府都占有明显的主导地位。

二　美国农业资源和生态环境保护

美国是世界上最早倡导可持续农业的国家，在农业资源和生态环境保护方面的成效尤为显著，其政策措施主要分三种类型：资金补贴项目、技术支持项目和规范化生产条款。其中，资金补贴项目为政策体系的主要部分，将在下文重点介绍。技术支持项目是政府在技术方面为愿意采取措施对自然资源和环境进行管理和保护的任何个人（主要是农牧场主）和机构提供资金帮助，以促进资源的可持续利用。自1985年以来，联邦政府在技术支持项目上的支出每年有5亿—6亿美元。规范化生产条款是要求农牧场主在资源和环境管理方面达到政府的某些要求，诸如在高度易侵蚀土地上耕种必须采取政府批准的水土保持措施、不能开垦湿地等，以此作为获得各类政府项目利益的前提条件，这项条款直接和间接地影响了近2亿英亩耕地。

（一）美国农业资源和生态环境保护政策概况

美国资金补贴项目自20世纪30年代开始陆续设立，其中，历时较长、覆盖面积较大的是"减耕计划"和 1956—1972 年的"土壤银行"项目。但是，早期的项目和措施主要是以控制生产为目的的。直到 70 年代以后，资源和环境保护才开始受到广泛关注。同时，1972—1975 年的全球粮食危机使得对美国农产品的出口需求剧增，带来价格飙升，进而刺激了农场主通过开荒扩大耕地面积和在土地上过度投资以提高单产。结果，水土流失加剧，灾害发生的频率和损失程度明显上升。农业资源和环境问题受到了越来越多的关注。因此，当 20 世纪 80 年代初期再次出现农产品严重过剩的时候，退（休）耕就顺理成章地再次成为既保护资源和环境又减少产量的首要选择。在此背景条件下，1985 年农场法案首先设立了退（休）耕还草还林项目，1990 年农场法案增设了湿地恢复项目。以后的 1996 年、2002 年和 2008 年农场法案又陆续增设（或补充修改）了环境保护激励项目、环境保护强化项目、农业水质强化项目、野生动物栖息地保护项目、农场和牧场保护项目以及草场保护项目。这 8 个项目涵盖水土资源管理、野生动物栖息地管理和污染防治等农业乃至农村资源和环境保护的诸多方面。其中退（休）耕还草还林项目、湿地恢复项目、环境保护激励项目和环境保护强化项目，其投资（预算）和面积分别占联邦政府资源和环境保护政策总投资（预算）和总面积的 93% 和 97% 以上。

1. 退（休）耕还草还林项目（Conservation Reserve Program）

退（休）耕还草还林项目由 1985 年农场法案授权设立，1986 年开始实施。参加项目的农场主自愿退（休）耕，联邦政府提供退（休）耕补偿；如果退耕农场主在退耕地上种草种树，联邦政府再分担 50% 的种植成本。项目周期为 10—15 年（以 10 年居多）。期满后农场主可以再次申请以这些地块参加项目，也可以恢复对这些地块的耕种，但重新耕种时必须遵守生产规范化条款的规定。

2. 湿地恢复项目（Wetland Reserve Program）

湿地恢复项目由 1990 年农场法案授权设立，目的是把已开垦为耕地的湿地、正在耕种的湿地和经常遭受洪灾侵害的低洼耕地或牧草地恢复为湿地。通过工程措施改变项目范围内的地表形态和水文条

件，帮助其恢复自然条件，以适应各类水禽生存的需要，最大限度地
发挥其生态效益。湿地恢复项目中，联邦政府通过三种方式与农牧场
主合作。一是政府出资购买项目土地资源的永久使用权（开发权），
并支付100%的湿地恢复成本；二是政府出资购买项目土地30年的
资源使用权（开发权），并支付75%的湿地恢复成本；三是农牧场主
可以继续在项目土地上从事农业生产，但要至少花10年时间恢复湿
地，政府分担其75%的湿地恢复成本（Siikamäki and Ferris，2009）。
在前两项选择的情况下，农牧场主仍然拥有其对项目土地的所有权和
非开发性使用权，可以从事垂钓和狩猎等娱乐性营利活动，也可以将
湿地出租或转让，但任何活动和行为都以不改变湿地形态、不影响湿
地功能为原则。

3. 环境保护激励项目（Environmental Quality Incentives Program）

环境保护激励项目由1996年农场法案授权设立，它的基本目标
是为农牧场主提供信息、技术和资金支持，帮助其在保持原有生产
的同时改善环境质量，以达到各级政府对环境质量的要求（Soil
and water conservation society，2007）。希望参加环境保护激励项目
的农牧场主制订项目申请，申请中指明项目的位置、针对的问题、
解决方案和所需要的成本。对于申请被接受的农牧场主，政府以两
种方式提供资助：成本分担和激励性补贴。成本分担方法适用于工
程设施建设和植被建设，成本分担的份额一般为50%，最高达到
75%。激励性补贴用于鼓励农牧场主加强各类管理性措施，这些措施
在没有补贴的情况下可能不会被采用。因而，激励性补贴的额度是根
据估计，以达到激励其采取这些措施为限。一般情况下，成本分担资
金占项目总支出的80%，激励性补贴占18%。

4. 环境保护强化项目（Conservation Stewardship Program）

这个项目的保护对象是使用中的土地，申请方法和程序上与环境
保护激励项目相同，但在以下几个方面存在差异：首先，环境保护强
化项目只包括使用中的耕地、草场和私有非工业用林地，但不包括养
殖场垃圾和废水的储存、处理和运输等。其次，申请者必须没有参加
联邦政府的其他资源和环境保护项目。再次，申请者必须已经在其生

产过程中采取了资源保护和环境改善的方法或措施，参加项目是为了在此基础上，解决其他重要的资源和环境问题。最后，在筛选项目申请者时，主要考虑5个因素：（1）现有方法和措施的作用程度，（2）项目中新采取方法和措施可能的作用程度，（3）可能解决的重要资源和环境问题的数量，（4）对其他资源和环境问题的作用程度，（5）项目的成本—效益分析（但不以成本最低作为接受申请的条件）。环境保护强化项目对参加者的资金补贴根据需要确定，具体需要考虑参加者实施项目的成本、为实施项目放弃的收入以及项目的预期生态环境效益。一般5年项目期内对单个参加者的资金补贴不超过20万美元。

（二）美国农业资源和生态环境保护的经验借鉴

第一，扩大资源和环境保护项目的覆盖面。美国农业资源和环境保护政策体系从针对高度易侵蚀耕地的退（休）耕还草还林项目开始，逐渐增加项目和措施的多样性，以适用不同资源和环境问题以及不同类型（特点）农场的需要。中国政府自1998年以来相继启动了一系列资源和环境保护项目，这些项目的作用类似于美国的退（休）耕还草还林项目和湿地恢复项目。但是，在治理农业面源污染方面，中国还没有相应的项目，甚至面源污染防治还没有被提上议事日程。因此，中国有必要借鉴美国十几年的实践经验，尽快设立相关政策项目。

第二，使用经济激励手段。美国在农业资源和环境管理的过程中，不仅政府立项帮助农场主解决资源和环境问题，以达到各级政府对环境质量的要求，而且，在解决问题的过程中，广泛使用了经济手段。其中，政府与农场主共同承担项目成本的好处有三：一是激励农场主参加项目，二是节约政府的项目成本，三是促使农场主承担项目责任。长期以来，在中国的资源和环境管理中，法律制度手段有余，而经济措施不足。美国的有关做法尤其值得中国在各类农业和农村项目中借鉴使用。

三　欧盟的农业生态补偿政策

欧盟的可用农业土地面积为 16230 万公顷，占欧盟总面积的
40.83%。（杨晓萌，2008）随着农业技术革新与市场化的发展，欧
盟的农业生产力在过去的半个世纪中有了较大提高，但这是以大量的
自然资源消耗、大量的化肥和农药施用为基础的，导致了水源、土壤
的污染，以及一些重要的生态系统破坏。这些问题一方面使农产品的
质量安全受到了影响，另外也使欧盟农业的可持续发展受到了挑战。
因此，欧盟对农业政策进行了调整，将保护生态环境纳入了政策目
标，形成并实施了农业生态补偿政策，确立了欧盟农业可持续发展的
目标，包括保护农村地区的生态环境，并将农业政策关注重点更多地
转向消费者和纳税人、环保及动物福利，其中与环境保护有关的改革
有两点：一是欧盟向农场支付的补贴不再与产量挂钩，而是更注重对
环保标准的遵守；二是欧盟将对农村发展注入更多资金以改善环境，
帮助农民达到自 2005 年开始实施的欧盟生产标准的要求，以实现农
业与环境的和谐发展。

（一）欧盟农业生态补偿政策概况

1. 价格补贴与环保措施挂钩，引导农民自觉保护环境

（1）环境受限制地区补偿。对自然条件不利地区，农场主的补
偿以公顷来计算，补偿金额为 25—200 欧元/公顷不等，补偿标准的
确定将考虑某地区的具体情况，如发展目标、生产条件及类型。农场
主提出申请，要证明自己至少用 5 年的时间，在最少的土地面积上从
事正常的农业生产活动。由于土地利用中环境问题而造成收入的减
少，农场主可以得到补偿。

（2）农业环境保护补贴。欧盟为从事农业生产活动，努力保护
和改善环境、自然资源、土壤、遗传多样化，并为保持自然风景和农
村资源的农民提供一笔补贴。补贴的计算以参加环保计划而造成的费
用增加和收入的降低为根据。例如，欧盟每年对一年生作物支持的上

限为 600 欧元/公顷，对多年生作物为 900 欧元/公顷，对于其他土地使用为 450 欧元/公顷。

（3）林业经济补贴。林业经济的补贴将有助于农村林业经济、生态和社会职能的维护与开发。只对私人（或合伙人）或乡镇所有的森林提供补贴，补贴标准为 40—120 欧元/公顷。补贴包括种植环保型林木；对森林投资，改善优化林产品收获、加工和销售。

（4）农业用地植树造林补贴。主要有：每公顷长达 5 年的抚育费；如果在造林之前这些土地被用于其他的经营，那么在 20 年内，因为造林所造成的收入损失，每年按面积数给农场主或个人以平衡补贴。农场主为 725 欧元/公顷；个人为 185 欧元/公顷；对公共部门农用地植树造林的费用支持仅限于建议成本。

2. 改变生产方式，减少环境污染

欧盟从共同农业基金保障部拨专款资助各成员国实施农业环保措施。各成员国可以制定一些规则，凡农民的生产方式对环境和风景产生积极影响的都可以给予补贴。从而引导农民改变有损环境的耕作方式，从根本上减少对环境的污染，减轻农业生产对环境的压力。

3. 植树造林，美化环境

植树造林是环境保护的重要措施之一，在农用土地上植树造林，可以控制农产品生产、恢复林业资源、减弱温室效应、吸收二氧化碳。因此，欧盟对农户在农用土地上绿化给予补贴。这一措施不仅引导农民把绿化作为其农业活动的一部分，而且促进了农业企业中林业活动的发展，既保护了环境，又增加了农民收入。植树造林补贴以合同为基础，补贴的金额要满足植树、维护的费用以及农户因在耕地上植树而减少的收入和为美化庭院自有林而进行的投资等。

4. 调整农业结构，减轻环境压力

欧盟把调整欠发达地区的农业结构与发展山区和欠发达地区的农业与环境保护结合起来，1988 年和 1993 年分别出台了一系列措施，对原农业结构政策进行了改革和修订，以确保山区和不发达地区的环保措施得以落实。具体包括：

（1）共同农业基金必须首先对保护环境和保持自然风光有利的农业活动（如保护自然资源和农业资源）进行补贴。

（2）各成员国可以对生态农业、合理利用副产品和废料以及动物保护进行投资补贴，以便引导农业企业向有利于环保的项目投资，调整农业结构，保护环境。

（二）欧盟农业生态补偿措施的管理机制

1. 评估与监督

欧盟的每一个成员国必须要呈递他们对农业环境措施的每年支出评估报告。这些报告主要反映财政情况，比如支出、撤销、超支、支出的调整、基金之间的转移以及区域性措施的上限调整、合约的数量、受益人数量以及覆盖区域面积等。对于政策的制定、计划和预算分配的调整，欧盟形成一个综合的中期评估报告，在报告中，成员国需提供报告的评估机构并对区域性的生态补偿政策实施效果做一个完整的环境评价。此外，欧盟对每个生态项目都设定有具体的监测指标，包括财政和非财政的指标，按此指标搜集到的所有信息都要报到欧盟监测委员会等机构。

2. 制裁

在欧盟，申请与环境项目有关的农业补贴的农场主必须确保其有能力来执行农业环保计划，如果不能按相关规定进行生产，专业机构可以运用以下一种或多种方法对其进行制裁：

（1）对于应付的补贴，预扣所得税。

（2）要求返还补贴及利息。

（3）终止补贴。

（4）补贴的 10% 作为额外的惩罚。

（5）2 年之内不得参加其他的环境项目。

如果农场主无法完成与政府约定的环保任务，应该以书面形式主动向当地政府提供相应信息。如果其擅自隐瞒实情，将来被发现就要接受处罚，处罚的程度与违约程度和影响生态环境程度相对应。如果是蓄意破坏或者是隐瞒实情、误报信息，将对其进行严厉的制裁。

（三）欧盟农业生态补偿的经验借鉴

第一，明确生态目标，在生态目标与补偿之间建立紧密的联系。欧盟的生态补偿措施，始终在尽可能地追求明确的目标，过于模糊的目标或者是针对广泛区域性的目标很难得以实现。因此，只有在一定的区域和各地水平上确立明确具体的生态目标，生态补偿措施才会取得明显的效果。明确了具体的生态目标后，再与补偿之间建立紧密联系显得尤为重要，即补偿数额与补偿的生态效果之间的关系应该建立在合理的基础之上。如果这种联系不紧密，就会产生补偿资金负担大而效果不明显的问题。因此，在补偿政策的设计上还需要根据补偿与生态效果之间的关系进行不断调整。

第二，重视监督与评估。由于欧盟所运用的大部分农业生态补偿措施都是通过激励农场主进行环境管理来实现生态目标的，比如产出、投入控制、产量议价，而这些措施多数都包含政府与农场主之间的合约。因此，这些措施的补偿效果都取决于农场主能否有效地履行合约，监督的重要性由此显现出来。对于中国的生态补偿来说，也是这样，如果使用的补偿措施涉及政府与农民订立合同，那么监督必不可少。补偿措施的监测与评估也非常重要。补偿措施对生态环境的影响并不能立刻显现，需要几年甚至是十几年的时间才能显现，因此常年对生态环境进行监测和评估是必不可少的，这也有利于评估补偿措施对生态环境改善的贡献。此外，欧盟还注意评估补偿措施对农场主收入的影响，虽然这与生态环境不太相关，但是对设定补偿标准却非常重要，这一点也值得我们学习。

第四节 农业可持续发展的未来趋势

一 "绿色经济"——应对全球经济危机的有效工具

联合国环境规划署（UNEP）于 2011 年发布了《迈向绿色经济：

实现可持续发展和消除贫困的各种途径》报告，认为绿色经济是指"提高人类福祉和社会公平，同时显著降低环境风险和生态稀缺的经济"。该报告提出一个新的经济构想，即投资 2% 的全球生产总值用于绿化 10 个核心经济部门，以改变经济发展模式，促使公共和私人的资本流向低碳、资源高效利用的各种途径。而且，联合国环境规划署从清洁技术、可再生能源、生态系统或环境基础设施、基于生物多样性的商业（如有机农业）、废物及化学品管理、绿色城市、建筑与交通灯 8 个重点领域，提出了发展绿色经济所面临的主要机遇。

世界经济处于深度变革与转型时期，全球的经济发展过程存在很多的不确定性。由于经济一体化趋势的不断加强，这种不确定性会波及各个国家，几乎任何一个国家都会受到牵连，在这样的大背景下，全球各个经济实体亟须寻找到一个未来经济增长的新动力和发展方向。而"绿色经济"正如联合国秘书长潘基文所说，对文明和创新正产生积极的推动作用，其规模之大，可能是自工业革命以来所罕见的。可以说，当前的全球经济危机为绿色经济的发展带来了一个良好的契机，经济危机修复过程中，很多行业和企业都遭到了大批的淘汰，但经济发展不能停滞，那就亟须找到新的投资领域和增长点，绿色经济正是当下弥补投资缺口，调整全球经济发展格局的最好选择。

根据联合国环境计划署的分析，如果在绿色发展政策的引导下将全球 2% 的 GDP 投资于 10 个经济部分，绿色增长将快于褐色经济，并可保持和恢复自然资本，增加全球财富的同时降低生态足迹。据计划署预测，到 2050 年，同常规发展模式相比，全球 GDP 将增长 15%，能源需求量将下降 40%，水资源需求量下降 22%，林地面积增长 21%，生态足迹下降 48%（曾贤刚，2012）。

当前，各国发展绿色经济的政治愿望和需求日益迫切，如何在整合现有绿色发展相关政策的基础上，综合考虑本国独特的社会、经济发展和环境保护问题的特殊性，提出适合本国国情的绿色经济发展长效机制已经成为一个迫切的任务摆在人们面前。

二　贸易全球化下的农业可持续发展

贸易全球化超越了民族国家的地域界限，超越了不同的社会制度、不同的社会文明乃至不同的思维方式，使全球经济形成一个不可分割的有机整体。贸易全球化是一场以发达国家为主导、以全球经济发展为主要动力的世界范围内的产业结构调整及国家、地区之间的经济互动。全球化时代的农业不再是自给自足的传统农业，在这一时代，每个国家的农业都是世界农业的一部分，每个国家的农业经济都是全球农业经济的重要组成部分，农业经济的发展与工业、服务业，与资源、环境、科技等紧密地联系在一起。

（一）生态农业是经济全球化的发展趋势

从发展的观点看，世界农业发展大致经历了原始农业、传统农业、石油农业到生态农业的演变过程。经济全球化时代的农业不再是自给自足的传统农业，也不是高投资、高能耗的石油农业，而是以科学化为核心、商品化为特征、集约化为方向、产业化为目标，注重可持续发展，追求生态系统整体效益的生态农业发展模式。随着人们对自身与环境认识的不断深化，人类的农业发展观也从单纯地追求农业经济增长转向追求农业可持续发展和人与自然的和谐共赢。这不仅是经济全球化对农业发展的内在要求，同时也是解决由于人们长期以来的经济活动积累的生态灾害危机四伏的堤坝接踵而至的必然要求。在此背景下，传统农业对资源、环境、人体健康造成了潜伏性、累积性、扩散性的危害，造成了农业生产与生态环境的不协调并制约了经济的可持续发展，促使人们寻找新的农业发展模式。随着经济全球化的迅速推进，农业的可持续发展已经成为世界各国制定农业发展战略的基本原则。随着经济全球化带来的贸易自由化，生态农产品生产、消费和贸易相互促进，以生态农业为核心的可持续发展农业将在21世纪成为世界农业的发展主流，甚至成为世界各国经济可持续发展的重要方面。

（二）经济全球化对发展中国家农业的挑战

经济全球化使农业国际化，即将各国的农业纳入世界农业的同时，也使农产品的生产和销售具备了世界性。然而，农业国际化是一把双刃剑，既可提供发展机遇，又有挑战压力，对不同国家所产生的影响差别较大。发达国家因其强大的技术、雄厚的资本优势，在国际化过程中，将控制着产业发展的节奏和方向，处于全球化经济体系"中心"的有利地位。通过跨国公司的同业并购、跨国兼并，目前正在强化着发展中国家对其的技术依附，从而支配和制约着发展中国家为其服务，并在全球经济增长中获得更多的比较利益。如美国，在农业国际化中，农田 2/3 的产品用于出口，农产品年创汇 500 多亿美元。美国等少数粮食出口国竭力主张削减各国粮食与农产品补贴、减少关税，削减贸易壁垒，目的是加速农业国际化。

在国际化竞争中，从总体上看，发展中国家技术和资本处于劣势，也处于国际经济体系中心的"外围"。尽管农业国际化会带来新的发展机遇，但始终处于一种动态性不利地位，发展中国家在享有经济全球化收益的同时，由于本国农民多处于传统的小农经济阶段，不具备利用经济全球化的能力，分散的家庭式经营很难抵御发达国家大型跨国公司贸易自由化的冲击。这使得原本脆弱的经济基础雪上加霜，若在农业国际化过程中不及时调整发展战略，将会导致发展中国家的经济"贫困化增长"，从而拉大与发达国家的贫富差距。据 FAO 报告，目前发展中国家有 10 亿以上的人口长期处于饥饿和半饥饿状态，处于粮食危机的国家已从 1997 年中期的 29 个增加到目前的 40 多个（FAO，2009）。世界粮食库存与粮食援助呈下降趋势。世界粮食问题的现状表明，经济国际化和农业国际化并没有解决世界的贫困和饥饿问题，今天的穷人比 10 年前多了 1 亿多，世界上尽管有大量剩余粮食，但仍有亿万的人处于饥饿之中。由此表明，经济全球化在给发展中国家的农业和农村经济发展提供机遇的同时，也带来了巨大的挑战，每个国家或地区在农业国际化进程中都面临着趋利避害的抉择。特别是发展中国家，在国际化中更应抓住机遇，跨越发展。

但是不可否认，对发展中国家来说，贸易全球化是加速本国经济发展的一个重要的历史性选择。从中国这样一个人口大国来看，进入21世纪后，伴随着国民经济的持续增长，资源短缺与人口众多的矛盾将越来越尖锐，支撑巨大经济规模并实现持续高速增长的目标，已经不可能像20世纪那样完全依赖国内资源供给，必须走农业国际化的道路，也就是加入农业资源国际化的流动中，以在国际农产品市场上出售用我国丰裕的劳动力资源生产的农产品，然后在国际农产品市场上买回需要使用国内稀缺资源生产的农产品，从而在世界范围内实现资源的互补和优化配置，达到可持续发展的目的。

（三）农业可持续发展与绿色壁垒

绿色壁垒是指在国际贸易领域中，一些国家以保护环境和人类健康为目的，通过立法或制定严格的强制性技术法规，对国外商品进行准入限制的贸易壁垒。绿色壁垒具有以下特点：（1）较强的技术性。即对产品的生产、使用、消费和处理过程的鉴定都包含较多的技术性成分。（2）较大的灵活性。各国的环保标准不统一，可选择的余地大。（3）较高的隐蔽性。许多国家利用环保之名行贸易保护之实，使出口方难以预见具体内容及其变化。（4）一定的歧视性。有些国家根据自身与其他各国的具体贸易状况采取不同的手段使国民待遇原则受到扭曲。（5）影响的严重性。绿色壁垒一旦生效，其效应较之关税壁垒往往有过之而无不及。（6）很大的争议性。因涉及面广、标准不统一、隐蔽性与合法性相互交织，很容易产生分歧，难以协调。20世纪90年代以来，发达国家陆续制定了一系列"绿色标准"，截至目前，国际社会已制定了150多个环境与资源保护条约，各国制定的环保法规也越来越多。如德国就制定了1800多项环保法律、法规和管理规章。对于食品进口，许多国家更加重视。

显而易见，遭遇绿色壁垒障碍的大多是发展中国家，这些国家的农产品价格普遍低廉，关税壁垒拆除后能够以其价格优势迅速进入国际市场，对发达国家的农产品构成竞争。而设置绿色壁垒的却大多是发达国家，凭借其强大的技术优势，以生态环境保护为借口，来限制进口以保护本国贸易。一些带有歧视性的或者对正常环保本无必要的绿色壁垒措施，严重影响了发展中国家的农产品生产和出口。以中国为例，从 2001 年年底加入 WTO 以来，农畜等产品出口不断受到绿色壁垒的困扰，每年有 70 多亿美元的出口商品受到绿色壁垒的影响，出口受阻的农产品从蔬菜到水果、茶叶，从蜂蜜到冻鸡，进而延伸到整个畜产品和水产品。正常的绿色壁垒是指采取合理的贸易措施以达到关注人类健康和合理保护环境的目的，但贸易保护国家用绿色壁垒替代关税壁垒，对所进口的农产品进行严格限制，造成出口国的严重损失。随着经济全球化和地区一体化影响的日益扩大，各国间相互依赖关系日益加深，要以科学的态度对待农产品贸易，对待农业可持续发展，不要偏执，要合情合理，不能假环保之名行贸易之便，不能只顾一方利益而严重损害另一方利益。

总之，在经济全球化的今天，可持续发展也已经成为一个全球性的任务。但由于各国可持续发展的基础不一样，可持续发展的概念在不同国家、不同地区、不同时期、不同条件下也应该有不同的标准，对于那些条件十分恶劣的地方来说，使那里的人民获得基本的生存权是可持续发展的前提。而且，可持续发展不可能只在一国或数国完全实现，即使在一段时期内实现了，却也存在重新变成不可持续的可能性，因为新的问题正在不断出现，而且更复杂更具隐蔽性。在农业国际化日益发展的今天，全球经济已形成一个不可分割的有机整体，农业可持续发展应是一种建立在全球生态、经济、社会效益基础上的发展模式。在这种发展模式中，农业生产与农村社会发展、资源和环境与生存和发展紧密结合，并相互协调、相互促进，进而实现粮食安全、社会公平、环境良好三大基本目标。这三大目标的实现，需要世界各国的共同努力。

三 可持续发展的新型农业生产模式

20 世纪 80 年代以来，发达国家开始探索替代"石油农业"的新型农业发展模式。美国首先提出"低外部投入的可持续农业"发展模式，主要做法是充分利用农场内部的生产投入如有机肥等，降低使用农场外部的生产投入如化肥、农药等。实践中广泛实施的具体模式有：农作物合理轮作模式、种植业与畜牧业综合经营模式、以生物防治为主的病虫害综合防治模式和主要利用农场内部有机肥培肥土壤管理模式等。80 年代末，美国又转向"高效率可持续农业"发展模式。该模式注重农业的生态原则和对农业生产各个环节的科学管理，强调农业生产以高效率为核心，依靠科技进步与教育，提高农产品的质量，增加农业纯收入，不盲目追求最高产量，尤其是无利可图的产量。

德国作为欧洲可持续农业发展的典型代表，倡导"综合农业"发展模式，综合处理发展与生态系统、土壤肥料、水资源保护的关系以及加强自然资源的管理。其主要内容：一是综合农业与生态系统平衡。综合农业的实施以不破坏自然环境为前提，而且必须与生态系统要求的平衡过程相一致；二是综合农业与土壤保护。农业经营要因地制宜、合理轮作，注意施用钙肥，防止土壤流失，实行综合植保；三是综合农业与水源保护，措施包括：合理规划农田，避免在水淹区进行耕作；在水域周围建立保护绿地，保留和设置田埂；通过合理栽培，保护土壤、涵养水分、实施最佳施肥方法等；四是综合农业与经济。发展综合农业必须协调好经济效益和环境保护等多方面的关系；发挥政府宏观调控作用，并根据不同时期的社会经济状况来具体实施。

日本提出了"环境保全型农业"发展模式，强调维护生态平衡和环境保护系统与农村经济发展的关系。该模式主张以有机物还田与合理轮作为基础，通过对人工合成化学制品的限制利用和生物肥料、生物农药的大力开发与扩大应用，把资源永续利用和环境保护同提高农业生产率紧密结合起来，促使农业的可持续发展。

法国设计和推行了"环境保护型可持续农业"发展模式，主张改进现有农业生产技术，使之更符合环境保护的要求，提高施肥和病虫害的防治效率，减轻农业对环境的负面影响，推进有机物资源的再利用工作，加强环保型农业技术的研究开发，并采取了两项重要措施：一是建立环境保护试验区，二是建立农田休耕制度。

中国作为发展中国家，20 世纪 80 年代初就提出了自己的可持续农业发展模式，即生态农业发展模式。中国的生态农业吸收了中国传统农业的思想精华，并结合现代农业科学技术而形成了具有中国特色的可持续农业发展模式。它是遵循自然规律和经济规律，以生态学和生态经济学原理为指导，以生态、经济、社会三大效益协调为目标，运用系统工程方法和现代科学技术建立的具有生态与经济良性循环、持续发展的多层次、多结构、多功能的综合农业生产体系，是较为完整的可持续农业理论与技术体系。

可持续农业作为世界发展的一种新趋势和新模式正受到世界各国的普遍关注，并在一定范围内被付诸实践。实践中一些典型的新型农业模式有有机农业、精准农业、都市农业、蓝色农业、白色农业等。但因具体国情与历史背景的不同，对可持续农业的认识上及其发展模式的选择上存在着很大的差异。美国、日本、欧洲等发达国家经历的是传统农业→工业化农业→现代农业→可持续农业的递进过程，如今已进入农业现代化的后期阶段，农业生产力水平高，农产品供给充足，居民消费注重追求食物营养和生活质量。而且过去的以大量消耗石油能源为根本特征的"常规农业现代化模式"及其对资源环境破坏的教训也是十分深刻的。在此背景下实施可持续农业战略，自然会更多地关注环境保护问题。因此，国外可持续农业的模式选择往往是同资源合理利用和生态环境保护紧密联系在一起的；中国人多地少，存在严重的粮食安全、贫困问题，以及土地退化和环境恶化的多重压力，由此决定了中国实施可持续农业战略的艰巨性与复杂性。基于对农业发展侧重点的不同认识，可持续农业模式的选择可以是多类型、多途径的。然而，中国农业要想尽快与国际接轨，农业生产的高效性、质量型和绿色化必将成为一种新的趋势和要求。为此，农业的可持续发展是未来中国农业的必由之路。

第七章

农业多功能性

第一节 农业多功能性概念的源起、争议与进展

一 农业多功能性概念的源起

人类很早就认识到农业具有多种功能，遍布各地的园林以及皇苑就非常典型地体现出人类索取的是农业景观与休闲狩猎功能，但在概念上却从没有提出农业多功能性，在学理上也从没有对农业的多功能性进行系统的归纳和阐述。直到进入现代社会后，教科书中才开始系统归纳和明确阐述农业所具有的多种功能。以有较大国际影响的 John W. Mellor 的《农业发展经济学》（英文版美国康奈尔大学出版社 1966 年版；中文版北京农业大学出版社 1990 年版）为例，该书就详细讨论了农业的食物功能、就业功能、原始资本功能、工业原料功能。当资本主义农业经营和工业化大规模地席卷农业国时，普遍发生着传统农民的悲惨故事，从而引起了人们对农业的社会功能的呼吁。随着化学农业成为现代农业的主流标志，生态环境问题日益严重，农业的生态功能吸引了世人的关注，以蕾切尔·卡森（Rachel Carson）的《寂静的春天》（美国 Houghton Mifflin Harcourt 出版社，1962）为标志，书中反映了农业中滥用化学品、破坏生态环境的现象。随着工业化和城镇化的发展，农业在产业竞争中的弱质性日益凸显，农业作为产业逐渐被边缘化，农业所具有的公共物品性质的正外部性（如

景观、生态）就成为政府补贴农业和公众支持补贴农业的依据。而农业本身也谋求着新的发展方式，以往未被正面重视的功能逐渐得到了正面重视，休闲农业应运而生，成为一种农业发展新模式，这种农业模式正是基于人们对农业的休闲功能和文化功能的认识和开发。随着社会经济的发展，人类对农业多功能性的认识在逐步拓宽和深化，对农业传统经济功能以外的经济功能和超经济功能的开发在强化，但始终没有提出一个像"农业多功能性"这样的专有名词概念来集中表达农业的多种功能。

1986 年，关贸总协定开始了第八轮多边国际贸易谈判（"乌拉圭回合"）。"乌拉圭回合"中的争论非常激烈，以美国和凯恩斯集团（加拿大、澳大利亚、阿根廷、巴西、智利、新西兰、哥伦比亚、斐济、南非、巴拉圭、印度尼西亚、马来西亚、菲律宾、泰国及乌拉圭 15 国）为主的农产品出口国和以欧盟、日本、韩国、瑞士、挪威为主的农业高保护国形成了两大贸易规则主张派别。前者极力主张全面、快速、大幅地减少农业贸易保护；后者尽管同意降低农业贸易保护程度，但因为本国农业缺乏竞争力而坚持有选择的农业保护主张。在这一农业贸易谈判较量中，后者因明显缺乏理论和舆论的支持而处于谈判压力中。为了使本国缺乏竞争力的农业尽量少受贸易自由化的冲击，农业高保护国亟须找到一种能为自己保护本国农业提供支持的理论。20 世纪 80 年代末，国际农业界恰好提出了农业具有多功能性（Multifunction of Agriculture）的理念。这一理念立即被农业高保护国用来作为农业保护的理论依据，其理论逻辑是：农业具有多功能性，在有关农业开放和保护问题的国际贸易谈判上就必须关注农业的多功能性，尤其是超经济的功能作用，言外之意即是农业保护具有合理性和必要性。因为找到了理论支持，为了应对国际贸易自由化的谈判压力，农业高保护国提出了农业多功能性问题，自此，农业多功能性问题就成为国际贸易谈判的一个重要话题，并一直延续到今天。由此可以看到，尽管农业一直具有多功能性，但农业多功能性问题成为一个全世界普遍关注的重要话题，实际上源于农业贸易保护的需要。随后，人们很快就认识到，农业多功能性的说法不仅可以用于国与国之

间的农业贸易保护，同样适用于国内产业竞争中对农业的保护，这样
问题的讨论范围就从农业贸易保护扩大到农业保护。

二　围绕农业多功能性的国际争议

有了农业多功能性这一理直气壮的理论说法后，农业高保护的国
家马上高举起了这面大旗，日本就极力将这一理念系统化和具体化，
向国内社会和国际社会大力宣传农业多功能性。日本在对其"稻米
文化"进行阐释时明确使用了"农业多功能性"的概念。日本认为，
日本文化与水稻种植密切相关，保护日本水稻生产就是保护了日本的
"稻米文化"。这一概念和这种推理逻辑立即得到了韩国和一些欧洲
国家的积极响应。此后，这些国家和集团广泛使用"农业多功能性"
这一概念，努力使"农业多功能性"一词及概念出现在一些国际组
织和国家的文献、决议和农业政策讨论之中。

联合国环境与发展大会（United Nations Conference on Environ-
ment and Development，UNCED）在 1992 年通过的官方文件《21 世纪
议程》中，正式采用了"农业多功能性"（Multi-Functionality of Agri-
culture，MFA）这一提法，该议程的第 14 章第 12 个计划（可持续农
业和乡村发展）提到"基于农业多功能特性考虑上的农业政策、规
划和综合计划"。

1996 年，联合国粮农组织（FAO）在世界粮食首脑会议上正式
提出了农业多功能性的概念，此次会议通过的《罗马宣言和行动计
划》提道："有鉴于农业的多功能属性，我们将在低潜力和高潜力地
区，致力于在家庭、国家、区域和全球，推行具有可参与性和可持续
性特征的粮食、农业、渔业、林业和乡村发展的政策与实践，并同病
虫害、干旱和沙漠化做斗争，这对保证粮食充足稳定供应至关
重要。"

经济合作与发展组织（OECD）在 1998 年 3 月的农业部部长会
议公报中正式提出了农业具有多功能性这一概念，公报提出："农业
活动要超越提供食物和纤维这一基本功能，形成一种景观，为国土保

护以及可再生自然资源的可持续管理、生物多样化保护等提供有利的环境。"（倪洪兴，2003）

1999 年 7 月，日本颁布了新的农业法《食物·农业·农村基本法》，以国内法的形式正式确立了农业多功能性这一概念。日本政府认为，强调农业的多功能性，可以促使人们重新审视农业的地位，有助于唤起国民对本国农业的热情。

1999 年 9 月 12—17 日，联合国粮农组织（FAO）和荷兰政府在马斯特里赫专门召开了国际农业和土地多功能特性会议，来自 100 多个国家和国际组织的 260 名代表参加了会议。会议旨在通过对农业多功能性的定义、范围、效用、政策含义的讨论，加深对农业与农村可持续发展和土地利用的理解与认识，更好地落实联合国环境与发展大会（UNCED）的《21 世纪议程》和联合国粮农组织（FAO）的《罗马宣言和行动计划》，确保农业政策在社会、环境和经济之间实现更好的平衡，同时不扭曲生产和贸易。会议明确指出农业具有多功能性，农业的多功能性表现在农业基本职能是为社会提供粮食和原料，这也是农民谋生的基础；同时在可持续乡村发展范畴内，农业又具有多重目标和功能，其中包括经济、环境、社会、文化等各方面。对此，需要在充分考虑各区域和各国不同情况的基础上制定一个系统的分析框架来衡量相互联系的经济、环境、社会成本和效益，通过分析，促进对农业不同方面相互关系的重新认识和思考，以制定相应政策，确保农业所涉及的各个方面的协调和有机结合。

1999 年 11 月，在联合国粮农组织（FAO）召开的第 30 届大会上，与会各国政府对马斯特里赫国际农业和土地多功能特性会议报告进行了审议，美国和以凯恩斯集团为主的农产品出口国与以欧盟、日本、韩国、瑞士、挪威为主的农业高保护国在审议中对农业多功能性这一概念发生了激烈的争论。欧盟、日本和韩国认为农业多功能性这一新概念的提出有助于人们重新审视和认识农业这一古老产业，从而在新的理论基础上制定 21 世纪的农业发展战略，确保农业的可持续发展，因此，希望联合国粮农组织进一步开展这方面的工作，完善和发展这一概念。但美国和凯恩斯集团国家则认为，人类活动都具有多重功能，农业多功能性这一概念没有任何理论指导和实践意义，只能被用来作为反对贸易自由化的工具，因此，坚决反对联合国粮农组织进一步开展这方面的工作。在辩论中，以美国为首的农产品出口国认为农业的其他功能并不像牛皮与牛肉那样与农业密不可分，这些非商品功能完全可以通过其他更高效、更恰当的非农业政策手段获得，如国家公园可以替代农业保护生物多样性的功能。滥用农业多功能性以维持本国农业生产最终将扭曲国家的贸易政策。因此它们强烈反对以农业多功能性为理由的贸易扭曲政策，主张推行基于比较优势的完全的农产品自由贸易。美国代表发言指出，农业多功能性是一些国家塞进《21 世纪议程》和《罗马宣言和行动计划》中的一块砖，现在想在此基础上建一幢庞大建筑来阻碍农产品贸易自由化进程。美国和凯恩斯集团国家最后提出，农业多功能性这一概念目前存在很大分歧，联合国粮农组织不应在这方面进一步开展工作。欧盟等国则针锋相对地指出，我们讨论农业多功能特性，并没有与农产品贸易相联系，贸易问题应该在世界贸易组织讨论。最终，由于对农业多功能性这一概念存在巨大的分歧，会议未能达成结果。

2000 年 3 月，世界贸易组织（WTO）启动新一轮农业多边贸易谈判，日本、韩国、欧盟等成员国在提交的提案和建议中突出了农业多功能性问题，试图利用农业多功能性问题来保护自身的利益。其中日本向世界贸易组织（WTO）递交了一个以多功能性为基础的提案，全面提出了多功能性问题，日本认为，由于多功能性与农业生产（尤其是生产要素）具有密不可分的关系（比如，水田的保水功能可以涵养水源，防止洪涝灾害），所以要求重新讨论有关直接支付的必要条件，要求在外部经济和农业生产有关联时，对农业生产给予补贴。但由于美国和凯恩斯集团等国家的反对，最终没有结果。

2000 年 4 月 24 日至 5 月 5 日，联合国可持续发展委员会（Commission on Sustainable Development，CSD）举行第八届会议，与会各国再次对农业多功能性进行了激烈的争论。日本、韩国和欧洲一些国家特别强调农业的多重功能，强调农业对保护文化遗产、确保粮食安全、保持空间上的平衡发展、保护地面景观和环境具有不可替代的重要作用，认为加强农业多功能性的研究并用来指导实践有助于实现农业可持续发展，所以要求在会议决议中呼吁各国和国际社会加强对农业多功能性的研究。美国和凯恩斯集团则针锋相对地再次指出农业多功能性概念的提出是一些国家为了替其农业高保护政策寻求理论依据，农业可持续发展概念已包含了农业在环境保护等方面的多重功能，农业多功能性概念是他们无法接受的，它将阻碍农产品贸易自由化进程。部分发展中国家也因担心农业多功能性概念可能被发达国家用作环境标准而坚决反对。最终，在会议文件第三章"主席关于高级别部分会议的总结"的第十五条如此写道："一些发言者探讨了土地和农业的多功能概念，这是 1999 年 9 月在马斯特里赫特举行的粮农组织/荷兰会议的重点。一些与会者认为这个词语的意义是，农业除了生产粮食以外，还有许多功能，包括养护和保护农业环境和农村的生活方式，而其他与会者则认为它为各国提供了实施扭曲贸易措施的理由，这些不同的解释导致会上生动地辩论了关于将这个概念认为是对可持续农业和农村发展的补充还是有别种选择的益处。大多数与会者宁愿不要将可持续发展委员会的注意力偏移到这个多功能问题上，因为这个概念尚未得到国际上的接受。"①

以日本、欧盟、韩国、瑞士、挪威为主的力挺派坚决要求将农业多功能性写进一些国际组织的决议，并为此展开进一步的工作。在以美国和凯恩斯集团为主的强大反对力量前，力挺派一方面继续在各种国际组织中为农业多功能性概念争取法理地位，另一方面在全球展开争取农业多功能性认同和舆论的活动，但力挺派始终无法脱掉农业多功能性与农业贸易保护相联系这件妖魔灰衣，因此，将农业多功能性与农业贸易保护进行"舆论离婚"就成为力挺派的一个新策略。正如欧盟等国在 1999 年 11 月联合国粮农组织召开的第三十届大会上所强调的，它们讨论农业多功能特性，并没有与农产品贸易联系，贸易问题应该在世界贸易组织（WTO）讨论。但美国代表一针见血地指

---

① 联合国可持续发展委员会第八届会议的报告，1999 年 4 月 30 日和 2000 年 4 月 24 日至 5 月 5 日，纽约（文件编号 E/2000/29 – E/CN. 17/2000/20：中文版）。

出，农业多功能性是一些国家塞进《21 世纪议程》和《罗马宣言和行动计划》中的一块砖，现在想在此基础上建一幢庞大建筑来阻碍农产品贸易自由化进程。

鉴于国际社会对农业多功能性的认识分歧，2000 年日本政府向联合国粮农组织（FAO）独家捐资数百万美元，由联合国粮农组织出面，以研究项目的形式邀请包括中国在内的 11 个发展中国家开展"农业功能在发展中国家的社会经济与政策意义"研究项目（The Socio-economic and Policy Implications of the Roles of Agriculture Project，缩写为 RoA，2001—2003 年①）。在完成项目研究的设计和协调工作后，2002 年在非洲（埃塞俄比亚、加纳、马里、南非、摩洛哥）、亚洲（中国、印度、印度尼西亚）、拉丁美洲（智利、多米尼加、墨西哥）共 11 个发展中国家同时开展了"农业功能在发展中国家的社会经济与政策意义：国家案例研究"。在完成了第一期 RoA 项目研究后，日本又向联合国粮农组织独家捐资 338 万美元赞助开展第二期 RoA 项目研究（2004—2006 年），第二期研究在摩洛哥、印度尼西亚、肯尼亚、乌干达、墨西哥、菲律宾、巴拿马、不丹、埃及、巴拉圭这 10 个国家进行。日本之所以如此投入，主要出发点是通过发展中国家的案例来佐证农业的多功能性，从而获得国际社会对农业多功能性的广泛认同和支持。

与此同时，日本政府在 2000 年拿出 40 万美元给东盟秘书处，用于东盟 10 国的"可持续农业与稻田多功能性"合作项目研究。经费中 30% 留给东盟秘书处用于召开会议和管理费用，70% 则分配给东盟 10 个成员国进行"稻田多功能性"方面的项目研究。2002 年 2 月 25 日至 3 月 1 日，"东盟—日本稻田多功能性项目第二届工作组会

①　联合国粮农组织（FAO）的"RoA"项目中的"农业功能在发展中国家的社会经济与政策意义：中国案例研究"项目由中国农业大学经济管理学院田维明教授主持，中国农业大学经济管理学院、中国科学院农业政策研究中心、中国科学院地理科学与资源研究所、国家环保总局环境经济政策研究中心等单位参加。中国案例针对农业对环境、消除城乡贫困、食物保障、平缓经济冲击、促进社会协调发展、文化认知的作用进行了研究。11 个国家案例研究于 2003 年 10 月在联合国粮农组织罗马总部进行了汇报。

议"在马来西亚吉隆坡召开，这次除了日本和东盟10个成员国外，还首次邀请中国和韩国代表参加，会议正式参会代表约45人。日本政府的目的很明显，就是想通过开展项目研究以及召开国际研讨会，力图扩大国际政治宣传，尤其是进一步向东盟成员国推销其农业多功能性的理念。但在农业多功能性问题上东盟各国也有不同认识，各国对农业多功能性的态度基本上取决于各国自身的农业发展和农产品贸易状况。泰国和马来西亚政府承认农业有多功能性，但坚决反对将其与贸易挂钩。菲律宾、印度尼西亚等国基本坚持农业多功能性的立场。其他东盟国家尽管参与了日本政府的稻田多功能性研究项目，对农业多功能性问题却没有明确的表态，但都把农业多功能性视为继续支持农业部门的一种适宜策略（张陆彪、刘剑文、张忠军，2002）。

日本在20世纪80年代末正式提出农业（稻田）多功能性的概念之后，在国际上相继采取了一系列举措来推广其农业多功能性理念。日本在经济合作与发展组织（OECD）中积极发起有关农业多功能性的讨论，并于2003年如愿形成了关于农业多功能性的报告。一般情况下，世界贸易组织（WTO）在谈判中往往会充分利用经济合作与发展组织（OECD）的报告，但在美国和凯恩斯集团的强烈反对中，有关农业多功能性的提案在世界贸易组织（WTO）中依然未能通过。

客观地说，没有人否定农业具有多功能性这一事实，即使是美国和凯恩斯集团也没有否认农业多功能性，并且美国和凯恩斯集团国家还进一步认为，人类活动都具有多重功能。如果农业多功能性只是作为一种抽象的共识和理念，所有国家和所有人对此都不会有疑义，因为农业确实具有多种功能。如果依据农业多功能性制定的政策及其影响仅仅涉及各国内部的话，可能也不会产生多大的国际争议。但当农业多功能性成为保护一国农业的理论和政策依据，从而影响他国贸易利益的时候，巨大的国际争议由此而起。围绕农业多功能性这一概念的国际争论的实质在于：它是否会被滥用，造成对农业的过度保护，从而影响真正基于公平竞争之上的贸易自由化进程？

农业多功能性意味着农业的功能作用覆盖了整个社会的方方面

面，在抽象理念上，这一概念无疑是绝对正确的，对于深化对农业的认识、进一步促进农业发展、制定更加科学有效的农业政策乃至宏观社会经济政策十分重要。但在实际操作时，农业多功能性也的确可以用作实行农业贸易保护、延缓农业对外开放的有用依据，特别是农业多功能性具有复杂多样的关系和内涵，并且难以客观计量，因此十分容易被滥用，为农业贸易保护主义提供了空间，从而损害农产品出口国的利益。正是因为农业多功能性说法的背后存在着深层的实质性隐患，所以美国和凯恩斯集团认为，既然人类活动都具有多重功能，农业多功能性概念就没有任何理论指导和实践意义，也就没有必要一味强调农业的多功能性，使之成为农业贸易保护的新借口，成为农业贸易保护理论的一个新进展。并且，美国和凯恩斯集团指出，农业多功能性的一些问题已经在世界贸易组织（WTO）的"非贸易关注"议题和联合国的可持续发展议题中得到了反映，比如，农业可持续发展概念已经包含了农业在生态和环境保护等方面的多重功能，因此，没有必要再单独强调农业多功能性。更重要的是，农业多功能性的一些目标完全可以通过非农业的措施来达到，比如生态作用完全可以通过国家公园、保护地等措施来达到，并不需要通过农业保护来实现。因此，美国和凯恩斯集团反对在全球性的国际组织决议中写入农业多功能性，更坚决反对据此在联合国粮农组织和世界贸易组织进一步开展这方面的工作。相当一部分发展中国家也担心农业多功能性被一些农产品进口国滥用，从而对本国农产品出口形成贸易壁垒，因此，在农业多功能性争议中采取了谨慎的态度。

经过国际贸易领域两大阵营在农业多功能性问题上的交锋，农业多功能性的认识得到了深化，其核心内容也被纳入贸易谈判中的非贸易关注范畴，加之进入21世纪以来，对地球变暖、食品安全、生态环境等问题的关注度上升，农业多功能性的内涵更丰富了。尽管农业多功能性的说法在国际贸易领域依然被警惕防范，但在食品安全、社会稳定、生态环境、乡村发展等方面的意义得到了前所未有的重视，对农业多功能性的理解以及实践意义也开始越过贸易保护主义的范畴，成为21世纪对农业的再认识和再定位的理论依据，同时也成为超越传统农业理论的一种新的农业发展理论，促使各国在制定农业发展规划和农业政策时给予其高度的重视。

三　农业多功能性研究进展

国内外一些研究者对国内外农业多功能性研究情况进行了一些总结和归纳（陈秋珍、John Sumelius，2007；谢小蓉，2011）。20 世纪 90 年代前后的农业多功能性研究主要是理念阐释，我们在期刊和网络中可以阅读到浩瀚的关于农业多功能性理念阐释的文章，理念普及与现象推广是一个必然的发展阶段，并且作为抽象的理念阐释也是比较容易取得共识的。

农业多功能性研究的第二个阶段是为理念作出经济学原理上的解释（倪洪兴，2003；Freshwater，2004；Miettinen，2004）。在运用经济学来阐释农业多功能性时，联合生产、外部性和公共产品这三个概念往往被当做阐释农业多功能性的产生和特征的理论基础，从联合生产角度分析农业多功能性中商品产出和非商品产出之间的关系，朱启荣等（2003）还利用福利经济学原理来考察农业生产的商品产出价值和非商品产出的价值。

学理上说，上述两个研究的阶段实际上依然处于抽象理念层面，两个阶段的特点和差异主要在于第一阶段的理念阐释是一个非规范的共识求取过程，而第二阶段的经济学理论阐释是一个试图规范和系统化的表达过程，使之具有扎实的理论支持。但如何使农业多功能性研究从理念走向实证却是一件非常棘手的创新性工作。一些国际机构和国家的研究者开始在不同范围和关系上为农业多功能性建立分析框架甚至量化分析或测算，从而使得农业多功能性研究进入了实证分析的研究阶段。

1999 年联合国粮农组织（FAO）和荷兰政府召开的国际农业和土地多功能特性会议上提出，农业的多重目标和功能需要在充分考虑各区域和各国不同情况的基础上，制定一个系统的分析框架来衡量相互联系的经济、环境、社会成本和效益，以制定相应政策，确保农业所涉及的各个方面的协调和有机结合。制定系统的分析框架成为使各国形成共识性分析和定量测算的基础起点。

目前关于农业多功能性价值评估的实证研究大致呈现两种发展趋势：一是对于各单项功能的实证研究，如对农业生态服务功能、外部成本、生物多样性、景观、农村社区、娱乐等的定量评估，这方面的研究在欧盟成员国以及挪威等支持该理念的国家中进行得较多；二是采用不同分析框架或模型对农业多项功能进行综合研究。Yrjölä 等（2004）、Enneking（2004）、Arovuori 等（2006）运用环境经济学的陈述偏好法（SPA）估算农业多功能性价值，而 Vanslembrouck 等（2005）运用揭示偏好法（RPA）评估农业多功能性价值。

2000—2003 年联合国粮农组织（FAO）的"农业功能在发展中国家的社会经济与政策意义"（RoA）项目中，我国研究者从环境保护、粮食安全、农村社会生存、经济缓冲等方面对我国的农业多功能性问题进行了价值分析。日本应用成本替代法（RCM）对农业多功能性进行了定量研究，但 RCM 方法只是一种间接评估方法，即选择一种有销售市场的物品代替比较抽象的被评估的某种非食物功能，评估其生产或维护成本及经济价值。韩国有关部门利用成本替代法和应急估价法（Contingent Valuation Method，CVM）等来评价农业多方面功能的经济价值，但这也只是一种假想市场法，用模拟市场假设某种公共物品存在市场交换，通过调查、询问、问卷、投标等方式来获知消费者对该公共物品的支付意愿，从而估算出该公共物品的商品价值。皮尔斯（Pearce）用总经济价值（Total Economic Value，TEV）来测算外部性对社会福利的影响。环境经济学家则采用应急估价法来估计非市场交易产品的市场价值。

各国研究者纷纷在利用自己设计的分析框架和选定的具体方法对农业多功能性进行定量分析探索，但不同的视角、方法和参数，使得计算结果相距甚远，甚至在作用方向上都会出现不一致，所以，至今没有出现公认的实证分析框架和方法，其实证分析结果也就难以获得普遍认可。这也从另一个方面说明，农业多功能性的关系复杂，实证困难。

第二节　农业多功能性的主要内容

　　什么是农业的多功能性？以前人们习惯于把农业当作一种经济产业，一种向人类提供食物的产业，一种后来出现的向工业提供原料的功能，以及人们就业的功能，但这些功能可以合并归类为农业的经济功能。现在人们认识到，农业不只是具有一种经济功能，同时也具有超经济的功能，即农业同时具有商品产出的和非商品产出的功能，农业的商品产出部分（比如农产品）在商品市场上通过交易获得了经济报酬，但非商品产出部分（比如对生态环境的作用、景观视觉等）却没有能通过市场交易得到经济回报。

　　有些人将农业的功能具体细分为几大功能，比如食物功能、工业原料功能、就业功能、财政功能、创汇功能、生态与景观功能、旅游功能、休闲功能、文化功能、能源功能、健康功能（心理治疗），等等。事实上，农业的功能是多方面的，如何提出农业的具体功能取决于人们的视角，对于食物不足的国家，最重视的是农业的食物功能，在经济发达地区，人们很重视休闲功能。具体到一国的农业，并不是这些功能都比较突出，而是其中某些功能作用比较突出或受重视。比如在未进入现代化社会的农业中，食物功能、就业功能就比较重要，在自然多灾国家，农业的生态功能就比较受重视，在高度工业化国家，农业的休闲功能就比较重要。

　　农业作为国民经济的一个产业，从前人们一直关注的是它的经济功能，现在人们也越来越关注农业非经济方面的社会功能、生态与环境功能、文化功能。

一　农业多功能性的主要方面

1. 农业的食物功能

农业是生产食物的特殊产业部门，农业的原始功能和基础功能是供给人类必需的食物，在任何社会中，食物生产总是人类生存与一切生产最先决的条件。自古以来，农业最主要的贡献就是使人类免于饥饿，得以繁衍，农业在这方面取得了巨大的进步。农业供养的世界人口在工业革命初期只有5亿左右，到1820年达到10亿，1961年达到30亿，而至今已经超过了70亿。农业在提供食物方面的成就不仅仅表现在保障人口增长，使其他产业能够获得充足劳动力这一点上，还表现在人口增长的同时大大提高了人类健康体魄和健全智力的水平，联合国粮农组织（FAO）数据显示，2009年与1961年相比，全球人均每天摄入的热量、蛋白和脂肪分别提高了29.3%、29.4%和72.2%。无论国民经济发展到何种程度，人总要吃饭，正因为农业提供食物的功能，所以农业被视作国民经济基础，人类的一切其他活动和国民经济的其他产业部门都是在这个基本前提下才出现的。春秋战国时期，齐国政治家管仲提出的"仓廪实而知礼节，衣食足而知荣辱"的名言深刻明白地指出了这一点。

因此，各国历史上最先都是以农立国、以农为本。中国自古有"国以民为本，民以食为天"和"五谷者，万民之命，国之重宝"的说法。工业革命前，国家的兴衰和社会的稳定总是与农业息息相关，所以，各国的政策主体内容都是针对农业的。纵览我国大朝历史，秦朝"重农抑商，奖励耕织"，汉朝"休养生息，轻徭薄赋"，宋朝"田制不立，不抑兼并"，明朝"重农减征，发展屯田"，清朝"滋生人丁，永不加赋"等均采取促进农业发展的政策，从而开创盛世繁荣。而我国千年历史中出现的大动荡也往往与大饥饿相关，饿殍遍野、饥民流移、盗匪丛生是大饥饿的直接后果。一部中华文明史同时也是一部"农兴则国盛、农衰则国亡"的中国农业史。今天作为世界头号强国的美国早期也是农业立本，早期美利坚至今给人们留下深刻印象的是种植园的黑奴和畜牧业中的西部牛仔。

尽管今天全球总体上摆脱了食物不足问题，但在不少国家和地区（尤其是最不发达国家和地区）依然存在食物供给不足问题。联合国粮农组织（FAO）报告预测，2015年全球处于营养不足状况的人口数将达到 6 亿人①。我们还应清楚地看到：发展中国家和地区在蛋白质和脂肪两项营养指标上总体还没有达到营养学家推荐的人均日摄入水平，甚至最不发达国家和地区还没有达到营养学家推荐的热量摄入水平。对于这些国家和地区来说，提高本国人民的营养水平依然是一个艰巨的目标和任务，因此，发展农业成为这些国家和地区的主要目标和任务，同时，帮助它们发展农业也成为国际社会的一个艰巨任务。

在现代经济中，农业提供食物的基础地位依然没有改变。即使有些小国（比如新加坡）或小地区（比如香港）已经没有多少提供食物的农业，那它必然依靠外部农业为其提供食物。对于人口大国来说，就不敢把农业提供食物的功能完全寄托于他国农业，因为这可能会带来灭顶之灾。

对于我国这样一个人多地少、耕地紧张的人口大国，农业的食物功能始终受到高度重视，保障相当程度的食物自给能力是我国社会稳定、经济发展的首要前提。即使在当前全球经济发展水平中，如果一个接近 14 亿人口的大国的食物供给主要依靠外部世界的话，也必将是世界的负担甚至成为世界的灾难。

2. 农业的工业原料功能

农业的产品功能除了供给食物外还表现在为工业提供原料。尽管工业革命前，人类已经利用农产品作为非农行业的加工原料，但充分认识到农业对工业原料的功能贡献则是在工业革命之后。工业革命的到来，大大提高了农业生产力，从而使很多老牌资本主义国家率先摆脱了食物供给的压力，农业经济迎来了农业向工业大规模提供加工原料的功能时代。工业革命使得工业加工能力迅速扩张，工业对原料农产品的需求也随之大大增加。食品加工业、饲料加工业、橡胶工业、木材加工业、纺织业、造纸业等都大量需要农业提供的原料农产品。今天，虽然人类已经想方设法地用许多化学工业产品（如化学纤维、人造橡胶）来替代农产品原料，但这些替代品还不能用在食品加工业、饲料加工业上；即使在非食用产品上，也只是起到部分的替代作

---

① 联合国粮农组织：《2011 年世界粮食不安全状况》中文版，第 4 页。

用，农产品依然是主要的原料。纺织业和橡胶业是替代农产品原料比重较大的产业，2008 年我国全部橡胶产品中天然橡胶与合成橡胶的比例为 50.4：49.6。为了降低工业成本和迎合人类对天然品的偏好，原料农产品也在不断地满足工业提出的新要求，例如纺织业已经出现的天然彩棉和食品加工业出现的专用品种等。如果没有农业向工业提供原料的话，很多工业行业会受到重大影响，甚至有些以农产品为原料的工业就无以为继了。

3. 农业的贸易功能

农业的贸易功能属于农业的经济功能之一，农业的贸易功能表现在内贸和外贸两个方面。从表象上看，农业外贸出口的主要作用是将国内的农产品以及农业技术等农业知识产权产品输出到国外，农产品出口的实质不仅仅在于微观企业层面获得外汇收益和实现利润，而且在于国家宏观视角的推动国内经济增长、就业等其他宏观经济指标的良性化显示，甚至有利于推动双边友好关系，推动政治与外交上的密切交流。在一些国家和地区，特别是不发达国家和地区，外贸的国家目标还在于获取关税收益。

对于大多数发展中国家而言，农业出口在外贸出口中占有重要地位。世界银行 2008 年报告中收集的 125 个国家（地区）的农业出口数据显示，有 14.4% 的国家的农业出口占总出口的一半以上，有约 25% 的国家的农业出口值占总出口值中的比重在 30% 以上，其中不乏新西兰这样的发达国家。在有些国家，外汇的主要来源是农产品出口，农产品出口占总出口值的 80% 以上。即使在今日美国这样最发达的国家，农产品出口比重仍占到总出口额的 10% 以上。

农业出口占总出口的比重仅仅反映了农业外贸的一个侧面。在许多国家和地区，虽然农业贸易的地位下降了，所占份额较小，但由于总贸易规模很庞大，其农业贸易的绝对额是相当巨大的，今天，包括中国在内的全球农产品出口大国的农产品出口金额都在成百上千亿美元。

农业的贸易功能也表现在国内贸易方面，农业的国内贸易主要体现在三方面：农产品和服务的直接交易、农业生产资料和服务的直接

交易、涉农产品和服务的间接交易。前两者的国内交易额相对容易得
到反映估计，对于第三类交易因为现行的统计口径的原因很难得到反
映，但却是一个庞大的数额。

4. 农业的 GDP 功能

农业可计价的经济功能集中表现在对 GDP 的贡献上。世界银行
2008 年报告中收集了 130 个国家（地区）中关于农业增加值占总
GDP 比重的数据资料，农业对于许多发展中国家是非常重要的，约
三分之一的国家的农业增加值占总 GDP 中比重在 20% 以上。

农业除了直接的 GDP 贡献外，对整个国家 GDP 的间接贡献也很
大，英国提供了一个农业食物生产对国民经济的贡献数据（2003—
2005 年平均计算的数值），如果农业对 GDP 的贡献为 1，则对食品工
业的贡献是 3.47，对食品批发业的贡献是 1.34，对食品零售业的贡
献是 3.28，对在外饮食业的贡献是 3.39。①

5. 农业的就业功能和收入功能

就业对于社会稳定和保障收入具有十分重要的意义，历史上的农
业是就业的主要产业，今天的农业依然在这方面发挥着不可忽视的作
用。世界银行 2008 年报告中收集了 133 个国家（地区）的资料，其
中有 85 个国家（地区）提供了农业就业数据，另外 48 个国家（地
区）缺乏农业就业资料，事实上这 48 个国家中绝大多数是最不发达
国家，其农业就业人数占总就业人口的比重绝大多数仍处于高比例水
平，从其他材料可以发现，其中有些最不发达国家甚至高于 80% 的
水平。即使这样，我们依然可以从有据可查的 85 个国家（地区）的
数据看到，农业就业对于许多发展中国家是非常重要的，近 10% 的
国家中，农业依然是最大的就业部门；约三分之一的国家的农业就业
人口比重在 30% 以上；60% 的国家中农业就业在一成以上。不难想
象，如果没有农业的就业功能，许多国家会背上沉重的就业负担。巴
西就是一个绝好的例证，用市场化的方法将大批农民赶出农业后，农

---

① 资料来源：Department for Environment，Food & Rural Affairs，UK（https：//statis-
tics. defra. gov. uk/esg/publications/auk/2008/excel. asp）。

业就业比重下降到了 20.4%，被逐出农业的曾经的农民中很多人沦为城市贫民或农村贫民，形成社会不安定的主要因素之一。

农业的就业功能还不能仅仅简单地以农业领域直接就业的人数来判断，也表现在涉农的间接就业上。从横向看，围绕农业的关联服务部门产生了许多就业机会，比如增加了农资供应、农产品物流、产品设计、农业金融服务、产品零售等关联部门的就业机会；从纵向看，与农业关联的上下游产业产生了许多就业机会，比如增加了农资生产、以农产品为原料的加工业等产业链部门的就业机会。在工业化社会中，往往是农业、工业和服务业三个产业联动，上中下游产业一体，生产、流通、加工等依存互促的完整产业体系，其就业容量自然大增。以美国为例，美国农民仅占总人口的 2% 左右，而为农业服务的服务业就业人数占总人口的 17%—20%。一个农民后面有 7—8 个人为其服务。现代经济发展在不断延长产业链，以农业为基础的产业链就业也随之不断延伸，农业增加间接就业的贡献正在增大。例如，进入 21 世纪后中国大地上蓬勃兴起的农业景观和乡村旅游业等。

农业的就业功能对于工业化和城市化快速发展时期的国家和地区十分重要，是社会的不可缺少的稳定器。在从农业社会向工业社会迅速转变时期，大规模地出现农民离开农村、向非农产业转移的现象，伴随职业变迁而来的就业和生活风险往往使得农业成为最后的就业蓄水池，成了他们的退路和后方，成了他们失意时的一种抚慰剂。在许多国家，包括今天的中国，农业的就业功能也成为年岁变大的"农民工"的回乡就业依靠。

6. 农业的生态与环境功能

自从建立起以石油为基本能源的现代农业和大规模农业后，人们一直对农药、化肥、牲畜排泄物等农业污染物存在非议，认为农业对生态环境造成污染。随着人类对生态环保的关注和重视，农业也在不断采取环境友好型的农业行为和农业技术，比如测土配方施肥、精准农业等。因此，负面的农业污染逐渐得到遏制，正面的农业对生态环境的良化作用在不断得到增强，比如农作物吸收 CO_2 呼出 O_2 的新陈代谢过程就是净化空气的过程，植物庞大根系所具有的涵养水源和保护水土、防止沙化的作用，农作物植被减少水分蒸发，减缓风、沙和太阳能辐射对地表土壤的破坏。

另一方面，随着城市化水平的提高、城市规模的扩张，城市病也在加剧，人类开始从另一个角度来重新审视农业的生态环境影响。人类越来越看重农作物的绿化功能，把农作物对空气中二氧化碳、有毒气体的空气过滤净化作用视作农业对生态环境的重大贡献；随着人类生活水平的提高，农业景观又成为农业对生态和环境的重要新贡献。事实上，农业活动已经在不自觉中大规模进入了许多居民家庭的生活，比如家庭养花种植物的行为就是农业领域的活动。园林和绿地越来越成为现代城市的重要组成部分。农业已经不再仅仅以提供食物和工业原料为目的，有些农业活动已经以良化生态环境、提供生态景观为主要目的。农业对生态环境的良化作用变得越来越重要，即使在房地产这种似乎远离农业的领域中，绿地面积率等农业性生态环境指标也成为一个影响房价的重要因素。

7. 农业的文化功能

农业是人类历史上最早出现的生产部门，农业文明与文化发展有着很密切的关系。随着人类生活水平的提高，精神文化层面的需求上升，农业的文化功能开始彰显出来。农业文化是世界文化的发源与基础，奠定了世界文化的特性和传统。世界上很多民族的传统节日是与农业活动联系在一起的，或直接起源于农业活动，比如亚洲的稻米文化、踏歌、秧歌等，有的发源于祭祀，如社火。民间艺术有浓厚的乡土气息，反映了农业活动情况和农民的感情，如陶塑、泥塑、面塑、布娃娃、剪纸、年画等，它们保持着古老的传统，题材有故事戏文、风俗时事、男耕女织、风景花果等，年画可能由门神发展而来。早期供奉的门神，多是保佑农业丰收、农事顺利、生活平安的神。年画上还配有歌谣，反映农事活动，歌颂农民的辛勤劳动。

在柬埔寨，御耕节是一个重要的传统节日，庆祝仪式十分隆重，会模拟一年劳作的过程，国王和王后会亲临观看，文武官员和外国使节也身穿礼服参加。"送水节"是另一个与农业相关的传统节日，它感谢雨季结束、河水消退给农业生产带来丰富水源和天然肥料。在日本，"勤劳感谢节"提倡勤劳，庆贺生产发展，国民之间要相互感谢；"镰仓节"，孩子们聚坐在"镰仓"雪屋里喝甜酒、吃甜饼，游客们会被请进雪屋，品尝日本米酒和米糕。在非洲，尼日利亚和尼日尔的"捕鱼节"，安哥拉的"渔民岛节"，马里的"播种节"，埃及的"尼罗河泛滥节"和"丰收喜庆木薯节"都是与农业相关的传统节日。在北美国家，每年 10 月 31 日举行的"南瓜节"也是一个传统节日。

　　在中国，最盛大和热闹的古老传统节日——"春节"，是一个与农业生产关系密切的节日，意味着严冬即将结束，新一轮农业生产的春天即将来临。"填仓节"（亦称"天仓节"）是汉族民间一个象征新年五谷丰登的节日；在南方的佤族和北方的塔吉克族都过一个与农业相关的"播种节"；在鄂温克族，"米阔鲁节"是最欢乐的日子，这一天他们统计当年产幼畜数量、庆贺丰收；在仡佬族、苗族、布依族、白族和壮族，"祭田节"是一个传统的农业节日；在瑶族，"尝新节"（俗称"吃新节"）时人们到附近的田间地角采新，摘些成熟的谷物瓜果，挂放在古树下，然后杀猪宰羊杀鸡，用整鸡、猪头、羊头、九串猪肉和二十四碗饭祭祀祖先和神灵；少数民族毛南族在"南瓜节"（又叫"重阳节"），给老人添粮补寿；大名鼎鼎的北京天坛是清朝皇帝每年举行开耕仪式的场所。

　　古代的历法基本是农业历。农历中的节气，是气候变化的关节点，也是农业活动的关节点。中国重要的传统节日，大部分与历制有关。历法主要是农业文明的产物，由历法而起源的节日，无论性质还是形式，自然也是主要为农业生产服务的。不同的农事节日，有不同的庆祝活动。

　　以种植业为主，特别是以粮食生产为主的农业生产结构使中国人的饮食以素食为主，重视植物蛋白的利用，特别是营养价值很高的大豆和蔬菜。中国的饮食文化讲究烹调技艺，不同的烹制手法产生了不同的菜系。而温饱型的经济则使中国人养成了节俭的习惯，即使上层人士也标榜"君子食无求饱，居无求安"。农业还催生了酒文化与茶文化的产生，并绵延千年，成为中国饮食文化中非常重要的组成部分。

中华民族 5000 年文明传承的关键在于对农业文化的传承。一个民族的历史可分为三大方面：国史、方志、家谱。这三个方面构成一个民族的完整历史，缺一不可。传统的乡村文化在中国农村社会管理方面起了很重要的作用，正如费孝通所认为的，中国农村具有乡土性与熟人社会特点。乡土文化中孕育出了尊老爱幼、守望相助、勤俭朴素、诚实守信、务实进取、安土重迁等一系列优秀文化品质，讲求奉天法古、家庭本位、耕读传家。

随着现代旅游业的发展，乡村旅游业悄然兴起，成为一种重要的产业，由古代的春季踏青、秋季郊游发展为目前长年盛行的田园采摘、农家乐。农业和农村成为这些旅游活动的场所载体。

工业化、城镇化和市场化使得延续千古的传统文化受到了前所未有的冲击、同化，传统道德观念、组织制度、传统工艺与方法、文化的多样性、独特性正在消失，许多文化遗产被有意或无意地破坏。纵观历史，农业文明、工业文明、城市文明是人类文明的三大基本载体。这三大文明本是共生共荣的关系，应当并辔而行、同步发展。农业文明是母体文明，在工业化、城市化高速推进的背景下我们必须重塑农业文明的现代尊严。没有农业文明的经济是危险的经济，没有农业文明的发展是不可持续的发展。

8. 乡村生活方式及发展的功能

对田园生活的向往一直是古今中外大众的追求，无论是贝多芬轻快愉悦的《田园交响曲》，还是王维、陶渊明寄情山水的田园诗歌，抑或梭罗的《瓦尔登湖》中对自然巨细靡遗的描摹和引申，都表达出田园风光和生活对人们的无尽吸引。

在中华民族的思想观念中，田园风光包含田园景观、自然与人文要素的和谐、村落中村民的快乐生活。它是多元素融合的结果，体现出自然景观和人文景观相生相长的特点，在层次上包含着政治、经济和文化的内容。在现代，田园风光具有审美、娱乐和休养功能。

田园风光的现代价值正越来越得到社会的重视。尽管现代城市景观建设中也十分注意引进农业要素，如花树和绿地、动物园里的动物等，但始终无法与身在农村那种人与自然的相融一体相比。花草、树木和动物都应该自然地生活在环境中，人们在自然中放松身心，体会自然的声音，感受自然的召唤，感悟天人合一的境界。近年来，欧洲大陆兴起回归自然的逆城市化运动，许多人从城市中心搬到了郊区居住，充分体现出了农业景观和生活的经济和人文价值。

同时，农业还具有很高的医疗价值，特别是有效的心理医疗和有氧运动。农业是人类唯一的直接同自然界进行能量交换的产业，农业生产是人类从动植物的生存活动中进化而来的生产方式。因为农业劳动是一种在供氧丰富的自然生态环境条件下进行的体力活动。在农业劳动和生活中，人们既能得到来自阳光的温暖，又能呼吸新鲜空气，还能活动肢体，使全身器官的机能得到增强。据医学研究，有氧运动能明显提高大脑和心肺系统功能，并使体内一些具有抗衰老作用的物质的数量增多，有助于推迟肌肉、心脏及其他各器官生理功能的衰退和老化，延缓机体组织的衰老进程，也能明显改善心脏的营养和脂质代谢，使动脉壁保持一定的弹性，能使体内血液产生较多的抗动脉硬化物质，可降低心脑血管疾病的发生率，有利于人体处于健康状态。很多事实证明，农业劳动是人类生命存续能力的最佳方式之一，大多数长寿老人是农业劳动者和农村生活者。医学家对现在我国长寿村进行调查，发现影响村民长寿的因素不外乎自然条件、饮食习惯、饮用水质、劳动方式等因素。

正是因为农业的存在，使得相当部分的人口还居住在农村地区，从世界银行《2008年世界发展报告》中收集的133个国家（地区）的资料看（表7-1），40%的国家（地区）中一半以上的人口居住在农村。除了中国香港和新加坡等极少数地方几乎没有农村人口外，即使像美国、英国这样的发达国家依然有10%以上的人口居住在农村，这一数字大大高于他们3%左右的农业人口比重。如果一个区域的农业荡然无存，农村社区往往很快随之消失或成为城市社区。

表7-1　　　　　　　　农村人口占总人口的比重

程度分级	国家（地区）数	国家（地区）比重%	列举国家（地区）
≥90%	1	0.75	布隆迪
80%—90%	11	8.27	乌干达、斯里兰卡、尼泊尔、柬埔寨
70%—80%	11	8.27	老挝、肯尼亚、坦桑尼亚、孟加拉国、印度
60%—70%	17	12.78	泰国、巴基斯坦、津巴布韦、中非、中国
50%—60%	13	9.77	埃及、科特迪瓦、洪都拉斯、印尼、尼日利亚
40%—50%	21	15.79	叙利亚、牙买加、罗马尼亚、葡萄牙、南非、希腊
30%—40%	24	18.05	芬兰、菲律宾、奥地利、马来西亚、土耳其、意大利
20%—30%	15	11.28	哥伦比亚、俄罗斯、德国、墨西哥、法国、加拿大
10%—20%	13	9.77	美国、韩国、巴西、瑞典、新西兰、智利、英国、阿根廷
0%—10%	7	5.26	以色列、乌拉圭、比利时、科威特、香港、新加坡
合计	133	100.00	

注：表中数据是2003—2005年的平均值。

资料来源：根据世界银行：《2008年世界发展报告》附表A1的资料整理获得。

9. 农业的新功能

随着对农业不断深化的新认识，农业的新功能也在不断地开发出来，最近30年中，随着国民收入的提高和城市化的进展，农业的旅游观光和休闲功能得到了迅速开发和增强。通过开发具有体验、观光、旅游价值的农业资源和产品，农业生产、现代科技、生态环境、农业景观和农事活动融为一体，挖掘农业的生态、社会、文化等功能、整合出新的"组合产品"，农业生产过程中的生态性、趣味性、艺术性、文化性，为市民接受，城乡居民都可以体会到地域文化和历史文化。农业旅游观光和休闲功能的开发，大大提高了农业净化、美化和绿化环境作用，为人们提供新的活动内容，有利于人们的身心愉悦，有利于建立人与自然相和谐的生态环境系统。因而，农业旅游观光和休闲已迅速发展成为一项具有可观收入的产业。

农业旅游和休闲观光功能的开发拉长了产业链，通过农业和旅游业的相互渗透，形成了新的特色产业，打破一、二、三产业的界限，不仅对农业本身的发展起到了推动作用，也带动了加工业、服务业、交通运输业的发展，从而带动了地区经济发展。同时，也为农村剩余劳动力提供了更多的就业机会，有效地增加了农民收入。

农业旅游和休闲观光功能形成一个大产业，它开始形成于较发达的国家或地区，如日本、韩国和中国台湾。但随着农业旅游和休闲功能的发展，很多不发达地区反而后来居上，大力开发农业旅游和休闲功能，比如我国云贵贫困地区充分利用农业景观、特色农产品、独特的农耕文化等旅游资源，通过发展农业旅游业，提高了贫困地区农民的收入和地区财政收入。

目前已经显露的农业功能未来产业开发的方向是农业的能源功能。人类对日益消耗不可再生的石化能源逐渐枯竭的担忧日盛一日，因而，人类加大了对可再生能源的寻找，风能、太阳能、潮汐能，甚至核能不断地被投入使用，从早期的沼气开发，到现在大规模地利用农产品及其副产品制造生物质能源，生物质能源也在最近几十年被越来越大规模地投入使用。美国超过 40% 的玉米被用来制造生物质能源，巴西利用甘蔗、欧盟利用油菜籽来制造生物质能源。如果不是因为大规模利用农产品来制造生物质能源会影响到粮食安全的话，人类利用农产品制造生物质能源的规模一定会比现在大，这也意味着，如果全世界食物供给充裕有余的话，生物质能源就可能成为农业的一项重要产业功能。

二　若干国家农业多功能性的侧重点

具体到各国对农业多功能性的关注重点，因各国所面临的问题不一，农业功能的侧重点也就不同。

日本将农业多功能性概括为八个方面：一是防止或减轻洪水灾害；二是水源的保护和涵养；三是防止土壤流失；四是防止山体滑坡；五是处理有机垃圾；六是净化大气；七是缓和气候变化；八是保健休闲、安居乐业。因为日本列岛位于造山活动地带，地震、火山和海啸活动较多，是一个自然灾害频发的岛国，其 37 万平方公里国土面积中，3/4 是丘陵和山地，山势陡峭，雨水较多，河流短而急，容易发生自然灾害。农林地通过农业和林业活动，可以发挥防止土壤侵蚀和水土流失、涵养水源、防止洪涝灾害等作用。日本还是一个人口密度很高的国家，每平方公里平均人口密度达到 338 人，日本一直很重视处理有机废弃物、净化空气。日本是一个发达国家但也是一个老龄化社会的国家，其 65 岁以上人口比重已经占到四分之一，日本社会格外重视健康休养和安居乐业。"如果在水田种植水稻和麦子，实行一年两收，其由光合作用所产生的氧气量接近于热带雨林中的光合作用所产生的氧气量。另外，美丽的田园风景有利于国民的保健休养。这种'多功能性'是无法在市场进行交易的外部经济。"①

1999 年日本颁布了新的农业基本法《粮食、农业、农村基本法》，该法从根本上改变了日本农业发展的路径。在《新基本法》的政策体系中，明确表示要保障农业多功能性的发挥，并运用政策手段予以规定，其主要彰显 4 个政策目的：发挥农业多功能性、保障粮食稳定供给、农业持续发展以及农村发展。同时《新基本法》从土地保持、水源涵养、自然环境保护、良好景观形成、文化传承五个方面阐述了农业多功能性的内涵，从法律上正式确立了农业多功能性的理

①　［日］山下一仁：《WTO 农业谈判五大怪状》，《国际金融报》2004 年 7 月 2 日第 4版。

念。这一举措大大丰富了日本对农业多功能性外延和内涵的理解，也使得农业多功能性的理念成为当今日本农业政策改革的支点和理论基础。强调农业多功能性，重新审视农业的基础地位，在使日本实现"粮食自给自足"的政策目标，并增加贸易谈判筹码的同时，还唤起了国民对本国农业的热情，统一了国民对农业重要性的认识。

同日本一样，韩国是积极推动农业多功能性的主要国家之一。韩国农业多功能性研究与实践工作走在了世界的前列，已对农业多功能性研究形成了一套理论方法和评价体系，并积累了一定的实践经验。韩国政府通过采取农村公共投资、技术支持、优惠贷款、农业补贴和市场保护等一系列倾斜政策来维持国内农业的多功能性发展，并取得了明显的效果，引起了国际的普遍关注。

因为韩国的工业化与城市化速度较快，自 20 世纪 60 年代以后，工农业之间、城乡之间、区域之间的发展严重失衡，农业和农村问题越来越突出。从 1970 年开始韩国发起了"新村运动"，采取政府支援、农民自主和项目开发的形式，加强农业基础设施建设，大力发展农村基础与职业教育，积极提高农民的文化技术素质，完善农村公共服务与社会保障体系，特别是政府成为新村运动的积极组织者和参与者，进行了大量的财政投入。1970—1980 年，政府为了保护新村运动的重要成果，投资额高达 27500 多亿韩元。农业多功能性为韩国的"新村运动"提供了延续和拓展，将农业和农村各项建设事业引向深入。韩国于 20 世纪 90 年代初明确提出了农业多功能性研究和建设，对农业做出全方位的评价和认识，重视农业的综合功能，加大对农业的支持力度。

韩国在农业多功能性方面特别重视农业确保粮食安全和保障农村的生存与发展的功能，因为韩国在工业化与城市化过程中占用的耕地较多，1980—2000 年，可耕地面积从 219.6 万公顷减少到 188.9 万公顷，减少了 14%，人均耕地面积减少了 31%。耕地面积减少使粮食自给率大幅度下降，国家粮食综合生产能力严重不足，国民的食物保障能力降低。为了保证粮食安全，韩国政府积极发展粮食生产，希望建立有力而稳定的国内粮食生产系统。因此，韩国在世界贸易组织

（WTO）的农业谈判提议中首先强调的就是农业多功能性问题，认为国内生产是稳定食物供给和保障食物安全的基础，单纯依赖进口会削弱国内食物供给结构，损伤本国农民的利益，政府必须对国内农业生产进行政策支持和对农产品进口进行干预。事实上，韩国也是一向以农业保护项目多、程度高而闻名于世的，韩国农民收入中政府支付此例高达66%。另外，韩国国土面积狭小，城市人口密度大，工业城市特性也很明显，而韩国农村分布着不少文化景观和山水自然景观，是人们观光旅游、休闲度假、文化娱乐的好去处。因此，韩国政府格外看重农业在保护地面景观与传统文化遗产、发展乡村旅游和民俗文化事业等方面发挥的重要作用。

欧盟对农业多功能性的关注，更多地集中在农业的非贸易功能的正外部性和现代农业发展模式方面。如法国的多功能农业已是一种全新的概念和一种新的现代农业发展模式，具有如下五个显著特征：一是在节约自然资源投入的基础上，努力做到农业劳动生产率的不断提高和农产品总量的稳定增长；二是现代农业集约化经营的措施内涵发生重大改变，新的农业增产手段已取代传统的农业增产措施；三是农业经营领域不断拓宽，活动范围不断扩大，从而导致现代农业的内涵与外延出现重大变革；四是现代多功能农业与其他产业部门空前紧密结合，农业与其他产业互进互动、相互融合的生产体系迅速形成；五是虽然法国农业作为一个产业经济部门的属性不断弱化，但其作为一个社会事业单位或部门的属性则更加凸显。

地处北欧的挪威认为：第一，农业的非贸易功能都是正外部性的。根据经济学原理，应通过补贴纠正市场失灵和提高效率；第二，国家农业政策和多边贸易政策中应反映农业的非贸易功能；第三，农业生产对于维护农村景观、保护其美学和娱乐价值非常重要；最后，由于挪威农业生产成本很高，对农业进行支持是保证公共物品的最有效途径，尤其是偏远农区生产成本高于平均水平，对其支持有利于维持农村社区生存。

美国和凯恩斯集团的国家，虽然在国际贸易谈判中坚决反对农业多功能性，但在他们自己的国内政策中，却充分注意发挥农业的多功能性作用。美国的农业法案中，始终包含几大块：生态保护（湿地保护、草地保护、野生动物保护、水资源保护、小流域治理、沙漠湖保护等）、营养计划（对学生午餐、食品券和其他对贫困人口的食物补贴）、农村发展（边远地区的电视网、农村宽带网、农民生产者加工企业补贴、农村饮用水等）、森林（对非工业性的私人林主保护森林持续发展的资助）、能源（生物能源和可再生能源的研究、生产与购买补贴）以及对家庭农场破产保护等。

从我国最近 30 年的发展看，对农业多功能性的研究和应用不断深入，取得了一些积极的成果。农业的食品保障功能、原料供给功能和就业增收功能不断得到巩固和强化，农业承担的食品供给、健康营养和安全保障的任务越来越重，农产品新的原料用途和加工途径不断被开发出来。同时，农业的生态保护功能、观光休闲功能和文化传承功能得到彰显。2007 年中央一号文件强调积极发展现代农业，必须注重开发农业的多种功能，向农业的广度和深度进军，健全发展现代农业的产业体系，促进农业结构不断优化升级。我国农业多功能性的研究、政策支持和应用呈现出广阔的前景。

第三节 农业多功能性对农业发展的影响

一 引发了对农业的再认识

有关农业多功能性的争议从学理层面深化了认识，丰富了这一概念的内涵和外延以及计量分析探索等；更重要的是在社会上引起了广泛的关注，并且在理念上也使得农业多功能性越来越被认同，从而很好地引发了对农业这一古老产业的反思和再认识。今天，人们普遍认识到：不能再用狭义的纯粹经济产业的观念来定位农业，而应当用更广义的经济与社会、物质和非物质、生态环境、文化传统等全新视角来定位农业。这种新视角下的农业认识对农业发展起到了积极的促进作用，从舆论重视到政策重视，为农业发展提供了实质性的支持。

二　积极影响了农业发展规划和社会发展战略

尽管出于各国的利益考虑，农业多功能性在国际贸易谈判层面上没有达成高度一致，但由于对农业的再认识，各国对内部的社会经济宏观发展和农业发展战略规划都有了前所未有的关注，并且在很多国家和地区的农业发展规划和社会发展战略中，越来越多地考虑到农业的多功能性，为创造和谐社会和文明生态而尽量充分地发挥农业的多功能作用。农业多功能性也日益成为国际农业发展战略和社会发展战略的重要内容，在很多国际组织的活动中，越来越多地出现农业的多功能性内容，出现更多的农业在可持续发展、文化传承、社会和谐等方面的议题和决议。

三　对形成具体农业政策的影响

由于农业多功能性引发的对农业的再认识，及其在农业发展规划和社会发展战略中的体现，很多国家在制定具体的农业政策时，为了让农业更有效、更环保、更丰富、更充足地提供食物和工业原料，纷纷出台农业补贴、农家生计、农村社区、农业环保、防灾减害、生态景观、乡村文化等很多以农业为基础的政策。

在农业的非食物功能和非经济功能得到了前所未有的关注的同时，并没有损害农业的食物生产功能，而是使国际社会和各国进一步看到了保障农业食物生产的重要性。不要说很多发展中国家本身就面临着如何更好地提供食物的问题，即使是像美国这样完全解决食物供给的国家，也看到了进一步提高农产品生产能力对本国增加生物能源供给的重要性。

我国是一个长期饱受粮食安全问题困扰的国家，从农业政策角度来说，在国家政策体系中对农业及以农业为基础的农村政策的重视程度比历史上任何时候都要高，中央政府称"三农"工作为我国全部工作中的"重中之重"，农业政策也成为"重中之重"。在我国被普遍视为中央对工作关注程度风向标的每年"中央一号"文件，在最近11年中连续是关于"三农"工作的。这些对"三农"的高度关注和具体政策出台的重要基础之一正是我国政府对农业多功能性理念的认识和理解。

第八章

世界食品安全形势及其治理对策

第一节　前言

国以民为本，民以食为天，食以安为先。这句话道出了食品在每个人生活中的极端重要性。食品质量涉及千家万户，关系人民群众的身体健康和生命安全，是衡量一国人民生活质量、国家法制建设和社会管理水平的重要指标。同时，食品安全也是世界性难题，发展中国家深受其扰，发达国家也难以幸免。近年来世界各地接连发生一系列重大食品安全事件，凸显了这一问题的严重性。全球各国对食品安全的重视程度越来越高，进入 21 世纪后达到了空前的水平。正如世界卫生组织食品安全专家彼得·本·安巴瑞克在 2012 年举办的科学家与媒体面对面活动上所说的："食品安全问题是一个国际问题，它能够影响全世界所有的国家、所有的人，不管你是生活在比较发达的国家，还是发展中国家，面临的挑战都是一样的。"[1] 世界上某一地区的食品安全问题很可能会波及全球，乃至引发双边或多边的国际食品贸易争端。同时，由于目前全球食品的生产、加工、流通、制作方式的改变使得食品安全保障面临新的挑战。

在 2000 年召开的第 53 届世界卫生组织大会上，有关食品安全，

---

[1]　中国食品科学网，http://www.tech – food.com/news/detaic/no884278.htm，2012年 8 月 23 日。

会议通过了一项决定，要求 WHO 及其成员国将食品安全确认为一项重要的公共卫生职能，并建立可持续发展的食品安全系统（WHO，2000）。根据 2000 年八国集团冲绳会议和 2001 年热那亚会议的要求，联合国粮食及农业组织和世界卫生组织于 2002 年在摩洛哥召开了第一届全球食品安全管理人员论坛，110 个国家的食品安全管理官员参加了会议，共同商讨食品安全问题（FAO/WHO，2002）。2000 年欧盟出台了《食品安全白皮书》，于 2002 年成立了欧洲食品安全局。食品卫生安全之所以受到世界范围的如此重视，与其显现出来的重大意义相关，总结起来主要有以下三个方面。

首先，食品安全直接关系到人类的健康发展。食用安全的食品可增进健康，同时也体现了一个基本的人权问题。安全食品有益于身体健康和生产力发展，并能为促进社会发展和缓解贫穷提供一个有效的平台。据 WHO 报道，在发展中国家，每年有 21 万人死于食源性和水源性疾病，多数为婴幼儿。在工业化国家，受微生物引起的食源性疾病影响的人群为 30%，其中，每百万人中有 20 人死于食源性疾病（WHO，1999）。许多事件表明，在过去的几十年里，食源性疾病的问题变得更为严重：在 1980 年至 2000 年期间，在欧洲和北美的许多国家中沙门氏菌肠炎的发病率增加了 20 倍；日本 1997 年报告 1960 起食物中毒事件，约 4 万人中毒，1998 年报告食物中毒 3000 起，中毒 46000 人，1999 年报告食物中毒 2700 起，中毒 3 万 5 千人。一些新的食源性危害，如疯牛病、二噁英、0157，给人类的健康又带来了新的危害，甚至犯罪分子还利用食物进行恐怖活动（杨明亮等，2004）。

其次，食品安全影响国际贸易的发展。每年的国际食品贸易额超过 4000 亿美元（徐姝，2008）。在国际食品贸易的竞争中，各国尤其是发达国家纷纷通过制定苛刻的食品安全标准来保护本国利益。2011 年美国实施了《食品安全现代化法案》，韩国、日本、欧盟等国家和地区也纷纷修订若干食品及农产品新技术标准，这些国家繁杂严格的技术性贸易壁垒增加了中国食品出口压力，给我国造成了巨大的经济损失。例如，我国出口到日本的大米就要面临 579 项检测。2008

年食品技术贸易壁垒事件比 2007 年激增 113.6%，其中，欧盟从 11 起增加到 29 起，日本从 11 起增加到 17 起，2009 年和 2010 年的环比增长分别是 19.1% 和 16.1%（杨明亮等，2004；韩薇薇，2011）。

最后，食品安全涉及社会的稳定。食品安全问题的社会关注度高，舆论"燃点低"，一旦出现问题，容易引起公众的强烈不满，甚至引发社会骚乱。尤其是在信息高度透明的互联网时代，哪怕仅是个案，一经网络传播渲染放大，就有可能酿成群体性抗议事件。1999 年比利时发生二噁英污染食品的事件，不仅造成 7.5 亿美元的巨大经济损失，还造成巨大的社会影响，导致比利时政府垮台。2001 年 9 月 4 日，吉林市万科工贸有限责任公司将其生产的 1.7 万余袋学生豆奶销售给吉化公司中小学，致使 6 千名学生出现胃肠不良反应等不同程度的中毒症状，引起了各方面的关注。在事件发生后的 2 年里，不少学生的家长仍在上访和上诉。德国二噁英污染事件发生后，2.2 万民众走上柏林街头抗议示威，强烈要求政府采取更加严格的食品标准和监管措施（柯文，2013）。

鉴于此，本章首先对世界主要国家的食品安全的发展历程及其治理方式的演变进行梳理，并在此基础上阐明食品安全治理的重要性；其次通过对世界主要国家和地区食品贸易、食品安全治理举措的归纳和总结，探讨目前世界食品安全全球化发展的最新形势以及世界各国在食品安全治理方面所面临的最新挑战；最后，结合各国实际国情，在借鉴成功的食品安全治理举措的基础上，有针对性地提出未来食品安全的全球治理的重要对策和长远发展战略。

第二节　世界食品安全问题的发展历程

历史记录很少有关于食源性疾病或食品安全的内容。科学家直到 19 世纪晚期才发现了细菌并且认识到他们同疾病之间的关系。人们确实已经认识到食品会变质，但是对变质的原因以及潜在的可致病的食品却知之甚少。大部分当前关于病原体和食源性疾病的知识是建立

在跨越三个世纪的科学发现基础上。意大利人 Francisco Redi 和
Lazzaro Spallanzani 做了关于消除生物体的无生源说理论的实验。19
世纪晚期细菌被发现，19 世纪 80 年代 Robert Koch 在其实验室中观
察了纯细菌菌株的完美成长过程，他还建立了严格的标准来说明一种
特定微生物将引起特定的疾病，目前这被称为科赫原则。利用这些标
准，科学家可以鉴别不同细菌引起的多种疾病，包括食源性疾病。
1888 年，德国科学家 August Gartner 在一头患有腹泻的母牛被杀食后
致病 57 人的案例中，首次从食物中毒病人体内隔离出了肠炎杆菌
（Satin，1999）。此后多个科学家陆续有了不同发现，1945 年，产气
荚膜梭菌被发现为第一例引起食源性疾病的病菌。直到 1975 年到
1985 年，科学家才首次承认今天的某些主要食源性病原体——空肠
弯曲菌，大肠杆菌 O157：H7 型以及霍乱弧菌等。"食物中毒"这个
词最早出现于 19 世纪 80 年代，当时是用来描述大量食源性疾病的。
在科学家将动物疾病与当地肉类食物中毒事件联系起来之后，消费者
逐渐意识到，不良的食品卫生条件可能会威胁他们的健康，进而引发
了公众对于此类事件的关注。

　　纵观全球食品安全问题的发展历程，从事件发展的快慢和治理程
度来看，可将其发展分为三个阶段：第一阶段为初期发展阶段（20
世纪初至 21 世纪初），第二阶段是快速发展阶段（2003 年至 2012
年），第三阶段是全球化发展阶段（2012 年至今）。

一　初期发展阶段

　　第二次世界大战后，欧美和日本等发达国家相继在工业现代化的
基础上，实现了农业现代化。这一方面大大地丰富了这些国家的食品
供应，另一方面也产生了一些负面影响，主要是随着农用化学物质源
源不断地、大量地向农田输入，造成有害化学物质通过土壤和水体在
生物体内富集，并且通过食物链进入农作物和畜禽体内，导致食物污
染，最后损害人体健康。然而，中国、印度等发展中国家仍处于经济
发展的初级阶段，人民生活水平较低，各国粮食供给不足，温饱问题

时有发生，这使得这些国家的人们无暇顾及食品安全，而将更多的关注点放在食品数量上。从而也就造成这一阶段仅有欧、美、日等发达国家和地区开始关注食品安全问题，纷纷制定食品安全治理相关政策。

在这一时期的发达国家面临了严峻的食品安全问题，相继爆发了"痛痛病""水俣病"、疯牛病、二噁英污染等多例严重的食品安全事件（如表8－1所示）。在此背景下，各发达国家纷纷开始重视食品安全，并制定相关法律法规进行治理。英国是较早重视食品安全并制定相关法律的国家之一，其体系完善，法律责任严格，监管职责明确，措施具体，形成了立法与监管齐下的管理体系。英国从1984年开始先后制定了《食品法》《食品安全法》《食品标准法》和《食品卫生法》等，这些法律法规涵盖所有食品类别，涉及从农田到餐桌整条食物链的各个环节。如果责任主体违法，不仅要承担对受害者的民事赔偿责任，还要根据违法程度和具体情况承受相应的行政处罚乃至刑事制裁。美国于1906年成立了食物药品管理局（FDA），并通过了第一部《食品和药品法》和《肉类检查法》。1995年联合推出食源性疾病监测网络。克林顿政府1997年发起"食品安全运动"，要求所有具有风险管理责任的联邦机构建立风险评估联合体，1998年"食品安全运动"建立了"食品传染疾病发生反应协调组"。1996年美国颁布了《美国肉禽屠宰加工厂（场）食品安全管理新法规》，新法规强调预防为主，实行生产全过程的监控，并以"危害分析和关键控制点"（HACCP）新管理手段替代了原有管理方法，1997年应用于海产品生产加工。1995年日本修订其《食品卫生法》，正式引入HACCP体系，但并未作出强制性规定。2001年日本出现疯牛病，为重建消费者信心，日本开始建立食品可追溯体系，并于次年规定国内锁阳肉牛必须佩戴耳标。作为一个传统农业国家，食品加工业是法国第一大工业。早在1905年法国就制定了第一部食品卫生安全法，即《公共健康食品卫生法》，并于1993年在该法以及1983年关于消费者安全的法律等法律文本的基础上，制定了《消费法》，事后根据时代的变化，又进行了多次修订。为了有效控制20世纪末爆发的疯牛病，1998年7月1日，法国颁布了《公共健康监督与产品安全性控制法》，加强了对食品的卫生监督和卫生安全检查，并由此成立了"法国食品卫生安全署"，负责评价食品的卫生营养风险。1998年的法律对食品卫生安全体系重新进行了规范，决定将风险评估和风险管理职能分离，由此，法国建立了完善的卫生监督规范和风险评估机制，使法国食品卫生安全体系日益健全。德国是个法治国家，一切依法行事，而且做到有法必依、违法必究。1879年德国制定的《食品法》包罗万象，所列款项多达几十万条，贯穿食品生产和流通各个环节。2001年德国组建了联邦食品、农业和消费者保护部，领导食品安全管理、制定食品安全法律、指导联邦州政府执行国家食品安全法律。

表 8-1　世界主要食品安全事件（阶段一）

时间（年份）	地点	食品安全事件	发生原因
1905	美国芝加哥	肉肠制品污染	肉类加工厂以及牲畜饲养场的污染
1951	日本富山县	痛痛病	富山县神通川上游矿山废水排放引起的镉中毒
1953	日本九州	水俣病	含汞杀螨农药残留进入海洋生物
1955	日本	婴幼儿奶粉中毒	非法使用砷含量较高的非食品用原料添加剂
1960	日本	地沟油危机	日商和台商勾结，搜集提炼"地沟油"后，制成食品出口到台湾
1986—2003	英国、欧洲各国、美国、日本、加拿大等	疯牛病	喂食污染病原体的同类动物的肉、血液、凝胶、脂肪等加工制成的饲料，经口腔、消化道传染
1996	比利时	二噁英污染	非法处置的PCB工业废油污染了的动物饲料
1997	美国	二噁英污染	动物饲料制造过程中使用了被污染成分膨润土
1998	德国	二噁英污染	巴西出口的动物饲料含有柑橘果泥球
2000	日本	乳品污染	乳品污染导致的食物中毒

注：根据网上数据笔者整理得出。

二 快速发展阶段

进入 21 世纪以来，伴随着全球经济一体化进程的加快，以中国为首的发展中国家基本实现了工业现代化，经济出现高速发展，农业产量不断提高，但是在这一时期大多数发展中国家为了追求经济高速增长、农业生产高丰收，重蹈了发达国家的覆辙，工业上排放的大量废气、废水等污染了大片水域和农田，农业上使用过多的化肥和农药，造成土壤严重污染，并且通过食物链进入农作物和畜禽体内，导致食物污染，最后危害人体健康。同时，食品安全治理相对缓慢，食品安全事件频频爆发，如表 8 - 2 所示。然而，这一时期的发达国家虽然已经建立了完善的食品安全监管体系，但仍不能杜绝食品安全事件的发生，并且随着全球食品贸易一体化，呈现出向发展中国家蔓延的趋势。

在此背景下，欧美、日本等发达国家进一步对本国食品安全监管体系进行修正和完善，与此同时，中国、印度等发展中国家相继开始加强对食品安全的治理，制定并出台相关法律法规。以欧美和日本为首的发达国家纷纷根据本国现实情况，调整了本国食品安全监管机构设置，修订了该国食品安全立法，同时加强可追溯体系、良好农业规范（GAP）、肯定列表制度、危害分析和关键控制点（HACCP）体系、市场准入制度、食品安全风险分析、食品召回制度、食品危害快速预警系统以及食品和饲料成分的控制体系的实施。而这一时期的发展中国家由于刚刚解决温饱问题，食品安全形势严峻，各国政府纷纷制定食品安全法案，出台各项举措，加强本国食品安全治理。印度 2006 年通过了《印度食品安全法案》，同年首次颁布了《食品安全与标准法》，借以解决该国食品安全监管中存在的突出矛盾，并于 2011 年进行修订，进一步完善了印度食品安全监管体系。2008 年印度成立食品安全标准局（FSSAI），负责对食品安全进行监管。经济高速发展的中国，这一时期食品安全事件层出不穷，2006 年中国颁布了《中华人民共和国农产品质量安全法》，2007 年通过并实施了《食品召回管理规定》，2009 年通过了《中华人民共和国食品安全法》，对食品安全风险监测与评估、食品安全标准、食品检验以及监督管理等做了详细说明，以确保从农田到餐桌的食品安全。

表 8 - 2　　　　　　　　　主要食品安全事件（阶段二）

时间（年份）	地点	食品安全事件	发生原因
2008	日本	工业毒大米事件	被生物霉菌污染的霉变工业大米
2006	美国	毒菠菜事件	野猪可能将牛群中的病菌带到菠菜田里
2008	美国	沙门氏菌事件	蔬菜污染
2009	美国	花生酱事件	鼠伤寒沙门氏菌，来源不清
2010	美国	沙门氏菌污染鸡蛋事件	食用尤其是生食受污染的鸡蛋
2004—2008	荷兰、爱尔兰	二噁英污染	使用被污染的脂肪造成动物饲料中二噁英含量增加
2010	德国	二噁英污染	动物饲料二噁英含量超标
2011	德国	肠出血性大肠杆菌疫情	食用毒黄瓜、毒豆芽等，最终来源未定
2004	中国	阜阳劣质奶粉、广州假酒中毒	蛋白质含量不足；工业酒精勾兑
2005—2006	中国	苏丹红	非法添加非食用工业原料
2006	中国	瘦肉精、多宝鱼嗑药	非法使用瘦肉精、硝基呋喃类代谢物添加剂
2008	中国	三聚氰胺毒奶粉事件	非法在原料鲜奶中添加三聚氰胺
2010	中国	地沟油、毒豇豆	搜集提炼地沟油作为食用油售卖；非法使用禁用高毒农药喷打蔬菜
2011	中国	染色馒头、毒生姜、毒豆芽、瘦肉精	采用香精对馒头染色；使用硫黄熏制生姜；使用非食品添加剂泡发豆芽；采用违禁动物药品"瘦肉精"饲养生猪

注：根据网上数据笔者整理得出。

三 全球化发展阶段

全球经济一体化必然带来食品贸易的全球化发展，这就使得食品安全不再局限于一国或地区之内，呈现出全球化的趋势。与此同时，食品安全监管也必须突破国家或地区的界限，逐步实现食品安全的全球治理，才能真正保证食品安全。例如，2013年年初自爱尔兰发现牛肉汉堡中含有马肉以来，"马肉风波"愈演愈烈，席卷了爱尔兰、英国、法国、德国等16个国家，使得人们不得不开始思考食品安全监管体系的全球治理问题。"马肉风波"的确暴露了欧盟食品安全政策和体制的软肋，也折射出全球化背景下，食品安全治理跟不上市场发展的问题。这主要是因为目前越来越多的"多国组合"加工食品充斥在市场中。以此次"马肉风波"为例，最初在爱尔兰和英国发现的牛肉汉堡中所含的马肉来自罗马尼亚，这些肉曾被运往荷兰并冷冻，随后又被转手卖给了法国斯潘盖罗公司，斯潘盖罗公司将其中550吨马肉重新包装并出售给了法国肉类加工企业可米吉尔公司。这家公司最终将马肉制成汉堡、香肠和意大利面等食品，销售给欧洲十几个国家的食品零售商。因此，对卷入"马肉风波"的欧洲国家来说，除了解决好食品安全监管问题，还要解决好法律标准、执行标准不一的问题，从制度层面突破食品安全法律标准不一、监管各自为政的瓶颈。

尽管当前很多国家和地区在食品安全监管方面取得了一些经验，但从全球范围来看，目前大型食品跨国公司、超市已经成为食品市场的主导者，大量食品生产、运输以及销售的链条不断延伸扩展，将更多的地区和国家联系在一起，而在制度层面，不同国家或地区的食品安全监管措施又各不相同。在经济全球化背景下，食品安全监管已经突破了国家或地区的界限，必须逐步实现食品安全的全球治理，才能真正保证食品安全。

全球食品安全治理中涉及政府、企业、非政府组织各主体之间如何相互合作、共同治理的问题，也涉及如何更好地通过风险控制，制定统一的、各方接受的国际标准的问题。无论如何，正如联合国副秘书长丽贝卡·格林斯潘所言："我们不是要去讨论全球治理是不是存在——它存在，我们别无选择。除了全球治理，没有其他的方法能解决我们面临的危机。"（卞海霞，2010）

第三节　食品安全的全球化治理

一　食品质量控制标准化

食品质量控制就是为了保护消费者权益，确保食品的生产、处理、储藏、加工和销售过程中的安全、卫生及适于人类消费，由国家或地方主管部门实施的强制性法律性行为。食品贸易的全球化使食品安全成为全球性的话题，一个食品安全事件往往涉及多个国家和地区，为了确认食品是否安全或合格，就需要通过分析与检测来判断食品的具体情况。但是每个国家或地区在遵循通用的国际法规情况下，都会建立或保持独立的食品安全系统，从而造成了当遇到需要根据法规和标准判断食品安全质量问题时，不同国家和地区就会存在认知上的差异，很容易引发贸易争端。在此背景下，食品质量控制的标准化有利于世界各地的消费者免遭有毒有害食品的威胁。自 20 世纪 80 年代以来，首先关注食品质量安全的欧、美、日等主要发达国家纷纷开始研究制定相关质量安全控制标准，从而有效保障其居民的安全食品消费权。20 年来，诸如 Global GAP、IFS、危害分析与关键点控制（HACCP）、良好生产规范（GMP）、质量管理体系标准 ISO9000、BRC、SQF2000、ISO22000、SA8000 等多个质量标准体系已经被开发并应用到食品质量安全控制中，这些标准也日渐成为国际上通用的质量标准体系。此外，第十六届世界卫生大会批准成立的联合国粮农组织和世界卫生组织（FAO/WHO）联合对食品标准进行规划，FAO/WHO 联合法典委员会（Codex）主要负责制定食品标准以保障公众的健康，确保公平的食品贸易活动。近年来，联合法典委员会制定了许多食品安全的国际标准，成员国经常将其应用于本国的国家法规。

另外，产生于 1996 年英国疯牛病的可追溯系统目前也已被欧盟、美国、日本等许多发达国家采纳使用，中国、印度等许多发展中国家的政府机构和消费者纷纷要求建立食品供应链的可追溯机制。并且许多国家已经开始制定相关的法律，以法规的形式将可追溯纳入食品物流体系中。在欧美的许多国家，不具有可追溯功能的食品已经被禁止进入市场。2008 年，加拿大有 80% 的食品联合体实行农产品可追溯行动，推进"品牌加拿大"战略；日本政府已通过新立法，要求肉牛业实施强制性的零售点到农场的追溯系统，但是，日本政府没有要求进口肉类的可追溯；澳大利亚 70% 的牛肉产品销往海外，对欧盟市场的外贸出口值达 5200 万澳元，也制定了国家牲畜标识计划；荷兰建立了禽与蛋商品理事会的综合质量系统，保证生产链中所有重要活动都在受控情况下进行；英国政府建立了基于互联网的家畜跟踪系统；欧盟要求大多数国家对家畜和肉制品开发实施强制性可追溯制度。

二　食品安全风险共担化

食品链是一个包括销售、种植、运输、储藏、加工、生产、养殖等多环节的链条。食品供应链是从食品的生产者到消费者各环节的各利益相关主体所组成的整体。伴随着食品工业化时代，食品产业高速发展，食品的生产方式多种多样，使整个食品供应链非常复杂。例如，以肉类、乳品为代表的众多食品行业横跨农业、工业和流通业，食品供给体系越来越复杂，食品供应链的各个环节与终端消费者之间已经脱节。当然，在当前食品贸易全球化和一体化的今天，一条完整的食品供应链还可能涉及多个国家的企业、消费者、生产商等更为复杂的利益相关主体。在此情况下，就需要多个利益主体共同承担责任和风险。

目前，欧美、日本、丹麦等许多发达国家的食品行业基本形成了"公司＋农户"的模式，为了保证食品的有效供给和食品安全的严格标准，利益均分、风险共担已经成为该模式健康有序发展的基本原则。一方面，食品加工和流通企业保证能获得稳定可靠的原料供应，减少了市场风险；另一方面，生产者增强了市场参与能力，实现了双赢的局面。同时，身处食品贸易全球化的背景下，世界各国之间也呈现出风险共担趋势。诸如大气、水、土壤等环境污染因素，疯牛病、沙门氏菌、肠杆菌等传播性较强的微生物污染源造成的食品安全事件往往波及世界多个国家，这时相互之间的指责并不能解决问题，而必须靠各国之间的共同努力渡过难关。

随着经济全球化的发展，食品受污染的概率在不断增长，食品引起疾病的风险和费用也大大增加。ISO22000 标准采用"基于风险"的方法来建立安全管理体系，融合前提方案和 HACCP 的预防性体系来防控食品风险，通过安全食品链的理念让消费者、农民、食品加工商、食品零售商和政府相关部门都认识到共同分担提供安全食品的责任的重要性，并最大限度地扩展食品的追溯性，而且还可以确定整个链条中的脆弱环节。

三　食品安全监管信息化

20 世纪 90 年代后期，人们开始认识到运用信息化手段对于保障食品安全的重大意义。较早开展食品信息化监管的主要有欧盟、美国、日本和加拿大等发达国家和地区。1997 年欧盟为应对疯牛病逐步建立食品追溯系统；2002 年美国国会提出"实行从农场到餐桌的风险管理"，从 2004 年开始，要求所有涉及食品运输、配送和进口的企业建立并保存食品流通全过程记录；加拿大于 2004 年开始做到80% 的食品从农产品原料到零售都可追溯。近年来，在中国，北京、广东、福建、新疆等省市利用信息技术管理本地区的食品安全，较好地完成了区域性食品安全监管工作，如北京在奥运食品安全监管中，建立牛肉、猪肉、蔬菜、水产品追溯系统，构建了食品安全动态实时监控、统一高效的系统平台，实现以现代化、信息化方式对整个食物链的安全监控。食品安全信息化监管能有效实现对主体的全面监控、问题的快捷追溯、信息的精准跟踪以及风险的最大化控制，是食品安全长效监管的首要选择，也是必然趋势。

此外，欧盟等许多发达国家还实现了食品安全风险管理的信息化，利用现代信息技术，充分发挥网络优势，有组织地综合利用现代科技手段，快速获取大量有价值的食品安全风险信息，并在此基础上建立可共享的信息库，从而形成集信息追溯、收集、交流、上报、整理、分析、决策、处理于一体的现代化监管方式。这种方式可以做到信息共享、节约成本，极大地提高食品安全监管效率，是实现食品安全科学监管的有效方法，有着提高食品安全管理效能、降低食品安全管理成本、预防食品安全事件发生、减少食品安全信息不对称四大作用。例如，美国的预警体系具有强大的食品安全预警信息管理和发布机构的支撑，能将食品安全预警信息快速及时地通报给消费者和各相关机构。各食品安全监测和研究机构拥有强大的监测网络和先进的实验室。如农业部食品安全检验局（FSIS）建立了一套预警系统，通过分析统计检测数据建立了各种预警模型，其建立的突发事件管理系统（NRIMS），可以追踪国际性食品污染事件以及大规模的食品安全突发事件的来源。此外，在食源性疾病预警监测方面还建有三大系统，对疾病发生及变化趋势进行监测（许建军、周若兰，2008）。

四 基于供应链视角的食品安全监管

随着供应链理论的发展，Den Ouden 和 Zuurbie（1996）在一般供应链的基础上，首次提出了食品供应链（Food Supply Chain）的概念。他们认为食品供应链管理是农产品和食品生产销售等组织为了降低食品和农产品物流成本，提高其质量安全和物流服务水平而进行的垂直一体化运作模式。食品的生产、加工、流通是一个从食品上游采购（种植养殖），到生产加工，再到流通与销售，最后到消费者手中的供应过程。食品的安全涉及从原料采购，到生产加工，再到流通销售的整个供应链过程。供应链管理的核心思想是广泛引入和利用各种社会资源和力量，改末端治理为源头控制，对"从田间到餐桌"的整个食品供应链进行综合管理。纵观当前全球食品安全监管的现状，基于供应链视角的食品安全监管已成为必然趋势。如今，在美国、英国、加拿大和荷兰等农业生产较为发达的国家，这一管理模式已经广为应用，并逐渐成为当今学术研究的重点课题①。

　　早在 1980 年欧盟就颁布实施了《欧盟食品安全卫生制度》，2000 年又颁布了《食品安全白皮书》，要求制定以控制"从农田到餐桌"全过程为基础的食品安全法规体系。欧盟管理法规第 178 号（2002）规定，从 2004 年起在欧盟范围内销售的所有食品，都要实行食品供应链跟踪与追溯。同样在美国，食品与药品管理局（FDA）规定，在美国国内外从事食品生产、加工和包装的部门以及相关组织，在 2003 年 12 月 12 日前要向 FDA 登记，以便进行食品安全跟踪与追溯，未登记者就不许从事食品生产和销售（黎继子等，2004）。加拿大食品监督署负责农业投入品监管、产地检查、动植物和食品及其包装检疫、药残监控、加工设施检查和标签检查，真正实现了"从田间到餐桌"的全程性管理。英国也是较早就完善了"从农场到餐桌"的食品安全监管体系，受频繁发生的食品安全事故引发的社会恐慌影响，英国政府、企业和消费者都高度重视食品安全，从而催生了食品安全监管的供应链管理（李慧、张光辉，2010）。由此可见，食品供应链管理是在市场内在动力和政府外在压力的情况下促成的。

第四节　世界食品安全面临的新挑战

　　近年来，愈演愈烈的食品质量安全问题引发各界的普遍关注，一时间人们谈"食品"色变，面对琳琅满目的食品却陷入了无限的纠结之中，很多时候是拿自己的生命健康做赌注。从欧洲的"马肉风波"、美国的沙门氏菌疫情，再到近期中国的"毒生姜"事件，食品安全在一次次地挑战着消费者的底线，农产品（食品）质量看似没

---

　　① Furness, A. (2004), Tracebility of GMO⁸: the New EU regulations, www. foodtrace-abilityforum. com/issue 2.

有最差，只有更差。食品安全问题的诱因是多方面的，是多种因素综合效应的外化，具体来看应包括粮食供需失衡、转基因食品泛滥、食品安全事件多发、食品安全监管不足等多个方面。

一　粮食供需失衡，价格波动异常

粮食是人类赖以生存的物质基础，不仅关系着人们的生命健康，更影响着地区政治的稳定。联合国粮农组织将粮食安全定义为，"保证任何人在任何时候都能得到为了生存和健康所需要的足够食品"。人口的不断增长，引发了各界对粮食供给形势的普遍担忧。马尔萨斯曾明确指出，人口增长呈几何增长的特点，粮食供应只有算术增长的趋势，这将最终导致粮食的供给与需求失衡，而粮食的供给不足将导致贫困、恶习、战争等问题的出现，即"马尔萨斯人口论"。虽然值得庆幸的是这一预测没有成为现实，但世界粮食供需形势依旧偏紧，形势不容乐观。2012 年，世界粮食产量 24.19 亿吨，消费量 23.76 亿吨。粮食安全正在成为全球化的新问题，而全球范围内极端天气的频发，使这种风险不断被放大。农作物的生物特性以及农业生产的露天性决定了农业的产出不可避免地受到气候变动的影响，干旱、洪涝、冰雪灾害以及病虫害的多发给各国粮食生产带来了很大的打击，导致粮食减产甚至绝收。2005 年到 2006 年，澳大利亚、乌克兰、加拿大等粮食主产区遭遇持续干旱，致使粮食产量锐减，粮食市场供给不足；2010 年，俄罗斯、哈萨克斯坦、乌克兰等小麦主产区旱灾严重，小麦产量从 9400 万吨下降至 6500 万吨；2013 年，俄罗斯更是遭受旱灾和水灾的双重打击，先后两次调低粮食产量预期。当然，我国农业也未能逃过全球气候变化的侵扰。随着国内降雨带的北移，我国南方地区干旱进入高发期。其中，自 2009 年，西南地区（云南、四川）遭遇连续三年大旱；2013 年，湖南、江西等省份大幅减产，而进入 7 月以来，东北（辽宁、黑龙江）松花江流域洪灾暴发，对粮食产量的影响不可忽视。

在食品构成中，粮食及其制品的作用堪称举足轻重，俗话说"粮价稳、百价稳"，小小一粒米的影响却是巨大的。2008 年，美国次贷危机引发的全球性金融危机肆虐全球，虚拟经济遭受重创并迅速波及实体经济，进而引起了粮食等基础性农产品价格"过山车"式的大波动，加之欧债危机的持续发酵，这一状况不断恶化。粮食波动造成的市场的不可预见性对消费者和政府构成根本性的粮食安全风险，同时也严重制约了农业投资的规模。2008 年，世界主要作物价格普遍上涨。其中，稻谷和小麦价格涨幅最大，稻谷价格上涨了两倍多，给贫困人口，尤其是亚洲贫困人口造成了巨大的负面影响。信息的全球化使这种价格传导效应不断被放大，最终传导至种植者。他们为了获得更多的种植收益而大幅增加粮食的供应，导致 2009 年粮价出现大幅回落。2012年，所有非稻谷类粮食产品——小麦、玉米和大豆的价格普遍上涨。其中，小麦价格（6—8 月）涨幅超 50%；玉米价格（6—8 月）涨幅超 45%；大豆价格（6—8 月）上涨近 30%，比 2011 年高出 60%。为此，世界银行曾多次警告，至少在 2015 年粮食价格会持续波动，且波动幅度将超过平均水平，而粮价的上涨将极大地增加贫困地区居民的生活负担，严重的可能会威胁到社会的稳定。

二　转基因食品安全性存疑

当前，世界农业正在从传统型向科技依赖型转变，转基因生物技术的广泛应用则在其中起了不可替代的作用。转基因技术是利用分子生物学技术，将某些生物的基因转移到其他物种中去，改造生物的遗传物质，使其在性状、营养品质、消费品质方面向人类所需要的目标转变，而转基因食品则是以转基因生物为直接食品或原料加工生产的食品。1994 年，世界上第一个转基因食品出现在美国；1996 年，首例转基因农作物正式投产。转基因食品的商业化推广则是近十余年的事。截至 2009 年，全球已有 25 个国家批准了 24 种转基因作物的商业化应用。那么，转基因食品是否如西方某些国家所言，更加好吃，更加有营养，没有健康风险呢？对此各界都提出了质疑。1998 年，苏格兰 Rowett 研究院利用含雪莲花凝集素的转基因（GNA）马铃薯，对老鼠进行了喂养实验。结果发现，实验鼠出现体重减轻、器官异变、免疫系统遭到破坏等症状；2005 年澳大利亚联邦科学与工业研究组织（CSIRO）的研究报告显示，经过 4 个星期的喂养，食用含转基因豌豆的小白鼠的肺部出现炎症，并出现过敏反应；2007 年 10 月俄罗斯科学院指出，食用转基因大豆的母鼠所产幼鼠的死亡率比食用普通大豆的母鼠所产幼鼠的死亡率高出 6 倍；同年，法国科学家 Seralini 教授及其团队通过查阅孟山都公司为获得欧盟上市批文所做的安全实验数据，发现食用了 MON863 转基因玉米的实验鼠的肝和肾有毒性反应；2008 年，奥地利维也纳兽医大学的研究表明，喂养了转基因玉米的小白鼠生育能力明显下降；2013 年 6 月，意大利科学家通过对比试验得出，喂食转基因玉米的生猪患肺炎的概率要明显高于食用非转基因玉米的生猪[①]。

在被曝光的食品安全事件中，不少是由于未经批准食用的转基因食品流入市场而引起的。2000 年，一种名为"星联"的转基因玉米在人类食品中被发现，而该作物因为可能会导致人过敏，只被用作动物饲料；2005 年，瑞士先达公司披露，过去的四年间曾无意中生产并分发了几百吨未经批准的转基因 Bt10 玉米；同年，未经批准的转基因抗虫稻米 Bt63 在中国被发现，而在销往北京、广州和香港的亨氏婴儿食品中也发现同样的转基因成份；2006 年，拜耳公司生产的未经批准的转基因长粒大米先后在全球 32 个国家相继被发现。更有甚者在缺乏足够的安全性证据的情况下，把试验的对象转移到人类自身。2008 年，塔夫茨大学研究人员在未获得相关部门允许并且未如实告知研究对象的前提下，在湖南衡阳一小学对该校师生进行了"黄金大米"试验，事件被曝光后一度在国内外引起轩然大波，引发了人们对科学伦理的大讨论[②][③]。据统计，中国转基因作物的种植面

---

① 《西方科学研究表明转基因饲料影响猪健康》，网易新闻访谈，http：//tech. 163. com，2013 年 10 月 24 日。

② 《"黄金大米"事件真相大白相关责任人受到处罚》，腾讯财经，http：//finance. qq. com，2012 年 12 月 11 日。

③ 《湖南黄金大米事件调查情况通报：内外勾结瞒天过海》，http：//people. com. cn，2012 年 12 月 6 日。

积已近 500 万公顷，转基因食品年进口量已超千万吨，且逐年攀升。对此，有学者指出，眼下的中国已成为国际资本推广转基因产品的第一只小白鼠。当下，各界关于转基因食品的争论仍在继续，其结果如何未可知，我们拭目以待。

三 食品安全事件频发

民以食为天，食以安为先。食物是个体获取所需营养，保持机体活力和延续其生命特征的物质基础。因而，食品质量的高下和安全性高低将直接影响到个体的生存质量，严重的甚至将危及消费者的生命安全。一般而言，食品安全事件大致可分为三类，即化学性污染（农残、兽残、重金属等）、食源性疾病（细菌、病菌、毒素）、食品添加剂的非法使用。其中，食源性食品安全问题最为突出，属于全球性的公共卫生问题，需要重点加以解决。总的来看，食品安全问题经历了一个由少到多，由个体事件向群体危害的发展过程，其社会危害性不断加大。20 世纪 50—70 年代，当时我国各项事业百废待兴，人们的生产生活均处在较低的水平，因此该时期的食品安全问题多集中在因食品不卫生而导致的食品中毒层面，多属于个体事件。伴随着改革开放的深入和人民生活水平的提升，居民的消费需求和层次日趋多样，由此食品安全问题逐步由单一的预防肠道性传染性疾病向一切食源性疾病转变，食品安全事件类型逐步趋于多样化。进入 21 世纪以来，市场化进程的不断加快使得国内食品产业迅速崛起，企业生产经营效率大为提升，在利益的驱使下，不少生产者不惜铤而走险，导致人为引致型食品安全事件不断增加。反观消费者，随着生活水平的提高，其对于食品消费具有明显的"一升一降"（对食品质量的关注不断提升和对食品安全问题忍耐力的持续走低）的特点，从而食品供需双方矛盾激化在所难免，加之社会监管机制的不健全，导致食品安全事件频现，食品安全形势堪忧，真是"食品事件年年有，明年更比今年多"（如表 8-3）。

表 8 - 3   2000—2013 年我国主要食品安全事件概览

时间	地点	事件	影响
2000	浙江金华	"毒瓜子"事件	—
2001	吉化公司	"豆奶中毒"事件	—
2001	江苏南京	"冠生园月饼"事件	南京冠生园公司破产
2002	浙江金华	"金华火腿"事件	金华火腿销量几乎为零
2003	浙江杭州	"毒海带"事件	—
2004	全国十余省市	"陈化粮"事件	—
2004	安徽阜阳	"大头娃娃"事件	13 名婴儿死亡，200 名婴儿患严重营养不良症
2004	广州市	"散装白酒中毒"事件	10 天内，14 人因饮用假酒死亡，39 人受伤
2005	上海市	肯德基"苏丹红"事件	问题产品停售，并销毁
2006	北京市	"福寿螺"事件	160 人患病住院，涉事酒楼赔偿近千万
2007	广西壮族自治区	"思念""龙凤"品牌云吞及水饺，葡萄球菌超标事件	问题批次产品召回并提供退货服务
2008	乌鲁木齐	人造"新鲜红枣"事件	—
2008	河北省	三鹿"三聚氰胺"事件	婴儿泌尿系统结石患儿多达千人，三鹿集团破产，相关责任人接受法律惩处
2009	浙江	"多美滋"婴儿问题奶粉事件	63 名婴儿在食用该产品后出现肾结石症状
2010	海南	"毒豇豆"事件	各省相继停止对海南毒豇豆的销售
2011	全国	双汇"瘦肉精"事件	各超市双汇火腿纷纷下架
2011	上海市	"染色馒头"事件	产品下架，涉事公司被追究法律责任

续表

时间	地点	事件	影响
2012	吉林省	"毒胶囊"事件	13 个批次药品所用胶囊先后被召回
2012	安徽、浙江、上海等六省市	"地沟油"事件	捣毁地沟油工厂、黑窝点 13 处，抓获嫌疑人 100 余人，查获相关地沟油产品 3200 余吨
2013	上海市等地	"毒校服"事件	涉事企业被关停，相关毒校服被销毁，质监部门已开始立案调查

在造成食品安全事件的原因方面，据统计，2013 年第三季度，全国共发生食物中毒突发事件 61 起，中毒 1969 人，死亡 46 人。其中，有毒动植物及毒蘑菇引起的食物中毒事件报告起数和死亡人数最多，分别占总报告起数和总死亡人数的 44.3% 和 87.0%，微生物食物中毒涉及的中毒人数最多，占总中毒人数的 55.8%。就中毒场所来看，集体食堂正逐步成为食品中毒的重灾区，占总中毒人数的 36.9%。特别地，在学生食物中毒方面，第二季度所报告的 7 起食物中毒中有 6 起发生在学校集体食堂，而第三季度则全部发生于学校集体食堂（如表 8 - 4）。

表 8 - 4　　　　2013 年 1—3 季度中国食物中毒情况统计表

类别	内容	第一季度			第二季度			第三季度		
		报告起数	中毒人数	死亡人数	报告起数	中毒人数	死亡人数	报告起数	中毒人数	死亡人数
食物中毒原因	微生物性	6	298	1	15	998	0	17	1099	0
	化学性	5	75	7	3	11	5	2	8	4
	有毒动植物及毒蘑菇	9	175	9	15	271	17	27	109	40
	不明原因	4	207	1	5	177	2	15	753	2

续表

类别	内容	第一季度			第二季度			第三季度		
		报告起数	中毒人数	死亡人数	报告起数	中毒人数	死亡人数	报告起数	中毒人数	死亡人数
食物中毒场所分类	集体食堂	5	255	0	10	537	0	12	803	0
	家庭	13	297	14	20	417	22	33	483	41
	饮食服务单位	3	147	1	4	287	0	11	588	0
	其他场所	3	56	3	4	216	2	5	95	5
学生食物中毒	微生物性	—	—	—	3	168	0	3	333	0
	有毒动植物及毒蘑菇	1	48	—	3	173	0	—	—	—
	原因不明	—	—	—	1	53	0	7	364	0

安全事件如同一面镜子，一方面在拷问生产者的道德良心，另一方面也折射出政府监管效能的低下。它们在步步紧逼公众食品安全的最后一道防线。那么，我们到底还能吃什么？科技进步和信息技术的发展，使信息流、物质流、交通流相互组合的时间愈加短暂，但释放的能量效应却在成倍地放大，影响更加深远。眼下，食品安全问题已超出基本的生存层面，逐步成为关乎国家（地区）稳定的政治问题。因而，如何重拾公众对食品安全的信心，为民众创造一个良好的食品生产、加工、流通与消费的环境，已成为各国政府重点关注的议题。

四　食品安全监管不足

进入 21 世纪以来，各国对食品安全的重视程度越来越高，如何确保食品质量，维护消费者的合法权益已成为衡量一国执政能力的重要因素。如果将对食品业支持及保护等激励措施比作一枚硬币的正面的话，那么必要的监管等惩罚性机制的建立就是硬币的反面。目前，虽然发达国家的食品监管水平居于世界前列，基本都建立了较为完善的食品安全监管体制和科学的管理模式，发展中国家食品安全保障能力也正在加强，但食品产业链的全球化使食品安全保障难度大大增加，工业发展和环境破坏导致食品的化学危害趋于严重，食品安全形势不容乐观。据统计，美国每年约有 7200 万人患食源性疾病，直接经济损失 3500 亿美元。英国 1987—1999 年约有 17 万头牛染上疯牛病，从而使关联行业（饲料业、屠宰业、奶制品业等）遭受重创，仅进出口一项，就使英国每年损失 52 亿美元，如果再加上为防止此疫情蔓延而采取的宰杀行为，损失则高达 300 亿美元。2013 年年初，英国和爱尔兰的连锁超市销售的牛肉汉堡中发现马肉成分，之后迅速波及法国、波兰、瑞典、罗马尼亚等 16 国，"马肉风波"震惊了整个欧洲，致使一向以严格的食品安全制度著称的欧盟颜面尽失，严重影响了欧盟企业的商业信用，而其所谓的完善的食品追溯制度也未能迅速、顺利地查处该事件的罪魁祸首。其原因之一是食品标识制度的不完善。欧盟 27 国虽然组成了一个强大的经济联盟，在某些重大问题上达成了共识，但遗憾的是成员国并未在食品标识制度上达成一致，依旧执行的是各个国家的标准，加之监管的疏漏，从而给此类事件的发生埋下了隐患。原因之二是食品产业链过长。虽然欧盟有完善的食品追溯制度，但在纷繁冗长的供应链面前也显得力不从心，极大地增加了监管的成本，影响了监管的效率。由此可见，在食品利益和食品安全面前，制度只能作为一种外化的力量而存在，决定个人行为的只有其内心的道德自律。

五 检测门类和手段复杂多样

生物技术的发展使人类对于食品的研究实现了历史性的跨越，从对食品性状（大小、质量、品相）的长期关注中抽离出来，更加注重对食品内在品质（营养、构成）等微观层面的探究。消费者对食品安全性要求愈加苛刻的现实，迫使监管机构不断增加食品安全监管的条目。2006 年 5 月 29 日，日本以加强对农产品中农业化学品残留监管为由，宣布废除原有的"否定列表制度"，正式实施《食品中残留农业化学品肯定列表制度》。与"否定列表制度"相比，肯定列表制度（Positive List System，PLS）更为严格。仅就受限的农（兽）药种类而言，就由原先的 283 种，提高到 799 种，调整幅度之大历史罕见。该制度的推出，使我国对日食品出口业遭受重创，出口贸易额大幅下降，进入长达 3 年的贸易萧条期（齐思媛等，2011）。此外，发达国家为保护农产品市场，纷纷以绿色贸易壁垒为名，求贸易保护之实。

截至 2000 年年底，欧洲三大标准化机构（欧洲标准化委员会、欧洲电工标准化委员会、欧洲电信标准化委员会）制定的欧洲标准就达到 10500 项。其中，在食品和农业方面，欧盟现有指令（EEC/EC）330 个，欧洲标准（EN）220 个。在其他的十余万个标准中，涉及农产品达 25%。在农药残留控制方面，欧盟也制定了 17000 余个残留限值。2006 年，欧盟开始施行更为严苛的食品（饲料）安全新规，即进入欧盟的食品必须符合欧盟食品安全标准。以茶叶为例，农残检测项目从 1999 年的 9 项陡增至 2007 年的 227 项。在全部的检测项目中，有 207 项农残向量标准为当时仪器所能检测的底线。虽然欧盟的检测标准究竟是以"零风险"为出发点，还是变相的贸易保护不得而知，但是这一变化却给我国的茶叶出口带来了不小的影响。2008 年，美国食品药品管理局（FDA）突然推行农产品"一律标准"（即最低检出限量）并拓展了检测范围，致使当年中国茶叶多次被检出农残超标，导致中国茶叶对美国出口贸易量同比下降 2.34%。

为了有效规避食品国际贸易中的不确定性，提高食品安全性，我国也对食品检测标准进行了调整。据统计，我国当前约有食品工业国家标准 1193 项、行业标准 1222 项，进出口检验行业标准 578 项，涵盖谷物及豆类制品、淀粉及淀粉制品、肉制品、蛋制品、乳制品发酵食品、食品添加剂等 19 个大类。2013 年 3 月 1 日，农业部会同卫生部联合发布《食品中农药最大残留限量》国家标准，量化了 322 种农药在 10 大类农产品以及食品中的 2293 个残留限量，实现了对我国主要农产品的基本覆盖。检测项目及品类的增加，对于检测的技术手段提出了更高的要求。近年来，随着转基因食品的商业化，各国逐步开展了对转基因食品的检测，常用的方法有三种：其一是以核算为基础的 PCR 检测方法，具体包括定性 PCR、实时荧光定量 PCR、PCR-ELISA 半定量和基因芯片等；其二是利用红外技术检测转基因产品的化学及空间结构；其三为蛋白质检测方法（检测外源基因的表达产物），分为试纸条、ELISA 和蛋白芯片三种方式。

第五节　世界食品安全的全球治理对策

一　推行现代农业安全生产标准

自 20 世纪 60 年代以来，全球农业逐步脱离传统的生产模式，进入了依靠科技的现代化全新阶段，粮食生产已越来越离不开科技的支撑。农业的现代化、市场化给农产品生产及食品的供给提出了新的要求，建立现代农业生产标准迫在眉睫。所谓标准化是指，为了所有有关方面的利益，特别是为了促进最佳的全面经济并适当考虑到产品使用条件与安全要求，在所有有关方面的协作下，为进行有秩序的特定活动所制定并实施各项规则的过程。具体而言，该标准可细化为农业标准化生产和农产品安全生产两个层面。首先，在农业标准化生产方面，对农业产前、产中、产后的整体性把握就显得尤为关键，发达国家在该方面已经给我们提供了不可多得的经验借鉴，完善的农业标准化支撑体系，从产前的生产资料供应，产中的各环节的操作流程和技术服务，再到产后的分级、加工、包装、储运，各环节已基本形成了类工业生产的流程化和标准化的全新模式。相对于西方国家大规模机械化的农业生产方式而言，中国人多地少的现实状况，则给我们提出了新的要求。就产前来看，以市场为导向，走规模化和特色化种植相结合之路，发挥各级农技站的宣传与指导作用，做好良种推广与引导农民科学化种植，成立连片种植优势作物区，统一规划、科学布局。发展订单农业，鼓励资本进村，以农业合作社为纽带，形成市场＋合作社＋农户的稳定合作供需模式，稳定农户种植预期，形成农民肯种植、合作社肯联系、市场肯接受的共赢格局。在产中，量化作物种植标准细则，引入价格杠杆激励机制和违规种植惩戒机制，引导农户进行规范化种植和科学化管理，实行施肥、用药登记备案制度，做好对于病虫害的预警与防治工作，确保产中作物质量总体安全可控，为打造品牌化发展战略奠定坚实的基础。在产后，严格依照国家及相关行业质量安全行政法规，加强产品（食品）安全性检测，避免非安全性产品流入市场。同时，借助于现代化的营销手段，挖掘地区品牌特点及优势，掌握交易的主动权，最大限度地保障种植者的利益。

二　完善食品安全监管体系

食品安全监管体系作为确保食品质量安全的重要保障，其重要性不言而喻。食品安全体系应该是集法律监管、行政监督、标准制定、社会共治于一体的，全员参与，具有创新协同特点的自组织系统。

首先，从法律监管来看，发达国家的经验表明，食品安全监管离不开完善的法律法规的有力支撑。食品安全监管也必须遵从有法可依、执法必严、违法必究的原则，增强法律的威慑力和权威性。第一，各国应依照当前食品安全问题的新特点对已有法规进行适当调整与修订，使其契合现实需要。第二，注重食品安全法律体系建设，形成主要以法律为指导，行业法规为主体，部门规章（细则）为支撑的全方位体系架构，不断提高食品安全的法制化水平。第三，明确相关主体的责任，制定产品责任法，理顺产业上中下游从业者之间的相互关系，加快制定食品安全责任的归责原则，提升参与者的问题意识与责任意识。第四，要解决好对食品安全监管者进行"监督"的问题，防止其滥用职权，尝试将消费者、供给者介入行政执法程序，对监管人员的自由裁量权形成有效制约，减少监管者渎职、懈怠、玩忽职守等行为的发生。特别地，明确各食品安全监管机构的责任与权限，杜绝"行政法规部门化，部门利益法制化"等现象的出现，有效化解部门法规间的矛盾冲突，增强相互之间协调性，做到彼此间的无缝衔接。

其次，从行政监督来看，政府部门作为公权力的代表，肩负着公共服务和社会管理职责，是公民合法权利的守护者。食品安全事关每个居民的身心健康，政府对食品安全事件的预防、处置的能力，从某种程度上也反映了政府执政水平的高下。政府食品安全的监督能力的提升必须从人、财、物三个方面进行整体把握。第一，人才方面。全球经济一体化的背景下，各国间要素流动日益频繁，致使食品安全的不确定性大大增加，给食品安全监管带来了诸多新的挑战。人才是21世纪最宝贵的财富，因此拥有一支高素质的食品安全监管队伍显得尤为重要。在人才选拔上，应充分考虑食品安全的特殊性，注重对其专业性的考查，确保监测结果的科学性与权威性。对于在职人员，应定期对其进行思想素质及技能培训，提高责任意识和专业化水平，同时借鉴国外有益经验，尝试引入退出和竞争机制，增加监管人员的紧迫感，提高监管的效能。第二，资金支持方面。现代化高效的监管体系的建立离不开必要的资金投入。各级政府应充分意识到资金作为各部门得以有效运转的基础性作用，在确保有效监督的前提下，加大对于食品监管的财政支持力度，并逐步规范使其常态化，发挥资金的润滑剂作用。第三，物质（技术）条件方面。科技的介入使食品生产复杂化，也给监管带来了诸多挑战，为保证监测的科学性和准确性，必须借助于必要的物质（技术）手段。因而，检测设备的配备和检测技术的研发就成为必不可少的环节。对于发展中国家而言，就要处理好技术创新与引进之间的关系：结合自身发展的阶段性有针对性地逐步提升自身的监测装备（技术）水平，合理评估装备（技术）引进所带来的风险，最终使创新、引进、消化与吸收达到和谐统一。

再次，从标准制定来看，食品检测标准是检测食品安全与否的重要标尺，其是否科学合理则直接关乎食品监管的质量，并影响到公民的身心健康。食品安全标准的制定应作为一项系统性工程来看待，从流程、层级、执行效果进行综合评判。从流程设计来看，应严格参照相关法律规定，发扬民主集中制原则，避免人为因素的随意性影响，重视专业学者与科研人员的意见，同时兼顾食品行业发展的阶段性；

从标准的层级设定来看，应与一国的法律体系保持基本一致，注重总体的统领性和实践的可操作性，逐步形成以中央食品标准体系为参照，行业标准体系为支撑，食品品类标准体系为抓手，特定食品检测标准为补充的完整标准体系，力争实现对食品检验检疫的全覆盖；从标准的执行效果来看，应借鉴我国改革发展的有益经验，采取试点先行、稳步推进、全面推开的策略，减轻政策（标准）执行的阻力，最大限度地降低改革的成本，避免行政资源的无谓浪费。

最后，从社会共治来看，食品安全关乎每个个体的切身利益，这种强相关性为全民参与食品安全的治理提供了内在动力。科学技术的发展使信息传播由传统的单向度传递进入自媒体阶段，人人都是信息源、人人都是监管者的时代已经来临。那么，如何释放个体参与的潜能呢？作为个体应以身作则，自觉维护信息环境的真实纯洁性，确保每一次"发声"对于食品安全建设都是一次促进。同时，积极行使公民权利，发挥食品安全纠查员的作用，用个体的点滴努力来改写一国食品安全的现状。政府部门对于社会共治要做到奖惩结合。利用媒体的舆论导向作用，加大对食品安全的宣传力度，强化居民对食品安全的责任感。一方面，鼓励个体参与到食品安全监管中来，并提供制度保障，建立全民监管的奖励机制；另一方面，对于恶意发布虚假食品安全信息，影响社会稳定的行为，依法严肃惩处，提升居民对食品安全责任的认知，降低虚假信息所带来的不良影响。

三　加强国际合作，共同抵御食品安全风险

当前，转基因食品安全性争论已从技术问题上升为贸易和政治问题，因此我们既要充分认识转基因生物的优点，又要高度重视其潜在的问题，转基因生物在遗传及技术上的不稳定性带来的潜在危害不容忽视。各国应密切联系，大力开展转基因生物和食品的毒性、过敏性分析，加快对转基因生物和食品的鉴别检测方法的研究，建立健全转基因生物安全预警与监测制度，制定科学的管理法规，有效地监管，广泛开展转基因生物的科学宣传，坚持正确的舆论导向，在合法研究

的前提下，剔除少数不安全因素，将不同生物间的抗逆、抗病虫害、产量高、耐干旱、抗冻、再生能源等特点广泛结合与应用起来，最大限度地发挥转基因作物的优点，以解决人类食品短缺问题。与此同时，也要注重转基因农作物可能带来的基因污染与生态破坏问题，遵循生物遗传育种的基本规律，维护生态系统的有序与完整性。经济全球化背景下，各国间的食品贸易往来日益频繁，食品跨地区的流动使食品安全风险被成倍放大，各国间食品安全风险的相互转嫁已经成为一种常态，最终影响到人类整体的生存质量。因而，加强食品安全国际合作，探寻食品安全全球治理新思路就成为历史的必然。

首先，发挥联合国在处理国际及地区事务中的主导性作用，通过多边协商机制，统一各国对食品安全的认知，积极促成各国签订国际食品安全公约，明确彼此对于食品安全的责任与义务；其次，突出国际性食品组织（如国际食品法典委员会和国际食品安全协会）的专业性特点，帮助企业解决食品安全问题，维护各会员国利益，减少因食品安全问题所导致的贸易摩擦，使其成为官方组织的有益补充；再次，总体看来，同一地区（欧盟、东盟、非盟）的大多数国家在经济发展水平上往往具有相似性，食品安全（监管）状况基本一致，因而可以考虑成立地区性食品安全协作组织，利用区域内部交通的便利性和社会文化的相似性密切人员往来，互通有无，加强食品安全技术交流与合作，建立良性互动的强联系；最后，充分考虑各国发展的阶段性和食品安全状况的差异性，发达国家应落实大国责任给予发展中国家必要的资金、人员、技术方面的支持，帮助其逐步健全食品安全体系。

四　加强供应链管理，健全食品供应链体系

物质流和信息流的相互交织，将食品质量安全与食品的生产、加工、仓储、物流和销售紧密联系起来，任何一个参与者的行为都会影响到食品的质量安全。食品供应链管理是指农产品和食品生产销售等组织，为降低食品和农产品物流成本、提高食品质量安全和物流服务

水平所形成的垂直一体化运作体系，其核心在于改"末端管理"为"源头控制"，力图通过全产业链的管理思维和模式，优化利益分配机制，推动食品行业健康稳定发展。自20世纪90年代起，欧美等发达国家就开始尝试进行此方面的研究，如今该模式已经被广泛应用，具有较高的借鉴价值。当前，发展中国家食品供应链管理体系建设正处在起步阶段，仍需进一步完善。第一，搭建食品供应链体系建设的物质和技术平台。利用国家扶持、地方自筹、民间集资、企业参股等多种筹资渠道增加对于交通基础设施的资金支持，优化交通路网布局，逐步形成一个交通设施完善、功能强大、方式多样互补、方便快捷的立体交通运输网络，降低食品流通成本。在技术层面，发展冷链物流技术，不断提高冷链物流在食品运输和配送中的比重，并做好配套设备设施（冷藏冷冻车辆、仓库）的供用与建设工作。注重信息化技术在食品供应链中的作用，将自动识别技术和计算机网络技术内化到食品供应链体系之中，提升食物产品的周转率和市场响应度。第二，优化食品供应链体系内部结构。政府应弱化行政监管职能，做好对于食品供应链体系的培育、升级工作，鼓励、支持与引导企业实现对食品供应链流通环节功能的再造，推行配送和加工一休化策略，探索在途加工和配送中心加工的新模式，实现精准配送，以时间换空间，降低仓储及二次配送成本，提高市场竞争力。

五 完善食品质量安全可追溯体系

食品质量安全以食品卫生为基础并为营养供给提供保证的特点，要求食品在生产、加工、储运、流通、销售等环节必须避免有害物质的污染。随着食品产业链的不断延伸，传统的危害分析和关键控制的方法的弊端逐步显现，因而建立健全食品质量安全全程可追溯体系势在必行。发达国家的经验表明，食品质量安全可追溯制度在保证食品质量、降低食品安全事件概率、提高政府监管效度、增强消费者安全感等方面效果明显。食品质量安全可追溯体系的构建应把握三个关键点，即位置、质量与监管。位置侧重于物流方面，主要是指食品随时间、空间的变化，而发生的相对位置的变动。对于物流期内的食品，各方应依托信息技术，建立时时信息化记录系统，统一产品标签认证标识，降低物流过程中发生的产品转移和转化成本，实现对在途食品的有效监控。质量着眼于产品的生产与分配，主要针对食品生产企业。企业应注重生产和分配过程对于产品质量的影响，优化工艺流程、借助于可视化的监督手段做好对生产流程的记录，做好对产品的自我检测，将食品安全风险控制在企业内部。特别地，要树立动态的产品质量的观念，严格控制生产与流通的环境参数，确保食品的性能。监管则强调政府的行政职能。政府应成为食品质量安全可追溯体系的推动者，积极落实相关政策法规，健全食品安全信息披露制度，构建起连接各利益主体的信息披露平台。此外，针对政府监管力量不足的问题，尽快建立第三方监管体系。一方面，尽快落实第三方检测机制，发挥科研院所和高等院校的技术优势，提高食品质量检测工作的效率；另一方面，积极引导公众参与到食品安全监管中来，形成全民共管的良好社会氛围，使人民群众成为改善食品安全状况的主力军。

第九章

全球粮食安全形势及其国际治理

第一节　全球粮食安全问题的现状

粮食安全是人类最基本的生存安全。联合国粮农组织把"粮食安全"（food security）定义为"所有人在任何时候都具备物质条件、社会条件和经济条件获得充足、安全、有营养的食物，满足其饮食需求和食物偏好，从而维持其积极、健康的生活"。这个定义包括三个方面的内涵，即确保生产足够数量的粮食、最大限度地稳定粮食供应、确保所有需要粮食的人都能获得粮食。从这个定义出发，粮食安全问题存在于三个环节，即生产、流通和消费三个领域。生产环节引发的粮食安全问题，主要表现形式就是全球性的产量不足、粮食短缺甚至市场上根本无粮可买。流通环节导致的粮食安全问题比较复杂，但主要表现在两个方面：一是市场上粮食价格居高不下，消费者买不起粮食；另一种情况是，虽然全球范围内根本不缺粮食，但由于市场上存在结构性问题，使得粮食供应受到控制，进而导致粮食进口国买不到粮食。而消费环节导致的粮食安全问题的主要表现就是对消费者身体健康造成威胁，即通常所说的食品安全问题。因此，所谓的粮食安全问题，实际上可以简单地概括为，"能不能买得到粮食""能不能买得起粮食"以及"能不能得到安全放心的食品"的问题。

近年来，在 WTO 多哈回合谈判进展不畅的大背景下，国际农产品产销链变得非常脆弱。当粮食出口国遭受气候变化、自然灾害等偶发因素影响而出现粮食减产时，影响国际粮食价格的多种因素便相互作用，导致国际粮价不断攀升，一些对粮食进口依存度较高的国家出现粮食恐慌、食品价格居高不下的情况，甚至社会稳定也面临巨大威胁，粮食及食品安全问题也由此凸显。

一　全球粮食产量与供求状况

2006 年以来，受大宗资源类商品价格上升以及部分国家自然灾害的影响，国际粮食价格大幅走高。但从世界粮食组织（FAO）所公布的数据上看，尽管世界粮食的利用量在不断增长，但粮食产量也在波动中呈现出增长态势。全球粮食库存量在 2008 年达到 1980 年以来的低位 4.05 亿吨后，开始增长。国际粮食市场的供求关系尽管一直很紧张，但也基本仍处于动态的平衡状态（见图 9 - 1）。因此，可以认为当前国际粮价上涨并不是由于世界粮食产量的不足而引发的。

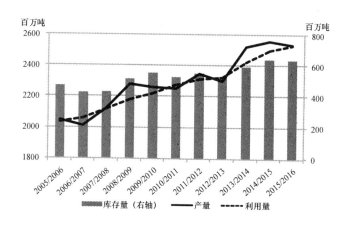

图 9 - 1　全球谷物产量、利用量和库存量

资料来源：FAO 网站，http://www.fao.org/worldfoodsituation/csdb/zh/，2015 年 8 月 10 日。

而从粮食供应量的具体项目上看，除 2010—2011 年度，由于独联体国家遭受干旱造成总体粮食减产，以及受俄罗斯联邦决定禁止出口政策的影响而导致小麦的供应量一度出现下降外，谷物、粗粮、大米的供应量实际上都在逐年增加，且供应量一直大于利用量。

二　国际粮价及其发展态势

自 2006 年下半年以来，国际粮价飞涨。据统计，2009 年同 2006 年相比，国际粮价整体上涨了 83%。到 2010 年，世界粮食市场上小麦、大豆、玉米和大米的价格比 2009 年又分别上升了 137.5%、79.2%、34.6% 和 66.6%（张祝基，2011）。据 OECD 和 FAO 联合发布的《2009—2018 农业展望》报告认为，目前粮价总体水平远高于前 10 年的平均水平，一些粮食的价格比 1998—2008 年的平均水平高出了一倍。FAO 公布的粮农组织食品价格指数和农产品价格指数显示，尽管实际指数略低于名义指数，国际市场上粮食价格却仅仅因为金融危机的冲击而出现短暂的下滑，国际粮价依然处于高位震荡上涨的基本趋势，且短期内难以逆转（见图 9 - 2）。

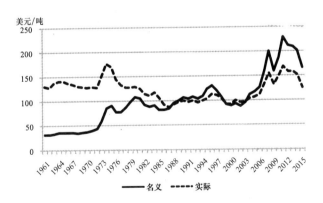

图 9 - 2　粮农组织食品价格指数走势图

说明：粮农组织食品价格指数是衡量一揽子食品类商品国际价格月度变化的尺度。它由五个商品类别的价格指数（含 55 种价格）的加权平均数构成，权数为 2002—2004 年各商品类别的平均出口贸易比重。

资料来源：FAO 网站，http://www.fao.org/worldfoodsituation/foodpricesindex/zh/，2015 年 8 月 10 日。

三　全球饥饿人口及食品安全状况

2006 年以来，由于大米、小麦和植物油等价格的螺旋式上升，超出了多数人的承受能力，直接导致的后果之一是饥饿人口的不断增加。据统计，最不发达国家的粮食进口成本继 2006 年粮食进口成本增加 30% 后，2008 年比 2007 年又攀升了 37%，到 2008 年年底，"最不发达国家"的年粮食进口成本比 2000 年增加了 3 倍多。粮价飞涨使广大居民生活水平锐降，贫困阶层更要遭受饥饿之苦。联合国公布的数据显示，2009 年全球每天忍受饥饿的人数将达到 10.2 亿人，扭转了过去 40 年中饥饿人口持续减少的趋势，而且这一数字在不断增加，2010 年达到了 11.25 亿，处于危机需要外部粮食援助的国家由 2010 年的 30 个增加到 2012 年的 33 个，而且基本上都为亚非发展中国家（见图 9 - 3）。

图 9 - 3　处于危机需要外部粮食援助的国家

说明：处于危机需要外部粮食援助的国家指缺乏资源应对现有的严峻的粮食安全问题的国家。粮食危机通常是由多种因素共同作用引发的，但为筹划应对措施，需要确认粮食危机的性质，是否主要由于粮食供应不足、获得粮食的渠道不畅等引起的。因此需要外部援助的国家可划分为三个互不排斥的大类：即由于作物歉收、自然灾害、进口中断、分配受到干扰、收获后损失畸大或其他供应障碍而面临粮食总产量/供应量严重缺口的国家；由于收入极低、粮价畸高或国内流通不畅而使大部分人口被认定为无力从当地市场购买粮食，出现大范围粮食获取困难的国家；由于难民涌入、内部流离失所者聚集或某些地区作物歉收和严重贫困交加而出现局部严重粮食不安全情况的国家。

全球粮食及食品价格的不断攀升，已经导致粮食进口国通胀不断走高，社会矛盾加剧，一些对粮食进口依存度较高的国家社会稳定也面临巨大威胁。目前，粮食危机已使几十个国家出现动荡，加勒比、非洲和亚洲地区不少国家发生骚乱和流血冲突。2011年以来，通货膨胀压力甚至在俄罗斯、突尼斯、阿尔及利亚、巴基斯坦等发展中国家都有所显现。

除此之外，在高粮价的持续作用下，"现代农业生产技术的创新不仅使粮食生产产业化，同时也使食品生产变成了替生产者赚取经济利益的载体。产业化、商品化增加了市场上的食物供给量和品种，极大缓解了食物匮乏问题，也创造并满足了消费者的多元化食物需求，但这种经济模式被视为天经地义的增产措施和降低成本的做法却可能引发食品质量危机"（罗伯茨，2008，第26—48页）。因此，由高粮价、高利润而衍生出来的粮食安全另一层面的问题，即食品安全问题近年来也日益突出。一些企业和商贩依靠现代生化技术来生产、储存的"问题食品"，如"问题奶制品"、"问题快餐"等不断流入消费市场，不仅危害人们的身心健康，也极大地影响了国际贸易的顺利进行和国际关系的正常发展。

总之，从国际权威机构所提供的上述数据不难看出，近年来全球粮食供给总体上并没有发生太大变化，但国际粮价却不断攀高，全球饥饿人口数量在不断增多及食品安全状况不断恶化。也就是说，当前国际粮食安全所面临的主要问题，并不是由于全球粮食产量不足且难以满足人们的生活需求的矛盾，而是国际粮食价格持续攀高、发展中国家粮食进口成本过高以及由此引发的食品安全问题，即我们通常所说的"有粮而买不起"和"用得不放心"的问题。

第二节　目前国际粮食价格上涨的原因分析

探明国际粮食价格上涨的真正原因、准确判断国际粮食安全所面临的主要问题，已成为国际社会化解粮食安全危机的必要前提。而综观近年来国际粮食价格上涨的规律，笔者认为，就目前导致国际粮食价格不断上涨的原因来看，这其中既是某些突发因素和市场监管不力等方面的直接因素，也是长期以来全球粮食产销格局存在的基本矛盾所造成的恶果。

一　国际粮食价格上涨的直接原因

从近年来国际粮食价格上涨的规律来看，笔者认为导致目前国际粮食价格居高不下是多种因素共同作用的结果，概括起来主要包括以下四个方面。

第一，气候变化和自然灾害对粮食产量的冲击。气候变化导致近年来极端恶劣天气和自然灾害频发，给局部范围内的农业生产带来巨大破坏，从而影响到全球粮食供应。而当全球任何一个粮食产地受到灾害，就会引起国际市场的恐慌，国际粮食价格就在这一次次的自然灾害爆发中不断地被各种媒体放大、被国际游资利用。

第二，国际原油价格上涨对国际粮价的冲击。近年来，国际原油价格一直高位徘徊，导致农业生产资料，如化肥、农药以及运输等农业生产成本也不断提高，进而使国际粮食价格也随之上涨。太平洋经济合作理事会（PECC）的一份调查报告认为，目前仅粮食运输成本就已经高达粮食价格的 40%—50%。除此之外，由于国际原油价格的上涨，一些国家为了减少对进口石油的依赖和获取清洁能源，都开始建设以玉米等粮食作物制造燃料乙醇的项目，进而大幅度增加了对玉米、食糖、油菜籽及大豆等原料的需求。FAO 也认为，用玉米生产的乙醇燃料需求的增加也是导致 2006 年以来世界粮食储备减少的主要原因。

第三，全球资本流动性过剩与美元持续贬值助推粮价上涨。一般来说，世界粮食供应量出现 3%—5% 波动，国际市场上的投机活动就会把粮价波动放大到 10%—15%。粮食是国际贸易的大宗商品，同时，也是人类生存所需的基本品。因此，它具备国际游资炒作的条件。尤其是在目前全球经济复苏前景充满不确定性的情况下，欧美日等发达国家维持相对宽松的货币政策，导致金融市场的流动性过剩。充足的流动性降低了资金的成本，也增加了游资在粮食市场囤积居奇和伺机炒作的能力。在西方主要经济体放松银根的大环境下，大量投机性"热钱"涌入包括粮食在内的国际大宗商品市场，成为全球投资者的新"战场"。而粮食市场的"金融化"，使大量"热钱"被用于炒作农产品期货，这在一定时间内放大了国际粮价的波动性，从而使国际粮价被逐步推高，影响全球粮食安全。

第四，受市场恐慌与粮食出口国出口政策的影响。在极端天气等自然灾害的影响下，粮食进口国往往会出现恐慌心理，在国际市场上大量购买粮食以补充库存，这种市场的恐慌性超买行为会导致粮食供给状况趋于紧张。而为了保证本国粮食安全，粮食出口国政府往往会做出暂时禁止粮食及粮食产品出口的政策决定。几年来，俄罗斯、哈萨克斯坦、乌克兰以及泰国、越南、澳大利亚等粮食出口国都先后出台过限制粮食出口的政策措施，他们或推迟出口销售，或对某些农产品征收限制性出口关税，以保证当地市场供应，避免粮食价格上涨带来对本国不利的政治影响。应该说，这些求自保的行为尽管无可厚非，但也必然会恶化全球粮食市场的供求关系，并对国际粮食价格上涨起到推波助澜的作用。

二　当前国际粮食安全面临的基本矛盾

纵观几年来粮食价格高位震荡的具体过程，我们不难看出，国际粮食价格上涨往往先是以极端天气影响或偶发事件为导火索，之后大量的国际游资开始注入国际粮食期货市场，在出口国实施出口限制以及媒体的夸大宣传下，粮食进口国开始超买囤聚，进而造成市场和社会的恐慌，粮食价格被逐步推高。这一现象也使我们认识到，目前国际粮价上涨除了上面提及的直接原因外，还有长期以来世界农产品产销格局存在的弊端、市场秩序混乱、调控手段缺失等潜在因素在发挥作用。可以说，今天的国际粮食价格上涨是各种"天灾"与"人祸"

共同作用的结果。在这些自然的和人为的因素共存的情况下，国际粮食安全受到威胁是毋庸置疑的。而抛开自然因素的影响，实际上当前对国际粮食安全影响最为深远的，恐怕是长期以来形成的世界粮食不平衡的产销格局所造成的国际粮食权力的过度集中问题，以及由世界能源价格上涨、资本市场流动性过剩所导致的"粮食政治化、能源化和金融化"问题。

（一）国际粮食权力的过度集中与政治化问题

目前，世界主要的农产品出口国是欧盟（尤其以法国、荷兰、德国和英国为首）和美国，巴西、加拿大和澳大利亚紧随其后。长期以来，发达国家对其农业一直实施高额补贴，在大农业高科技的支撑下，其农产品以低价格进入国际粮食市场，刻意压低世界粮价，以便在国际粮食市场竞争中占据优势。而 WTO 农产品谈判又促成了农产品贸易的逐步开放，在比较利益考虑下，粮食进口国休耕现象普遍浮现，并对进口粮食严重依赖，在农业发展战略上出现严重失误。一些发展中国家长期忽略对农业发展的投资，致使农业用地荒芜、农村劳动力流失、农业基础设施落后、粮食生产水平下降。据统计，目前发达国家生产的粮食接近全球粮食总产量的一半，而如果把世界前 50 名的粮食生产国排起来，它们的产量已经占据世界总产量的 94%以上。这种世界粮食生产的不平衡格局长期作用的结果，就是国际粮食权力过度集中在少数发达国家，而很多发展中国家不能从根本上解决粮食安全保障问题，国际农产品市场也遭到严重扭曲。

国际粮权的过度集中，增加了国际农产品市场的脆弱性、风险性。一旦粮食出口国由于各种原因减少粮食出口，国际粮价就必然上涨。而近年来在自然灾害和发达国家生物能源政策的双重作用下，粮食出口国出口量减少、库存量下降，市场调节手段也几近失灵，在这种情况下，全球性的粮食价格上涨就成为必然。尤其值得注意的是，正是由于国际粮食权力的过度集中，使得粮食的政治化倾向愈发明显。一些发达国家的政府、跨国公司和企业为了获取自身的利益，甚至有意利用这种粮食权力来影响其他国家的政治走向或操纵国际粮食市场。粮食政治化主要体现在粮食的生产、贸易和分发领域。早在1974年，美国农业部部长就提出："粮食是一件武器。"就像石油输出国组织以石油作为政治武器一样，美国也研究利用粮食作为武器的可能性，从而成为针对其他国家和进一步推动目标的工具（Wallensteen，1976，第277页）。目前，粮食政治化的倾向已经在一些国家的对外政策中有所显现，并因此获取了很多利益。因此，从长远看，人类要彻底摆脱国际粮食安全的威胁，就必须从根本上改变国际粮食权力过度集中的现状。

（二）粮食的"能源化"和"金融化"问题

由于世界能源的短缺、国际原油价格的上涨以及资本市场的流动性过剩，导致目前粮食的商品属性发生了变化。长期以来，粮食作为人类生存的必需品，它的商品属性就是用于食品消费，其价格主要受市场的供求关系影响。但是现在，粮食除了具有食品的商品属性外，还具有能源属性和资本属性。由于玉米、大豆、油菜籽等粮食作物在今天的科技水平下，都可以转化成能源。这样，粮食的价格变化就很可能不仅仅是因为供求关系的变化了，而是因为能源价格的涨跌。另外，粮食与石油等原材料一样，在国际市场上都以美元定价。这种单一的定价机制使包括粮食、石油在内的许多商品同美元结成负相关，美元坚挺，它们在国际市场上的价格就回落，反之则被推高。而近年来，美国为了克服金融危机，一再实行量化宽松的货币政策，放任美元大幅贬值，造成国际金融市场动荡，国际资本大举涌入粮食市场，哄抬粮价，从而也助推了国际粮价的一路走高。

总之，粮食的资本属性，使国际粮价与市场的供求关系相背离。尽管国际供求没有变化，但是当国际资本流动性过剩的时候，资本就会利用一切机会进行炒作。应该看到，现在的国际期货市场非常发达，流动性过剩时流动资金就会乘机进入粮食市场。而农产品具有刚性需求的特点，其市场弹性小、易操控，因此只要市场监管不力或调控手段失灵，粮食就会成为国际游资炒作的对象。

第三节　粮食安全的国际治理机制

粮食是人类最基本的生活资料，粮食安全关乎国家和地区的社会和谐、政治稳定以及经济发展。确保粮食市场供应，最大限度地减少紧急状态下粮食安全风险，不仅是各国政府的职责，也是国际社会近年来着力解决的现实问题。因此，长期以来包括联合国在内的很多全球性和地区性国际组织都对粮食安全问题非常重视。

一　全球性国际组织的作用与局限

（一）联合国系统的国际组织机制

作为联合国系统内最早的常设专门机构，FAO 自 2008 年以来多次召开专题会议，一再呼吁各国紧急行动共保粮食安全，强调粮食安全的紧迫性，敦促一些国家采取更多行动以平抑粮价。如呼吁美国等粮食出口大国减少生产以粮食为原料的生物燃料；力促发达国家承诺减少不利于贫困国家的农业关税和增加补助政策等。2010 年 10 月，FAO 粮食安全委员会分别以"应对长期危机消除粮食不安全：问题与挑战""土地权属和农业国际投资"以及"管理脆弱性和风险，促进粮食安全和营养的改善"为主题，召开了三次政策圆桌会议，倡议国际社会应当采取具体行动来解决包括饥饿和营养不良问题在内的世界粮食安全问题，加强国际协调与合作。而除了世界粮农组织外，同属于联合国系统下的世界粮食理事会、经社理事会、人权理事会、联合国发展规划署等组织近年来也多次利用不同的会议场合发出过各种粮食安全倡议。

从总体上看，联合国系统的国际组织在解决粮食安全方面主要是从强化制度建设和人道主义关怀等全球共同目标出发，呼吁各国加大农业投入、增加粮食产出以及努力营造一个健康的国际农产品贸易秩序和国际粮价的协调联动机制，但在具体的行动措施上，联合国系统的国际组织都难免受制于主权国家的政策制约。

（二）二十国集团

针对近年来国际粮食价格的剧烈波动和部分国家饥饿问题的日益突出，2011年6月，二十国集团（G20）农业部部长会议在巴黎通过了《关于粮食价格波动与农业的行动计划》。该《行动计划》从促进农业生产、农业市场信息透明化、加强国际协调、减少食品价格波动对最困难国家的影响、监管农产品金融市场五个方面，对世界农业前景和全球粮食安全作出了长期规划，提出到2050年实现全球农产品增产70%，其中发展中国家增产近100%的目标。这次会议还就建立一个汇总食品产量、消费量及库存信息的全球性数据库达成共识，同意在联合国粮农组织体系框架下建立紧急反应机制，在主要农业国出现农产品大幅减产时及时沟通协调，并出台集体应对措施。

G20框架汇集了全球最主要的经济体，包括最重要的农业生产和贸易国。这些国家目前占到全球耕地的65%、粮食产量的77%，粮食贸易的80%。G20在加强对农产品交易监管、增加市场信息透明度和控制粮价波动以及应对饥饿等方面取得了很多成绩，在应对粮食安全问题上也向国际社会发出了明确的合作信号。但是，G20毕竟是由原八国集团（G8）以及其余十二个重要经济体组成的国际经济合作论坛，或者说是一个"旨在促进工业化国家和新兴市场国家开展富有建设性和开放性"的非正式的对话机制。就其成员构成来讲，原八国集团与十二个新兴经济体国家之间政策立场较为鲜明，它们之间的矛盾可以说是当前全球粮食产销格局基本矛盾的一个缩影。在没有强制性约束力的情况下，无论在联合国系统下建立的紧急反应机制，还是其出台的集体应对措施，都要依据个体成员的责任意识、贡献能力以及自身的利益权衡来推行，这也是目前在G20框架的背后仍然还存在G8甚至G7（西方七国首脑会议）等"小集团""开小会"现象的原因所在。

（三）世界银行与国际货币基金组织

与联合国及其下属机构以及 G20 等全球性国际组织重点强调"制度建设"和"目标规划"不同，世界银行和国际货币基金组织（IMF）更侧重于从自身专业角度来诠释和探讨粮食安全问题。作为当今世界的两大金融机构，它们认为在当前经济危机的情况下，全球经济复苏在很大程度上是由发展中国家拉动的，但大宗商品价格攀升使发展中国家"受创严重"，贫困国家更需要支持，必须通过有关政策措施和结构性改革，推动减贫和包容性增长。因此，为满足发展中国家需求，有必要在农业和粮食领域加强多边协调，包括为"全球农业和粮食安全项目"提供足够的资金，以及加强联合国和其他有关机构的伙伴关系。可以说，世界银行和 IMF 对当前粮食安全形势的判断、所采取的行动以及提出的"具有包容性和可持续的全球化"理念，对于国际社会共同化解粮食安全危机、支持发展中国家转变经济增长方式、维护粮食市场稳定都具有重要的现实意义和深远影响。然而，作为同属于传统布雷顿森林体系下的两大金融机构，其提出的"政策"和"计划"又难以摆脱美元的政策调整以及美国国内政治的影响，这使得他们无论在具体的援助项目还是区域政策上都难免存在一定的政策性偏好。

（四）世界贸易组织

应该说，在粮食安全的全球治理方面最具有权威性和有效性的国际组织机构，当属世界贸易组织（WTO）。这个以建立完整和永久性多边贸易体制为目标的国际组织，由关税及贸易总协定（GATT）发展而来。作为全球自由贸易的监管、贸易谈判及解决贸易争端、监督各成员国贸易政策的机构，WTO 拥有一套完整的贸易争端解决机制，这使它在整治国际贸易秩序、解决贸易争端以及监管货物贸易等方面，都具有其他组织无可替代的权威性和有效性，WTO 也因此成为目前国际社会当之无愧的"强组织"。然而，正是由于它的"法律性"太强，使得各成员国在涉及全球农产品贸易谈判过程中谨小慎微、锱铢必较。在推动建立农产品贸易规则方面更是进展缓慢，甚至到了步履维艰的地步。如农产品贸易问题，在关税及贸易总协定下就进行了8轮谈判，WTO成立后，又在WTO框架下经过12年的艰苦谈判后，才最终于2013年的第九届部长级会议上达成了"巴厘一揽子协定"，从而实现了WTO成立18年来多边谈判的"零突破"。

二　区域性国际组织机制的努力及其贡献——以APEC为例

冷战结束后，国际关系呈现出多层次发展的趋势。尽管国家依然是国际社会基本的行为主体，但国家间关系的调节则越来越求助于国际组织，不仅求助于联合国和各类全球性国际组织，也求助于区域性的国际组织。根据WTO测算，自1995年WTO成立以来，向WTO通报的新区域贸易协定以年均11个的速度增加。从参加区域经济合作国家和地区来看，世界上绝大多数国家都至少是一个区域经济组织的成员。这样世界上有近150多个国家和地区拥有多边贸易体制和区域经济的"双重成员资格"。从这点看，多边贸易体制与区域经济化发展之间的关系不但密不可分，而且彼此之间的相互作用与影响直接或间接地构成双方相互存在和发展的条件。作为全球治理的区域办法，区域组织机制是从地缘关系与共同利益的角度来探讨解决粮食安全问题的。由于区域组织内的多数国家同时也是全球性组织的成员，这种"双重成员身份"使区域组织在化解全球粮食安全方面往往扮演着全球性国际组织机制的"探路者"和"急先锋"的角色。这不仅仅是因为农作物在生长环境和条件上具有区域性的特点，在农业技术的开发与合作中也很容易开展，更是由于粮食安全问题往往会直接影响本地区的政治、经济及社会安全与稳定。因此，粮食安全在区域合作中更具有"命运共同体"的意义。

在亚太地区，亚太经合组织（APEC）早在1996年的第8届部长会议上，在讨论经济与技术合作领域时就涉及了农业议题，在

1997 年加拿大环境部长会议期间，APEC 提出了"食品、能源、环保、经济发展与人口工作小组"跨领域倡议时，食品与农业问题开始受到重视。但是作为以促进亚太地区贸易投资自由化、便利化和经济技术合作的区域组织机制，以往 APEC 在探讨国际粮食安全方面更加侧重于粮食贸易和农业技术合作领域。APEC 当时下设的农业技术合作小组（即 APEC 农业合作工作小组的前身）就是以促进 APEC 经济体之间农业技术合作以及改善经济社会发展、分享区域内农业技术及信息管理方面的经验为主要工作内容。鉴于近年来国际粮食价格的不断上涨，面对 WTO 多哈谈判所面临的困境，APEC 内的粮食安全议题在保持原来的粮食贸易和农业技术合作领域的基础上，又进一步扩展为促进农业市场信息的公开以及食品安全等粮食安全领域，并采取切实措施推动亚太地区的粮食安全合作。

但是，我们应该认识到，粮食安全问题毕竟是一个全球性的问题，APEC 作为一个区域性合作论坛，其粮食安全合作必将与该组织内其他安全合作议题一样，有内在的局限性。尤其是在处理粮食安全这样的全球性问题时，其职能范围、权力与资源的运用都将受到制约，这意味着 APEC 在开展粮食安全合作方面也面临着诸多难题与挑战。

（一）APEC 与其他国际组织机制的协调与合作问题

在粮食安全问题缺乏全球性解决方案的前提下，APEC 自身的努力是很难取得实质性成效的。而全球性的解决方案必将触及世界粮食的产销格局以及在市场经济背景下粮食的"能源化"和"金融化"等最根本的问题，这些问题都关乎具体的国家或国家集团的切身利益，它不是 APEC 权力所能企及的。因此，APEC 要想在化解国际粮食安全威胁方面有所作为，就必须与有关国际组织机制协调合作。而如何突出粮食这种无可替代的生活必需品的特殊性，使有关国家（尤其是粮食出口国）及其企业在追逐利润的同时，勇于承担社会责任，这是包括 APEC 在内的所有致力于解决国际粮食安全问题的国际组织机制共同面对的一个挑战。

（二）在 WTO 农产品贸易谈判进展不顺利的情况下，APEC 如何协调各方立场，推进国际农产品合理贸易问题

很显然，在化解粮食安全威胁方面，营造一个公平合理的国际农产品贸易秩序是必要的。但是目前，世界贸易组织在围绕着农业问题所进行的多哈回合谈判刚刚达成协定，在今后的国际农产品贸易实践中，发达国家中的粮食出口国以及凯恩斯集团能否大幅削减对农产品的出口补贴、自给国集团能否大量削减关税和配额限制等一系列关乎农产品合理贸易的机制都还没有最终建立起来。在这种情况下，作为一直扮演 WTO 探路者的 APEC 能否承担起协调区域内各方立场的重任，使发达国家和发展中国家都做出相应的让步，进而推动国际农产品合理贸易，是当前 APEC 面临的重要任务。

（三）如何发挥自身在技术合作领域的优势，在提高区域内发展中成员粮食产量及有关农业技术方面发挥更大的作用

亚太地区地域辽阔，各成员之间农业发展水平差距很大。可以说，目前全球范围内粮食安全面临的所有问题，如粮食生产不平衡问题、南北差距问题、农业基础设施建设问题、人口问题、贫困问题、食品安全问题以及发展水平与技术水平问题等在亚太地区都存在。而对于本地区广大的发展中国家来说，粮食安全不仅是经济和民生问题，也是发展和安全问题。从目前亚太地区产业分工的现实状态上看，对以农业为支柱产业的发展中成员来说，与以高新技术产品出口为主的发达成员不同，农产品在其对外贸易中占有相当大的比重，农产品是其换取其他工业、电子以及其他高科技产品的主要商品。在发达成员尚不能完全放开高新技术的情况下，单方面要求发展中成员完全放开农产品的管制，不仅将导致国际贸易失去平衡，也不符合APEC "区域内共同繁荣与发展"的目标。更何况，在这些以农业为支柱产业的发展中成员内，农业人口的比重都很大，粮食安全对维护

本国、本地区的社会稳定也极其重要。在这种情况下，如果完全放开本国的粮食贸易管制，在发达成员高科技、低成本、大规模的农产品冲击下，很容易导致其国内更多的农业人口失业、农业用地流失、农业科技发展停滞等后果，粮食安全也将进入恶性循环状态，从长远看这更不利于地区的稳定以及粮食安全。因此，为了从根本上解决亚太地区的粮食安全威胁，关键在于 APEC 能否把更多的精力集中在技术合作领域，提高区域内发展中成员粮食产量及有关农业技术，并利用这一合作平台，实现理念与行动之间的无缝连接、贸易政策与资金技术支援的双向互动，开展务实的粮食安全合作，使发达成员在农业技术转让与资金方面给予发展中成员更多的支持，提高亚太地区整体的粮食产量和农业现代化水平。

当然，APEC 是一个"弱组织"，它并不像 WTO、IMF 那样具有较强的政策执行能力。但是，我们也应该看到，正是由于 APEC 是一个论坛性质的区域合作机制，使它在探讨国际粮食安全合作方面具有更大的政策调整空间与斡旋能力，这一特点使它具备了扮演其他"强组织"的"探路者"功能。十多年来，APEC 在亚太地区开展粮食安全合作的切入点、推进模式和途径以及所取得的经验和教训，不仅已经为亚太地区开展深入的粮食安全合作奠定了坚实的基础，也为其他国际组织机制解决粮食安全问题提供了一个可借鉴的范例。因此，在今后的粮食安全合作中，只要 APEC 能够坚持自身开放性论坛的特点，履行本组织的宗旨和目标，在继续推进区域内贸易投资自由化、便利化和经济技术合作的同时，加强与其他有关国际组织机制的协调与合作，努力建立起互惠互利、稳定协调的粮食安全合作机制，必将有效抵御和化解区域内乃至全球范围的粮食安全威胁。

总之，要从根本上解决全球的粮食安全威胁，关键在于国际社会能否把更多的精力集中在发挥自身在技术合作领域的优势上，以提高区域内发展中成员粮食产量及有关农业技术上，实现理念与行动之间的无缝连接、贸易政策与资金技术支援的双向互动。应积极开展务实的粮食安全合作，使发达成员在农业技术转让与资金方面给予发展中成员更多的支持，提高亚太地区整体的粮食产量和农业现代化水平。在今后的国际粮食安全合作中，国际社会如何发挥各种机制在化解全球粮食安全方面的有效作用，统筹协调各种国际组织机制的功能，在国家、区域以及全球范围内建立起互惠平衡、协调稳定的粮食安全合作机制，是当前国际社会化解粮食安全所面临的首要任务。

第四节　全球粮食安全合作面临的挑战以及我国的对策措施

一　全球粮食安全合作面临的挑战

多年来，国际组织在保障国际粮食安全合作方面所采取的措施和取得的成就是有目共睹的，特别是在厘清"粮食安全"的概念及问题领域；针对全球粮食价格飞涨、土地和水资源短缺、气候变化加剧、能源需求提高和人口增长等方面发出的各种倡议；呼吁各国加大农业生产性投入、增加粮食产出以及营造健康的国际农产品贸易秩序、创建粮价协调联动的国际机制；采取切实措施对一些发展中国家提供资金技术援助和发展理念等诸多方面，国际组织确实发挥了任何一个主权国家都无法实现的作用，而这些都是国际社会化解粮食安全威胁所必要的过程。但是，我们也应该认识到，粮食安全问题毕竟是一个全球性问题，在主权国家依然是国际社会主要行为主体的当今世界，任何一个国际组织机制都有其内在的局限性，这意味着国际组织在开展粮食安全合作方面面临诸多难题与挑战。鉴于这种国际现实，笔者认为国际社会化解粮食安全的基本路径，应首先以提高主权国家自身的能力建设为前提，再通过双边和区域办法来制衡国际粮食市场，并以此为基础促使国际社会加强协调，建立起互惠互利、长期有效的国际粮食安全合作机制，来抵御和化解全球范围内的粮食安全威胁。

二　我国的对策措施

我国是一个以农业为主的大国，也是目前世界上人口最多的国家，粮食安全的重要性对我们来说是不言自明的。几年来国际粮食价格的波动对我们国家的农业、农村、农民都产生了巨大的负面影响。但这种局面并非到了不可控制的地步，在我国农业基础尚存、农村劳动力充足以及拥有巨大的农产品产销市场的情况下，我国应从战略高度构筑我们的粮食安全体系。

（一）合理规划我国的粮食生产布局

应该认识到，目前世界农产品产销格局所存在的弊端、市场秩序混乱以及调控手段缺失，这些都不是短时间内能够解决的。而在某些粮食生产大国仍然把粮食作为其推行全球战略的工具的现实条件下，粮食安全被能源化和金融化的现状不仅不会在短期内解决，更不是仅仅依靠国际组织机制能够解决的。从某种意义上说，各种组织机制只能为化解粮食安全提供一个可资选择的合作渠道与平台，粮食安全的全球治理最终还是要回归到主权国家层面。

有鉴于此，我国应该合理调整国内的粮食生产布局，依靠我国南北气候各异以及广阔的幅员优势，在全国范围内继续加大投入并经营好南方、北方、东部、西部以及中部的主要粮食产区，在确保18亿亩耕地"红线"的前提下，基本保证主要农作物实现自主供给。同时，通过外交及商业合作，建立起双边及多边粮食安全框架，避免由于我国部分省区因自然灾害导致的粮食极度短缺而在粮食安全上受制于人。

（二）切实落实好原产地规则

原产地规则，即货物原产国规则，是一国根据国家法令或国际协定确定的原则制定并实施的，以确定生产或制造货物的国家或地区的具体规定，是用以确定产品原产国的规则，也可以认为是判断货物的

"经济国籍的标尺"。原产地规则原本是为了实施关税的优惠或差别待遇、数量限制或与贸易有关的其他措施，要求海关必须按照原产地规则的标准来确定进口货物的原产国，给以相应的海关待遇。但是，这项原则在粮食及食品安全问题较为突出的今天，它的意义远不应该仅仅停留在关税领域，还应体现进口国的消费者对原产国产品的信任程度和感情因素。在 WTO 贸易规则和自由贸易的大背景下，贸易关税实际上已经处于比较低的水平，更何况有很多产品是通过合资的渠道进入我国消费市场的。因此，就目前的国际贸易来讲，仅仅依靠关税实际上对进口产品不会有太多的约束。在这种情况下，切实落实好原产地规则，有利于我们在贸易规则下缓解国外农产品对我国造成的压力，同时也给我们的消费者以更大的选择权和知情权。

（三）严格管控我国的农业生产资料进口

尤其是那些经营种子、化肥、农药以及除草剂的外贸企业、合资企业，要从国家和战略高度对上述企业进行严格管控。对那些只顾追求企业自身利益、并造成实际不良后果的企业和个人，要加大处罚力度。同时也要避免官商勾结，通过变通渠道获得许可等不正当途径，将我们禁止的农业物资流入国内市场。

鉴于转基因产品的危害目前尚无定论，考虑到我们作为 WTO 成员国身份以及中美关系的现实因素，在转基因食品的终端市场上，可采取国际上比较通行的办法，如注明原产地、加工地以及醒目地标明是否含有转基因成分等，让社会对转基因产品有充分的了解，尊重消费者权益，让消费者有充分的知情权和选择权。

综上所述，笔者认为，尽管近年来很多国际组织机制在化解全球粮食安全危机方面相继发出了很多倡议，也推出了一系列应对措施。但这些组织机制和措施在某些粮食生产大国的政策把控下显得苍白无力，造成"倡议频出而进展缓慢，机制众多而效果有限"的局面。因此，要有效化解当前全球面临的粮食安全问题，需要构建一个从国内到国际、从区域到全球的粮食安全体系。这个体系应以联合国等全球性国际组织的倡议为指导，通过区域办法在地区内部建立起符合本地区特点的粮食安全合作机制，帮助一些发展中国家恢复和提高粮食产量，提高他们的粮食自给能力，而发展中国家也要充分客观地认识自己在粮食安全方面所面临的威胁，并根据自身条件积极参与到国际粮食安全合作中来，使自身在动荡高企的国际市场中具备必要的抗风险能力。

第十章

后现代农业思潮与新型农业模式

第一节 现代农业发展成就

一 现代农业的含义和成就

一般都将农业发展过程划分为三个大的历史阶段，即原始农业、传统农业和现代农业。其中，现代农业正处于发展进程中，其含义是动态和多元的。有研究认为现代农业之后将会是后现代农业或生态农业，也有研究认为未来农业是现代农业的高级阶段（李周，2004；吴广义等，2011；何传启，2012）。一般较能被广泛接受的狭义的现代农业定义就是"石油农业"，又称化学农业、无机农业或工业式农业，是世界经济发达国家以廉价石油为基础的高度工业化的农业之总称。"石油农业"是一种高投入、高产出的现代农业模式。它以19世纪末和20世纪初相继实现的农业"机械革命"和"化学革命"为依托，大量使用以石油产品为动力的农业机械和以石油制品为原料的化肥、农药等农用化学品。与机械化和化学化同步进步的是农业的良种化。20世纪前半叶以美国为主的玉米杂交育种技术的突破和应用、20世纪40—60年代以墨西哥为代表的小麦杂交育种技术的突破和应用以及20世纪60—80年代以印度和中国为代表的水稻杂交育种技术的突破和应用，使得主要粮食作物的单产都有了大幅度提高。从而，石油农业改变了传统农业的投入结构、技术和经营方式，极大地促进了农业生产力的提高，保障了第二次世界大战以来快速增长的世界人口的基本食物供给。

世界谷物总产量从 1961 年的 8.73 亿吨增长到 2011 年的 25.92 亿吨，是 1961 年的 2.97 倍；世界谷物平均单产同期从 1347 公斤/公顷提高到 3664 公斤/公顷，是前者的 2.72 倍。可见世界谷物产量的提高主要是由单产提高带来的。世界肉类产量增长的速度更快。世界肉类产量在 1961 年为 0.71 亿吨，到 2011 年增长到 2.97 亿吨，是 1961 年的 4.17 倍。虽然没有谷物类增产幅度那么大，肉禽类及乳类产品的单产也有明显提升。例如，从 1961 年到 2011 年，猪平均胴体重从 65.8 公斤提高到 78.1 公斤，牛平均胴体重从 159.1 公斤提高到 207.6 公斤，牛奶平均产量从 884.5 公斤提高到 999.6 公斤。同期世界人口从 30.8 亿增长到 70 亿，增长了 1.27 倍[①]。从总量上看，尽管人口不断增长，世界人口的人均农产品产量仍然有大幅度提高。

二　现代农业的发展路径

（一）发达国家的现代农业发展模式

支撑现代农业发展的是技术变革、能源和资本投入、政策支持等一系列因素。一般认为，世界各国发展现代农业的模式根据资源禀赋和社会经济条件可以划分为三种类型。第一种类型是美国、加拿大等人多地少、劳动力短缺的国家，以提高劳动生产力为主要目标，凭借发达的现代工业优势，大力推进农业机械化取代人力和畜力，扩大农场规模，提高农产品总量；第二类是日本、荷兰等人多地少、耕地资源短缺的国家，它们以提高土地生产率为主要目标，科技进步的重点是品种改良、农田水利等基础设施建设、增加化肥和农药使用量，提高单位面积产量；第三类是法国、德国等土地和劳动力比较适中的国家，它们同时重视劳动生产率和土地生产率，既重视用现代工业装备农业，又重视农业单产的增加。例如，从 1920 年到 1990 年，美国的

---

① 本段数据均来自 FAO 网站（http://faostat.fao.org）。

拖拉机数量增加了 18 倍，农用卡车增加了 24 倍，谷物联合收割机增加了 165 倍，玉米收获机增加了 67 倍。1970 年农用化学品的使用量是 1930 年的 11.5 倍。1990 年化肥的使用量为 1946 年的 6.1 倍。由此带来美国农业投入结构的巨大变化。美国农业投入中劳动、不动产、资本三者之间的比例从 1920 年的 50∶18∶32 演变为 1990 年的 19∶24∶57，资本与劳动的比例基本颠倒过来。而在日本，农业现代化以品种改良、农田水利设施建设、结合土壤监测大量使用有机肥和化肥、发展适应于小规模经营的农业机械等为主要路径，极大提高了农业劳动生产率和单位面积产出率。

（二）发展中国家的农业现代化道路

发展中国家现代农业的发展和进步伴随着对农业现代化理论的探索。农业现代化理论的提出和发展基本上是发展中国家在自身条件基础上追求如何实现类似于发达国家现代农业发展模式和成就的过程。国际上与农业现代化可比的类似概念是农业转型或农业革命，也就是采用何种政策、技术和发展路线以实现从传统农业向现代农业的转变。例如，一些发展中国家选择将种植口粮转型为种植经济作物，通过出口经济作物换取粮食以及工业原料，就是一种典型的农业现代化思路。对印度而言，农业现代化基本上等同于以大规模使用改良的生产技术和高产品种为特征的绿色革命（Dholakia & Dholakia，1992）。

作为人口最多的发展中国家，中国的农业现代化具有相当的代表性。中国对农业现代化的理解经历了一系列过程[1]。20 世纪 50—60 年代，主要将农业现代化概括为"四化"或"七化"，其中"四化"包括机械化、电气化、水利化、化学化，"七化"包括操作机械化、农田水利化、品种优良化、栽培科学化、饲养标准化、大地园林化和公社工业化。这个阶段对农业现代化的重点也有不同讨论，有人认为应以机械化和电气化为重点，有人则认为应以化学化和水利化为重

---

[1] 本段参考了廖永松《农业现代化研究综述（初稿）》（未刊稿），特表感谢。

点。20 世纪 70 年代末至 80 年代，理论界借鉴国际经验对中国农业现代化道路进行了重新认识。有人用"新四化"概念，即机械化、科学化、社会化、商品化，代替过去的"老四化"。有人将国外农业现代化技术总结为农业机械技术现代化、农业生物技术现代化和农业生产组织管理现代化，其结果应当体现在劳动生产率、土地生产率、商品率、畜牧业发展水平和农民收入水平等方面[①]（胡树芳，1983）。20 世纪 90 年代以来，中国提出中国特色农业现代化道路。这个阶段对农业现代化的理解一方面更多地考虑了中国国情，例如保障农产品供给、以家庭经营为基础、实施农业产业化经营；另一方面也开始强调农业多功能性，尤其是农业资源环境保护和可持续发展。2007 年中央一号文件对现代农业的定义以及基于广东省经验提出的"高效生态"新型现代农业可以视为这个时期对农业现代化的代表性理解（习近平，2007）。

第二节　后现代农业思潮

一　对现代农业弊端的认识

现代农业发展的成就有目共睹，但是其伴生或派生的弊端也同样有目共睹。当前，农业问题早已经超越农业自身，与诸多全球性重要议题密切联系在一起，如健康和医疗、贫富不均与食物分配、全球气候变化、资源与环境可持续性等。目前现代农业的弊端可以概括为以下五个方面。

（一）产量增加无法避免三类营养不良问题

尽管全球范围内农产品极大丰富，但是世界上依然普遍存在着三类营养不良问题，分别是营养不足、营养过剩以及营养不均衡。根据

---

① 《中共中央国务院关于积极发展现代农业扎实推进社会主义新农村建设的若干意见》，2006 年 12 月 31 日。

联合国粮农组织（FAO）统计，世界营养不足人口在1990年至2013年期间有显著下降，从10.15亿人下降到8.42亿人，占世界总人口的比例从19%下降到12%。营养不足人口的减少虽然是巨大的成就，但是并不意味着食物保障现状无可挑剔。毕竟世界上还有8.42亿人营养不足，他们主要生活在南亚、撒哈拉以南非洲、东亚、东南亚等地区。在最不发达国家，营养不足的典型就是饥荒，人民甚至缺乏足够的主粮。如FAO预计2011—2013年间，撒哈拉以南非洲的营养不足比例高达25%，世界最不发达国家营养不足比例高达29%（FAO，2013）。在一般的发展中国家，除了少量人口由于极度贫困而无法实现温饱外，大部分人的营养不足都是结构性营养不良，即宏量营养素足够，微量营养素缺乏（朱行，2005）。在快速发展的发展中国家和发达国家，营养过剩成为普遍现象。根据WHO统计，2008年世界成年人口体重超重人数达到14亿人，其中5亿人属于肥胖。此外，2001年，约有5000万5岁以下儿童体重超重。在发展中国家乃至低收入国家的城市地区，超重和肥胖人群的增加非常显著[①]。

（二）产量增加伴随食品质量下降和食品安全问题

一般认为，现代农业的标准化和规模化生产模式伴随着食品自身质量的下降和不安全问题。这两类问题意味着，与过去相比，摄入同样数量的食物，有效的营养摄入或者健康效应、体验效应都打了"折扣"。消费者抱怨现在的肉类和蔬菜没有以前香了，或者愿意花高价购买生态产品或有机产品，或者由于食用被污染或含过度有害添加物的食品而产生健康损害，都是现代农业典型的负面效应。食品质量和食品安全是两类不同的问题。食品质量是食品的生物属性，与食品的内部理化结构以及有益成分的含量有关。例如，人们认为长期饲养的"土鸡""土猪"的营养及口味优于标准化快速饲养的肉鸡或肉猪。食品不安全则来自食品中的有害物质残留，包括化肥、农药、重金属、抗生素、添加剂、防腐剂等。这些物质如果超过一定限量就会

[①]　http：//www.who.int/mediacentre/factsheets/fs311/en/.

对健康产生损害。在国际和国内，疯牛病、"瘦肉精"、"三聚氰胺"奶粉、"地沟油"等都是臭名昭著的食品不安全的事例。在食品安全问题上还有一个非常重要的不信任问题。普遍的信任危机会导致食品市场的扭曲，拉大普通食品和那些优质食品之间的利润差距，制约普通食品的安全生产。

（三）与饮食有关的健康与医疗问题日益严重

通过摄食方式进入人体内的各种致病因子引起的通常具有感染或中毒性质的各类疾病统称为食源性疾病，其发病率居各类疾病的前列，是当前世界上最突出的卫生问题。至少有三类宏观因素叠加在一起，使得与饮食有关的健康与医疗问题日益严重。

第一，营养转型过度化。营养转型即人类摄入食品结构的变化，主要是指食用更多的肉蛋奶等动物性食品以提高营养水平，有其必要性。但是现实中，无论是发达国家还是发展中国家，营养转型都容易矫枉过正，肉制品、油脂、糖等摄入过多，蔬菜、水果等摄入不足，致使实际消费的食品"金字塔"与建议的食品"金字塔"严重背离。

第二，人们饮食方式和生活方式的变化加剧了过度营养转型的负面效果。现代人生活方式日益社会化，生活节奏日益加快，在外就餐、食用加工食品和快餐食品日益增多，口味加重，饮食缺乏规律，而体力活动量却不断减少。大型连锁经营的跨国公司在农业生产和食品加工领域日益占据垄断地位，为了追求利润而不断延长食品产业链条，提高最终食品的加工程度，并通过营销手段将其施加给消费者（黄圣明，2006）。

第三，食品不安全。食品当中的不安全添加物或残留物成为很多疾病的诱发因素，有的是突然的，有的是长期累积性的。一些与肥胖有关的疾病包括：高血压、乙型糖尿病、心血管病、心绞痛、痛风、睡眠呼吸暂停、呼吸道问题、某些癌症、分娩问题、女性生育能力下降等。美国每年有30万人因肥胖症导致死亡。发达国家30%的癌症都与食品相关。世界卫生组织预计至2025年，乙型糖尿病患者人数将增加到3亿人。食源性疾病或健康问题已经成为居民和国家医疗体系的沉重负担，其治疗所产生的巨额费用是人类不健康饮食方式和食品体系的负产品。

（四）农业资源条件与生态环境形势日益恶化

现代农业以提高经济效益和产量为主要目标。在水土资源基本可以视为有限给定的情况下，增加产量只能依靠技术变革，增大投入组合中其他要素如种子改良、化肥、农药、农业设施等的投入，提高单位面积产量，或者开发边缘性土地用于扩大生产。大规模现代农业生产给农业用水和土地带来了极大的压力。很多地区灌溉水源不足或地下水超采，甚至农业水源受到环境污染。越来越多的农业用地土壤板结、土质退化、重金属等残留物质增多，养殖业废弃物污染大气和地下水，高密度和规模化畜禽养殖导致疫病日趋严重。所有这些因素都意味着农业资源和环境体系已经不堪重负，脆弱性增大，可持续增长潜力下降。另外，农业作为重要的能源消耗和温室气体排放部门已经日渐引起人们的关注。大规模现代农业生产方式，无论是农业机械化、自动化还是化学化，都是以消耗石化能源为基础的，食品加工、贮存和长距离运输也是如此。

（五）食品体系中的利益分配问题

现代农业和食品部门已经成长为一个巨大而复杂的体系，其中技术、经济、社会和政治问题交织在一起。如果说营养不良、食品不安全主要属于社会和政治问题，那么食品体系中的经济问题——主要是食品供应链各环节的利益分配不均问题在一定程度上加剧了上述问题。尽管一直面临资源、环境约束以及粮食安全保障问题，当前农产品和食品市场总体上已经从卖方市场转变为买方市场。市场竞争使得食品供应链上的某个环节，尤其是大型零售商或者中间批发商，具备了一定程度的垄断和控制价格的权力。例如沃尔玛、家乐福、麦德龙等大型超市在全球范围得到高度发展，它们在产业链形成乃至生产的演变中获得了重要的权力。他们为了迎合消费者，与其他企业进行价格竞争，尽力拉低终端销售价格。为此就需要在之前的供应链各环节尽可能降低价格。在供应链上处于起点位置的普通农户由于规模小，难以形成联合力量，往往在供应链利益分配中获得最微薄的利益。由于利益微薄，农民的经济激励往往在于采取各种手段单纯提高产量，这导致食品质量和食品安全无法得到保障。产业链的延长使得农产品或食品上附加的成本越来越多，即使最终价格看似合理，消费者付出的总代价并未减少。

二　对于农业现代化的重新认识

现代农业的弊端引发对农业现代化的重新认识。然而可以看到，无论农业现代化理论如何动态变化，高产和高效都是其核心内容，也就是强调技术和经济层面的改进。不过无论如何，经过第二次世界大战以后将近七十年的发展，农业现代化理论的确包含了越来越多的新含义，使得其有可能摆脱单纯的技术和经济属性局限，成为综合性发展思路或战略。一方面，新的农业现代化理论强调培养新型农民和增加农民收入。这既是维持农业可持续发展能力的内在需要，也是在宏观层面促进农村发展、增进社会公平正义的重要措施。FAO 指出，世界范围内的农业现代化成就只是一部分地区和人口的农业现代化，世界上仍有相当多的农业人口及其农业生产处于传统农业状态。世界粮食不安全是由贫穷农民的生产方式和贫穷消费者的购买力决定的，而不是由发达的现代农业决定的。[①] 另一方面，新的农业现代化理论也更加强调资源节约和环境友好以及食品安全。这是发展中国家的不得已选择，也是对发达国家现代农业发展教训以及单纯学习发达国家高产农业模式所产生的不良后果进行总结的结果。中国近年来加大对化肥、农药等农业生产资料合理使用的管理力度、加强农业基础设施建设、建立最严格食品安全管理制度，鼓励发展绿色农业、生态农业等新型农业模式，都是新的农业现代化道路的具体实践。

---

① "The socio-economic impact of agricultural modernization", http://www.fao.org/docrep/x4400e/x4400e10.htm.

三 后现代农业思潮与理念

针对现代农业的弊端，在现代农业体系内部的自我转型——即农业现代化理论的动态变化之外，一系列新型农业理念和实践模式也应运而生。对现代农业弊端的反思以及相应形成的新的农业发展理念可以统称为后现代农业思潮。相应地，后现代农业理念之下形成的农业模式可以统称为"后现代农业"，也可以统称为"替代性农业"（National Research Council，1989）。有研究认为，后现代农业应该具有生态性、可持续性、可再生性、多元性、和谐、共同福祉、以小为美等特征（王治河，2009）。也有文章认为，虽然不知道后现代农业是什么样子，但是应当符合一定的生态、伦理以及经济原则（弗罗伊登博格，2008）。

后现代农业的内容包罗万象，凡是某种农业类型能够或者着眼于解决当前现代农业体系的某个或某些问题，便可归入后现代农业的范畴。在这个意义上，各种新型农业模式都属于后现代农业范畴。新型农业模式都有特定的理念或思想的支撑。实践中一些影响较大的新型农业理念包括有机农业、生态农业、可持续农业、循环农业、低碳农业、绿色农业、替代性农业等。这些概念或理念基本上已经广为熟知，在此不赘述。需要说明的是，它们并非相互独立，而是有着密切联系的。各种理念的出现时间有先后之分，提出的具体背景也各不相同，但是它们在发展演变过程中相互吸收和借鉴，在各自保留特色的基础上呈现出较强的共性。这些新型农业理念都共同针对现代农业发展中伴生的问题，具有消除这些伴生性问题的共同使命。它们以具有最严格标准的有机农业为核心和交集，相互交叉，部分重叠，并各有侧重。它们交叉重叠之后构成的总体（包括中国具有较低可持续性标准的无公害农业）可以较为完整地体现后现代农业理念的全貌（图 10 - 1）。也就是说，可持续农业、生态农业、替代性农业在广义上都可以理解为同一个概念，它们共同体现于一系列拥有不同内涵和外延的更加具体的理念之中。完整的可持续农业理念已经通过多种方式在一定程度上应用于改造现代农业的实践。当前农业发展的生态环境形势尽管依然严峻，但是与30年前或50年前不同的是，学界、政府以及大型企业对于可持续农业或生态农业的理念已经没有异议，需要做的是如何从高生态环境胁迫的现代农业模式向低生态环境胁迫的新型现代农业模式转型，尽管这个转型在实践中将会是非常困难的过程。

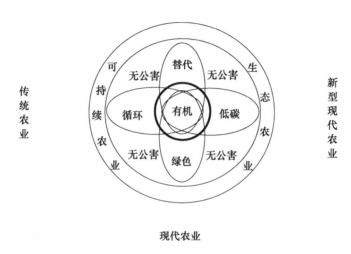

图10-1　各种改造现代农业新理念的相互关系及其与现代农业的关系

第三节　新型农业模式发展状况

由于缺乏明确的概念口径和数据来源，无法对新型农业模式的发展作完整的说明。新型农业模式在世界范围内得到广泛的实践，有的与相关理念高度吻合，如有机农业；有的则是复合性的，如慢食运动。新型农业模式的推动力量有政府组织、非政府组织、研究机构等，也有的仅依靠市场力量维持。各种新型农业模式在相似的后现代农业或替代性农业理念指导下，有的单纯地着眼于独特的市场空间，有的自我赋予了生态、社会等额外使命，还有的肩负着改造现代农业的历史使命。总的来看，新型农业模式的发展尽管有不同的驱动力量，但是依然服从市场经济法则，其发展程度与所在地区的经济发达程度及消费能力高度相关。

一 新型农业模式的倡导和推动

（一）新型农业理念的倡导

新型农业理念的倡导者最初是各类从事农业研究或者生态研究的学者，他们将社会调查、田间试验和分析研究结合在一起，通过尝试解决微观农场和宏观社会层面的问题而提出新的农业发展理念和可行的模式。这些研究工作一旦取得显著效果和影响，便有可能成立专门的研究机构、学会或协会以及近年来越来越多的非政府组织，由他们来继续开展试验，组织不同层次的交流，制定相关的行业标准（如有机农业），甚至开始影响政府政策。例如，有机农业的主要倡导者——国际有机农业运动联盟（IFOAM）是由大量有机农场和研究机构组成的协会性质的机构，如今在全球范围内发挥着管理和认证有机农业的职能。生态农业是一个更加广泛应用的概念，似乎并不存在全球性的倡导或管理机制，但存在很多区域性协作机制（例如东南亚大学农业生态系统研究网络）。目前在全球 100 多个国家推行的慢食运动就是由一个纯粹的民间非政府组织——国际慢食运动联合会倡导和推动的。

20 世纪 80 年代以后，由于可持续发展思潮的兴起，国际组织逐渐成为主要的新型农业理念的倡导者。可持续农业和可持续发展一样，是由联合国和 FAO 所推动，并写入了有关的战略文件。各国基本上用已有的发展新型农业的理论或政策框架来推动可持续农业发展。总体上，在经过了长期的持续不懈的努力之后，当前发展新型农业的理念已经深入人心，成为研究者、社会机构、政府部门的共识，在产业部门那里则主要是理念的普及程度和实施的可行性问题。

（二）新型农业模式的推动

新型农业模式的推动者主要包括政府、政府间国际组织、一些非政府组织以及研究和推广机构。近年来日益重要的可持续农业、低碳农业等都是由 FAO、欧盟等大力推动的。非政府组织为了倡导理念，往往会资助甚至参与一些新型农业模式的实践，例如世界自然基金会、国际小母牛组织等。又如，美国的有机农业最初在一些农场和研究所进行探索，后来是通过美国农学会、作物学会、土壤学会等学术社团联合召开的研讨会得以总结和推广。美国的替代性农业理论体系和政府支持项目也是通过半官方决策咨询机构——美国农业理事会组织的研究工作得以建立（程序，2003）。还有很多国际组织实际上是新型农业生产者的联盟，例如 IFOAM 以及慢食基金会等。他们的主体会员是有机食品或慢食的生产者，但是他们又高于一般性的生产者联合体。他们不直接从事生产，但是可以提供技术、信息交流平台，并对联盟内的生产者实施技术指导和产品质量的认证和监督。新型农业的最关键的推动者应是政府，得到政府的支持越多，其发展的速度也会越快。通常情况下，各国政府都会以专门项目的形式支持新型农业的发展，典型的如有机农业、生态农业、低碳农业等。尤其是在中国，对于有机农业、绿色农业、生态农业等，都已经建立了相应的（准）政府机构或者专门的政府项目予以管理、支持和推广。

二　部分新型农业模式的发展状况

（一）世界有机农业

在全球范围内，有机农业是标准化程度最高的新型农业模式。尽管各国的有机农业标准不尽相同，只要是在 IFOAM 可以接受的范围之内，都属于有机农业。有机农业和有机食品都具有明确的具体标准，都需要经过授权认证机构的认证，所以有机农业的数据信息相对来说最为完整、可得。IFOAM 是最为权威、覆盖面最广的有机农业生产者和支持者的联合会，目前共有 600 余名会员和准会员以及约

100 名支持者。IFOAM 与有机农业研究所（FiBL）合作，共同编制世界有机农业年度统计分析报告。本书对世界有机农业发展状况的介绍以 2013 年统计报告（*The World of Organic Agriculture*：*Statistics and Emerging Trends 2013*）为基础。

截止到 2011 年年底，全球以有机方式管理的农业用地面积为 3720 万公顷①（包括处于转换期的土地），占全球总农业用地的 0.9%。其中，大洋洲以 1220 万公顷（占世界有机农业用地的 32.7%）的面积具有绝对优势，成为全球有机农业用地面积最大的洲；其次为欧洲（1060 万公顷，28.6%）；接下来是拉丁美洲（690 万公顷，18.4%）、亚洲（370 万公顷，10.0%）、北美洲（280 万公顷，7.5%）和非洲（110 万公顷，2.9%）。有机农业面积位列前三位的国家分别是澳大利亚（1200 万公顷）、阿根廷（380 万公顷）和美国（195 万公顷）。中国有机农业面积为 190 万公顷，与美国接近。在以面积计算的世界 10 大有机农业生产国中，除中国以及澳大利亚之外，有 4 个位于美洲，分别是美国、巴西、阿根廷和乌拉圭，有机农场规模都比较大；另外 4 个都位于欧洲，分别是意大利、德国、法国和西班牙，有机农场规模都比较小。

2011 年，全球有机生产者为 180 万个，其中亚洲占 34%，非洲占 30%，拉丁美洲占 18%，欧洲占 16%。大约三分之一的有机农业用地（1200 万公顷）和超过 80%（约 150 万个）的有机生产者分布于发展中国家和新兴市场国家。总有机农业用地中约 90% 有明确用途，其中有机草地或牧区占 2/3（2320 万公顷），一年生作物占 17%，多年生作物约占 7%。主要的一年生有机农作物包括水稻（260 万公顷）、青饲料（220 万公顷）、油料作物（50 万公顷）、蛋白质作物（30 万公顷）和蔬菜（20 万公顷）。主要的多年生有机农作物包括咖啡（约 60 万公顷）、橄榄（50 万公顷）、坚果与葡萄（各约 30 万公顷）以及可可（20 万公顷）。

---

① 注：各大洲加总面积为 3730 万公顷，比总面积大 10 万公顷。原报告如此，未作进一步核实。

　　尽管全球经济增长放缓，国际有机产品的销售额仍然持续增长。据"有机观察"（Organic Monitor）估计，2011年世界有机食品（含饮料）的销售额达到了630亿美元。与2002年相比，有机食品市场约扩大了170%。有机食品的需求主要集中在北美洲和欧洲，这两个世界上最富裕地区的市场需求占到了全球整个有机市场的96%。虽然各大洲现在都有有机农业实践，但是需求还是集中在这两个地区。其他地区，尤其是亚洲、拉丁美洲和非洲生产的有机食品，主要用于出口。2011年，全球最大的有机市场依然是美国、德国和法国，销售额依次为210.38亿欧元、65.90亿欧元和37.56亿欧元。全球有机食品人均消费最多的三个国家依然是瑞士（177欧元）、丹麦（162欧元）和卢森堡（134欧元）。市场份额最高的国家则是丹麦、瑞士和奥地利。2008年以来，由于国际金融危机的影响，发达国家有机食品需求增长趋缓，而全球有机农产品产量则不断增长，造成市场供求失衡的潜在可能，从而可能引起有机农业生产和市场的波动。

　　从总面积看，世界有机农业规模比2000年增长了2倍以上，目前已经接近世界农业总面积的1%。有机农业生产者的数量也增加很快，尤其是在发展中国家，目前80%的有机农业生产者都位于发展中国家。然而需要看到，世界有机农业的分布是非常不均衡的。在生产上，有机农业主要分布在大洋洲、欧洲和拉丁美洲，而有机食品市场主要分布在欧洲和北美。在农用地类型上，约2/3的有机农业用地属于牧草地，用于养殖业，主要分布于大洋洲和拉丁美洲。大洋洲国家主要是澳大利亚，其有机农业面积为1200万公顷，占大洋洲有机农业面积的98.4%，其中97%均为牧草地。如果将澳大利亚作为特例暂不考虑，那么世界有机农业的发展形势就不乐观了。

（二）部分国家的生态农业

　　生态农业是一个宽泛的概念，但是也并非毫无边界。当一些国家政府将具有特定内涵的生态农业作为政府项目来推动时，就可以对这种相对狭义的生态农业进行描述。根据有限资料，中国的生态农业、日本的生态农业以及韩国的生态农业基本上都属于这种类型，这三个国家同处于东亚地区。

1. 中国的生态农业

中国的生态农业概念自从在 20 世纪 80 年代初被提出以来，得到政府部门的迅速响应，原国家环保总局和农业部共同牵头实施生态农业建设。环保部的生态农业建设可以大体分为生态农业试点和生态示范区建设两个阶段。1982—1994 年为第一个阶段，由原环保部联系农业部等七个部、委、局联合，分批实施不同地区和不同级别的生态农业试点。到 1995 年年末，全国省级生态农业试点县达 100 个，近 20 个地级市开展了生态农业建设，各种生态示范点（村、乡、县三级试点）超过 2000 个。1995 年以后为第二个阶段，原国家环保总局开始实施生态示范区建设，生态农业类型的生态示范区是其中的重点类型。到目前为止，环保部已经批准建设了 9 个生态省试点，其中一共分七批批准 528 个国家级生态示范区试点。至 2008 年，有 389 个试点通过验收并命名。

除了参与生态农业示范县建设外，农业部组织实施以沼气生态系统为核心的生态家园富民计划（工程），通过沼气系统带动生态农业发展。自从 2000 年启动以来，中央累计投入 248 亿元支持发展农村沼气，约有三分之二的额度直接补助给农户用于沼气池的建设。据估计，2011 年年底沼气用户（含沼气集中供气）4168 万户，其中户用沼气池保有量约为 3997 万户，受益人口约 1.6 亿人。农村沼气年产量 155 亿立方米有余，约为全国天然气年消费量的 11.4%，生产有机沼肥近 4.1 亿吨，为农民增收节支 470 亿元（王晓君等，2013）。但是据分析，中国沼气工程多少年来仍然一直处于"示范"阶段，还只是某种"吃政府补贴"的公益事业，离形成产业还十分遥远。[①] 尤其是以沼气为纽带的生态农业多数都是徒有虚名，只有那些运行良好的大中型养殖场有可能真正发挥了沼气系统的生态功能。

近年来，农业部大力推动"三品一标"农业的发展，即有机食

① 陈阳：《中国沼气产业为何走不出"示范"阶段》，《中国经济导报》2013 年 11 月 26 日。

品、绿色食品、无公害农产品和地理标志保护农产品。这四类农业类型可以代表经过认证的广义生态农业或绿色农业。其中，除了有机农业以外的其他三种类型的农业都具有中国特色，都是政府直接扶持和鼓励发展的新型农业模式。1992 年，农业部设立绿色食品管理办公室和中国绿色食品发展中心，逐级向下委托各级绿色食品管理机构，并设有多家绿色食品环境定点监测机构和产品定点检测机构。中国制定了绿色食品标准，实施绿色食品认证，对绿色食品进行证明商标管理。2001 年，农业部启动"无公害食品行动计划"，由农业部农产品质量安全中心负责实施。无公害农产品是指使用安全的投入品，按照规定的技术规范生产，产地环境、产品质量符合国家强制性标准并使用特有标志的安全农产品。无公害农产品认证分为产地认定和产品认证，产地认定由省级农业行政主管部门组织实施，产品认证由农业部农产品质量安全中心组织实施。农产品地理标志是指标示农产品来源的特定区域，产品品质特征主要取决于该特定地域的自然生态环境、历史人文因素及特定生产方式，并以地域名称冠名的特有农产品标志。农产品地理标志由农业部负责组成评审和登记。[①]

　　到 2012 年年底，绿色农业的产地环境监测面积达到 2.4 亿亩，其中农作物种植面积 1.9 亿亩，约占全国耕地面积的 10%。全国共有绿色食品认证企业 6862 个，有效使用绿色食品标志的产品总数达到 17125 个，绿色食品年销售额 3178 亿元，出口额 28.4 亿元。2012年，绿色食品大米产量达到 1130 万吨，绿色食品蔬菜为 1423 万吨，绿色食品鲜果为 1043 万吨。绿色食品的肉类、肉制品产量也有相当的规模。截至 2012 年年底，全国无公害农产品产地达到 76686 个，其中种植业产地面积约占全国耕地面积的 49%；有效无公害农产品达到 74529 个，总量 2.8 亿吨，约占食用农产品商品总量的 35%。全国累计公告颁证农产品地理标志 1047 个，农产品地理标志连续 4 年

---

　　① 《农产品地理标志 50 问》，中国农产品质量安全网，http：//www. aqsc. agri. gov. cn/ncpdlbz/ywjj/201302/t20130225_ 108875. htm。

抽检合格率为 100%。①

2. 日本的生态农业②

20 世纪 50 年代以来，随着经济的快速发展，工业技术革新的成果不断进入日本农业领域，促进了其农业技术革新和农业生产力的发展，同时也产生了许多负面效应。20 世纪 70 年代，日本提出生态农业概念，重点是减少农田盐碱化、农业面源污染，提高农产品质量安全。日本生态农业的发展经历了强调农产品（加工品）质量安全和农业生态环境质量保全，实现可持续发展的过程。在日本生态农业的发展过程中，政府颁布了很多政策、法规，并不断进行完善。1992 年，日本政府颁布《新的食品、农业、农村政策的方向》，提出发展环境保护型农业，并把它作为农业政策的新目标。环境保护型农业是指灵活运用农业所具有的物质循环机能，注意与生产相协调，通过精心耕作，合理使用化肥、农药等减轻环境负荷的可持续农业。其基本内涵是农业不仅应稳定地提供农产品，还应与环境相协调，实现人与自然和睦、协调发展。在日本，小农经济在农村占有绝对优势，资源的节约与充分利用是日本发展生态农业的首要考虑。在政府与社会各界的支持下，日本发展生态农业的形式多种多样，主要有再生利用型、稻作—畜产—水产三位一体型、畜禽—稻作—沼气三位一体型等。此外，有机农业自然也是日本生态农业的重要组成部分。

为鼓励农民进行生态农业投资，日本政府在全国鼓励发展"环保型农户"，从政策、贷款、税收等方面对农民给予支持，以提高环保型农户的经济效益和社会地位。拥有 0.3 公顷以上耕地、年收入 50 万日元以上的农户，可以进行申请，准备环保型农业生产实施方案，报农林水产县行政主管部门审查，再报农林水产省审定，合格的申请者将被确定为环保型农户。对环保型农户银行可提供额度不等的无息贷款，贷款时间最长可达 12 年。在购置农业基础设施上，政府

---

① 《全国无公害农产品暨农产品地理标志工作座谈会在重庆召开》，中国农产品质量安全网，http://www.aqsc.agri.gov.cn/zhxx/xwzx/201303/t20130329_109762.htm。

② 本节及下节内容主要由朱立志研究员提供，特此说明并表感谢。

或农业协会可提供 50% 的资金扶持。并且第一年在税收上可减免 7%—30%，以后的 2—3 年内还可酌情减免税收。对有一定规模和技术水平高、经营效益好的环保型农户，政府和有关部门可将其作为农民技术培训基地、有机食品示范基地以及生态农业观光旅游基地，提高为社会服务的综合功能。

　　日本目前有四部法律法规涉及生态农业的发展，分别是《食物、农业、农村基本法》《可持续农业法》《堆肥品质管理法》和《食品废弃物循环利用法》。其中，1999 年的《食物、农业、农村基本法》，是在对日本 1961 年颁布实施的《农业基本法》进行评估之后，制定的具有时代新理念的政策法规，是 21 世纪日本食物、农业、农村政策的基本方针。新《基本法》核心在于实现农业可持续发展与农村振兴，确保食物的稳定供给，发挥农业、农村的多种功能。《可持续农业法》是与《基本法》相配套的法规之一，明确规定了农业生产须使用堆肥和其他有机质生产资料，使用农林水产省令规定的高效减量的农药、化肥，生产者在实施可持续农业生产方式时需要接受政府"认定"。《堆肥品质法》是与《可持续农业法》相配套的单项专业性法规，对堆肥的生产和销售进行严格管理。《食品废弃物循环利用法》是促进食品废弃物循环资源再生利用的相关法规，对从事食品循环资源的肥料、饲料化处理业者建立注册制度，促进委托利用事业。

　　3. 韩国的亲环境农业

　　针对农业发展中的一系列影响农业可持续发展的环境问题，韩国政府从 20 世纪 90 年代初期开始发展亲环境农业。20 世纪 90 年代后期，韩国大幅度扩充和完善促进政策，制定和实施一系列亲环境农业政策促进计划。1997 年，韩国颁布《环境农业培育法》，2001 年修订为《亲环境农业培育法》。亲环境农业是指遵守农药安全使用标准和农作物施肥标准量、适当使用家畜饲料添加剂等，使化学生产资料的使用维持在适当水平，通过畜产粪尿的适宜处理和再利用等，保护环境，生产安全的农（畜）产品。亲环境农产品分为有机农产品、转换期有机农产品、无农药农产品、低农药农产品、一般亲环境农产品等类型，并给予相应证书。同时就亲环境农产品证书的申请、审批、审批机关的制定及取消、证书有效期限以及违法行为的处罚量刑等进行必要的规定，保障认证的公正性和有效性。2000 年起，韩国农林部每五年制定一次《亲环境农业培育计划》，第一期为 2001—2005 年。五年计划以农业与环境协调、可持续发展为理念，提出两大基本目标：第一，通过确立适宜于区域条件、农民经营规模、农作物特点的亲环境农业体系，提高农民收入，生产高质量安全农产品；第二，通过确立农产、畜产、林产相联系的自然循环农业体系，保护农业环境，增进农业的多元公益性职能（金钟范，2005）。到 2009年，韩国亲环境农业种植面积已达到 10 万公顷左右，占全部农业面积的 34%，而 2004 年仅占 1.3%。其中，低农药农产品占 20%，无农药农产品占 13%，有机产品占 1%。从 2010 年开始，亲环境农业已取消低农药产品生产，只有无农药和有机农产品生产。

为补偿实践亲环境农业的农民可能遭受的收入减少情况，奖励农业、农村的环境保护和安全产品生产，1999 年韩国政府开始引进并实施亲环境农业直接支付制度。亲环境农业直接支付制度是指政府向亲环境农产品生产者即获得亲环境农产品认证证书的农民，直接支付补偿金的一种收入支持的政策，与提高价格收购政策等形成对比。对种植生态农产品造成低于一般农产品收益的，两者差价由政府予以补贴，并对有机农产品和低农药农产品实行差别补贴。由生产普通农产品改为生态农产品的，政府免费提供基础设备、材料并给予补贴。此外，韩国很重视对农民的职业教育，丰富他们的有机农业生产知识。在 2005—2009 年期间，韩国实施生态农业培训计划，通过多种形式免费培训农民，使农民掌握有机农业的科技知识和操作规范。

（三）部分替代性农业模式

1. 都市农业

一般认为都市农业起源于 20 世纪初德国的市民农园。1935 年和 1950 年，日本学者青鹿四郎和美国学者欧文·霍克相继提出都市农业概念。国际组织较为认同的都市农业定义是：都市农业是指位于城市内部和城市周边地区的农业，是一种包括从生产、加工、运输、消费到为城市提供农产品和服务的完整经济过程。从农业和城市发展的依存关系来看，都市农业并不特指某个农业形态，而是强调农业和城市共生的发展理念。都市农业与一般农业相比具有除了保障食物供应之外的多种功能，包括环境效应、为劳动力提供就业机会、为城市低收入者提供生存机会、提高社会公平和女性参与、城市资源循环和集约利用、休闲和文化功能等。20世纪80年代以后，都市农业在发达国家和发展中国家都普遍地受到重视。UNDP、FAO等国际组织将都市农业作为创造食品、就业和可持续城市的重要经济活动加以推广。在国际层面还建立了以位于荷兰的国际都市农业中心（RUAF）为核心的都市农业国际研究网络，工作组分布于拉美和加勒比海、西非、东非和南非、北非和中东、东南亚和中亚以及中国。①

　　在发达国家和地区，都市农业基本上能够实现经济、生态、文化休闲等多种功能，而都市农业的具体实现形式在不同国家和地区各有不同。总的来看，都市农业的实现形式包括农业公园、观光农园、市民农园、银发族农园、休闲农场、高效农业园区等。可能算是日本和中国台湾都市农业成功发展的典型例子。与西方国家相比，日本都市农业开发相对较晚，但是发展速度很快，成效显著。日本的都市农业包括都市计划区及都市近郊的农业。由于可耕地面积极为有限，又要追求最大限度的粮食安全，日本将城市内部和周边的多数空闲土地和水面都投入了农业生产。随着城市的发展和"城市病"的出现，市民希望有更多的休闲活动。公园式绿地远远不能满足需要，于是观光农园、市民农园等休闲型都市农业应运而生。为了推动都市农业发展，日本制定了有关的法律法规，如《生产绿地法》《市民农园整备促进法》等。日本在世界上属于少数积极支持都市农业发展的国家，其土地利用和税收体制都有利于都市农业，甚至还将都市农业纳入了常规普查。日本为都市小规模农业经营开发了专门的种子、作物类型

---

　　① 参见中国国际都市农业网，http：//www.cnruaf.com.cn/network/world/2012/0205/124.html。

以及工具，营销体系也适合都市农业。社区支持农业也较早地在日本发展起来。

中国台湾都市农业的主要形式是休闲农业。早在 20 世纪 80 年代初，观光农园就开始在岛内出现。1984 年，台湾当局"农委会"与台湾大学合作，举办了首次"发展休闲农业"研讨会，会议得出发展休闲农业、满足多种需求、官方应主动支持都市农业发展的结论。1994 年，台湾大学召开由产、学、官三方参加的"都市农业发展研讨会"，得出把发展都市农业作为实现都市建设目标、建设有农城市的结论，强调农业与人、城市、自然的和谐关系。台湾的都市农业强调"三生"功能，即生产功能、生活功能和生态功能，具体还包括教育、医疗保健、文化传承等功能。台湾都市农业主要形式包括观光农园、市民农园、农业公园、休闲农场等。台湾在 1992 年制定了"休闲农业区设置管理办法"，并在 1996 年修订为"休闲农业辅导办法"，规范和促进了休闲农业的发展。

都市农业在拉丁美洲和非洲这样的欠发达地区呈现出完全不同的景象。大体上，与发达地区的都市农业强调经济、生态、休闲功能不同，欠发达地区的都市农业更多地强调食物安全、就业、出口创汇等功能。拉丁美洲的过度城市化以及非洲的社会危机都是发展都市农业的重要背景，这些因素使得在城市发展农业具有迫切需要。在非洲大陆，20 世纪 80 年代以来，在以往零星发展基础上，都市农业在多个国家同时发展起来。对外开放使得其他国家的生产者将生产技术引入非洲的都市农业，例如泰国的蘑菇种植技术被引入加纳，黎巴嫩人将集约型蔬菜和花卉种植技术引入塞内加尔，越南移民将亚洲的蔬菜和水果引入科特迪瓦，菲律宾人将海藻种植引入桑给巴尔，南非的家禽养殖技术被引入赞比亚。很多非洲城市发展了独具特色的"路边农业"或"河岸农业"，一些城市公园和公共空间也被开发成"生产性景观"。一些非洲国家政府也有意支持都市农业发展，例如部分城市计划实现鲜活农产品的自给自足，部分城市支持社区农园的发展（UNDP，1996）。在拉丁美洲，20 世纪 70 年代和 80 年代，一些政府机构和慈善组织以社会福利项目的形式支持都市农业，包括学校农园、社区农园等。都市农业的发展以多种方式成为农业技术创新的重要手段，包括淡水养殖、无土栽培、温室大棚等，一些都市农业产品可以用于出口。

2. 农产品直销

美国农业部"替代性农业信息中心"设立有专门的"替代性营销和商业模式"栏目，说明在替代性农业生产模式之外，新的销售和商业模式也有可能带动新型农业或生态农业的发展。在美国，21世纪以来，有机农产品的生产和销售经历了快速扩张，其销售渠道、标签策略都相应地发生了显著变化以适应消费者需要（Dimitri and Oberholtzer，2009）。在替代性销售模式中，目前在世界范围内广泛兴起的一种类型是作为农产品直销的一种最新模式——农夫市集（Farmers' Markets）。[①] 由生产者将农产品或食品直接销售给消费者即为直销，这是一种很常见的销售方式，现在在小城市和小城镇依然普遍存在。只是随着城市的扩张和农产品大市场和大流通体制的建立，城市农产品销售（甚至农村地区部分农产品销售）越来越多地依赖批发和零售市场体系，农业生产者越来越多地脱离市场体系。所谓农夫市集是指农户直接向消费者销售优质本地农产品的有形零售市场，与传统农贸市场有本质区别。

农夫市集首先在发达国家建立，其目的一方面是满足城市附近小生产者的销售需要，另一方面是满足城市消费者的多样化需求。现在，越来越多的农夫市集已经超越单纯提供新鲜、优质本地农产品的功能，还附加了文化、娱乐、休闲甚至教育等功能。逛市集不仅可以购买优质农产品，还可以像逛街一样休闲，儿童可以找到游乐的区域，有的还有美食培训和文化表演等。农夫市集最早可能是在美国兴起的。1978年，美国加州颁布直销法令。次年，第一个农夫市集在加州加迪纳市建立。在其他国家，意大利在1984年出现了第一家当

---

① Farmers, Market 很难直接翻译成中文，"农夫市集"尽管拗口，现在已经成为约定俗成的称呼。另外一种典型的直销模式是社区支持农业（Community Supported Agriculture，CSA），这里略过。

地农民的农产品市场，法国和德国是在 1992 年出现农夫市集，英国
则是在 1997 年出现的（Mereatur and Lacourt，2012）。

在美国，目前仅加州就有 700 个以上农夫市集，而且所有的市集
以及市集上的商户都是经过认证和注册的。以加州一个人口仅为 10
万人左右的小城市圣莫尼卡为例，该城市共在 3 个地点建立了 4 个农
夫市集，都位于露天场所，在市集经营时段会由警察封闭道路。这 4
个市集最早的建立于 1981 年，最晚的建立于 1995 年。它们分布于不
同的时间，分工也有不同，有的侧重于普通生态农产品，有的侧重于
有机食品，有的则侧重于美食和文化娱乐活动。

在英国，农夫市集主要由公民社会加以推动。据统计，英国目前
共有 589 个农夫市集。① 其中绝大多数位于英格兰地区，共有 474 个，
苏格兰、威尔士和爱尔兰地区分别有 59 个、36 个和 20 个农夫市集。
农夫市集达到或超过 10 个的郡一共有 22 个，都位于英格兰地区。其
中埃塞克斯的农夫市集数量达到 30 个，是所有郡中最多的；伦敦紧
随其后，共有 26 个。

在意大利，农夫市集的发展在 2007 年才被纳入制度化轨道。最
早由慢食运动和农业协会（Coldiretti）共同创建农夫市集，后来两家
机构的战略发生分野，慢食运动走向国际化路线，农业协会则走上本
土化路线，专门发展本地的农夫市集。农业协会建立了 Campagna
Amica 基金会，专门组织和管理农夫市集，设计了统一形象标识，建
立了共同宣言。任何本地农民要想加入农夫市集，必须首先成为
Campagna Amica 基金会的会员，并且承诺遵守共同宣传，只销售自
己生产的产品，而且接受限价销售。据调查，意大利的农夫市集明显
地促进了有机农产品的销售。意大利有机农产品占 7% 左右，而农夫
市集上销售的有机农产品占 11%，而且销售有机农产品农户的盈利
状况好于销售非有机农产品农户。从 2008 年到 2010 年，意大利固定

① 该数据来源为网站（http：//www.local-farmers-markets.co.uk/index.html），未经核
实，无法保证数据准确性。例如在伦敦农夫市集网站（http：//www.lfm.org.uk/markets-
home/）上，伦敦的农夫市集数量为 20 个，而此网站上是 26 个。

农夫市集的数量从 109 个增加到 705 个，多数位于北部地区。据统计，2010 年，意大利的农夫市集共有 1.6 万生产者和 830 万消费者参与，销售额达到 3.2 亿欧元。这些数据显示了意大利农夫市集非常快的发展速度。

3. 慢食运动

1986 年，慢食运动（Slow Food）起源于意大利，1989 年注册为非政府组织。慢食的定义是"优良、清洁、公平"的食物，其最初宗旨是保护优质的地方性食品和美食带来的快乐以及推动一种慢节奏的生活。慢食运动是与快餐食品针锋相对的反应，提倡一种始于餐桌的不着急的生活方式。慢食运动从推广美食和良好饮食习惯扩展到发掘、保护和开发地方性优良品种和可持续农业生产方式，成为一股影响世界部分地区农业和食品经济发展的不可小觑的积极力量。慢食运动从意大利起步，在几乎全世界范围内快速扩张。目前，慢食运动联合会在全球拥有 1300 个基层社团（convivia）和 100 万个人会员，分布于全球 150 个国家和地区，在包括意大利在内的 7 个国家设立了国家级联合会。在慢食运动联合会层面还设有 2 个独立的基金会和 1 座美食大学，从事生物多样性保护、生产者联合和支持、慢食认证、美食教育等活动。

在支持有特色、本土化的农产品和食品方面，慢食运动独具特色的行动包括两个方面。一方面，建立优质农产品的确认、保护和认证机制（presidia）。目前在全球建立了约 400 个 presidia 项目区，在项目区内对会员的优质产品进行辨识、保护、质量认证和标签管理。慢食基金会授权它的会员的产品使用专有的 slow food 以及 presidia 标识，它们相当于"慢食"质量认证。另一方面，慢食联合会定期在意大利都灵举办美食博览会，向市民宣传美食理念和推广会员的优质产品。该活动每次都会吸引数十万市民参观和购买美食，成为当地一项重要的经济和社会活动。

慢食运动在发达国家和发展中国家有截然不同的发展机制。慢食运动联合会下辖的 7 个国家级理事会均为西方发达国家，6 个属于 G8 的成员。美国是世界上大规模标准化农业生产以及快餐业的典型代表，同时也是除意大利外拥有慢食社团最多的国家。在发达国家，现代农业单一化的生产和消费模式，一方面导致了地方性资源的消失，另一方面也导致了消费者的不满足。为了满足消费者在新时期的多样化食品口味和营养需求，地方性食品生产在夹缝中获得再生，成为食品市场上的新宠，具备更高的收益能力。慢食运动的发展中国家会员同样很多，尤其是大量会员国来自非洲、拉丁美洲和南美洲国家。发展中国家还没有实现从传统农业向现代农业的转型，就已经面临着现代农业的危机。例如埃塞俄比亚提倡在慢食运动的指导下，发展基于地方条件的生存型农业，避免经济全球化的冲击，维持家庭生计。在中国，由于已经有了有机农业、生态农业、绿色农业等新型农业模式，慢食运动的开展难有大的空间。目前在中国仅建立了 7 个慢食社团和 1 个 presidia 项目，其中多个社团还是由外国人牵头建立的。[①]

第四节　新型农业模式与未来农业

一　新型农业模式发展状况评价

应当从两个方面来评价新型农业模式的发展状况，一方面是新型农业模式自身的发展速度和质量，另一方面是新型农业与常规现代农业发展的比较状况。

（一）新型农业模式发展势头迅猛

从第三节列举的部分新型农业模式的发展状况看，可以认为新型农业模式的发展势头是相当迅猛的。尤其是对生产条件和产品的要求都最为严格的有机农业的规模，2011 年比 1999 年增加了 2.38 倍，有机食品市场比 2002 年扩大了 1.7 倍。有机农业的发展在发达国家

---

① 有消息显示，慢食运动（slow food）终于在 2015 年年初在中国建立了分支机构。

和发展中国家齐头并进。北美洲和欧洲是有机食品需求最集中的两个
地区。其他地区,尤其是亚洲、拉丁美洲和非洲生产的有机食品,主
要用于出口,另外也在满足国内高收入群体的消费需求。起源于意大
利的慢食运动,在20余年时间里风行世界150余个国家和地区,拥
有100万个人会员,在全球建立了400个品质认证项目,慢食理念更
是被越来越多的餐饮企业接受而成为饮食新风尚。着眼于有机或生态
农产品销售的各种农产品直销模式也快速发展,除了本章介绍的农夫
市集以外,电子商务、会员制配送、社区支持农业等都如雨后春笋般
出现。各国政策也都加强了对新型农业模式的支持。例如,美国
2014年农业法案中,增加了高附加值农产品市场开发赠款项目、特
种农作物和农机农业支持项目、新生代农场主和牧场主支持项目等,
目的就是支持大规模现代农业之外的其他农业经济形式的发展。

(二)新型农业模式发展的局限

尽管如此,各种新型农业模式的发展却由于其自身的性质而受到
局限。与现代农业相比较,新型农业模式自身有三类限制。第一类是
规模限制。新型农业模式绝大多数都是小规模经营,存在各种规模限
制,难以扩大规模以及进入大市场,在市场竞争中处于劣势。新型农
业的总体规模还受到资源性限制,因为它们对土壤、水源等的质量都
有更高的要求。第二类是成本限制。除了规模不经济外,新型农业模
式的平均生产和经营成本通常要高于常规农业。尤其是新型农业通常
会减少甚至禁止化肥和农药的使用,在生态农业技术使用不充分的情
况下,投入产出比往往会低于常规农业,从而提高了其经营成本。有
机和生态农产品的运输和销售成本也由于其特殊的销售渠道而大大高
于常规产品。新型农业模式往往比常规农业具有更多的非经济效益,
如生态效益、社会效益等。在缺乏政策支持情况下,非经济效益只能
内化在产品之上,从而加大了消费者应承担的生产成本。第三类是市
场需求限制。农产品市场与其他商品一样是分层的,新型农业的产
品——生态或有机农产品处于农产品和食品市场的高端层次,同类产
品的价格高于常规产品的多倍。在市场成熟的发达国家,有机农产品

和生态农产品价格是常规产品价格的 2—3 倍；但是在中国，这个价差高达 3—10 倍。价格提高会增加利润，但是大大限制了市场需求。除此之外，有机和生态农产品市场还受到信任危机的困扰。假冒伪劣产品和华而不实产品的存在损害着消费者对真正优质食品的信赖，干扰了他们对市场上有机和生态农产品的正常选择，导致某种程度的"柠檬市场"效应。①

（三）新型农业未能扭转常规现代农业发展势头

新型农业模式尽管发展迅速，但是毕竟受到各种约束。在当前全球农业体制和全球市场背景下，新型农业的总体规模不大可能取得突破性扩张。与此同时，一般性现代农业，或者常规农业，并非对所有针对现代农业弊端的批评置之不理，故步自封。相反，现代农业体系也在积极反思自身的各种弊病，通过自我改良以延续现代农业的发展。现代农业遵循经济理性，具有强大市场生命力。对于化肥、农药、兽药等化学物质残留问题，现代农业正在尝试通过技术进步加以缓解。例如，新型的标准化养殖场可以做到洁净、无菌运行，废弃物可以做到完全的再利用处理，不仅提高了效率，所生产出来的产品也是安全、优质的。欧盟发达国家已经着手在农业和食品完整体系内提高储藏、运输效率，降低成本和损耗，减少温室气体排放。当前信息技术进步——物联网、云计算、大数据、传感器等，使现代农业在更高层次上实现集约化、精准化，数据化生产经营成为可能。就精准农业来说，传统的测土配方施肥技术通过在大面积土地上建立"施肥决策服务系统"而成为可能，对稀缺水资源的节约和合理施药也可以通过"精准灌溉系统"来实现。同样作为新型农业模式，这些更加现代化的农业模式要求建立更高层次的信息系统和管理系统，要求更大规模的经营面积和投资，从而巩固了现代农业的主体性地位。当然，现代营销技术和模式的变革，例如互联网电子商务的普及，也同

---

① 即由于信息不对称，好的商品遭受淘汰，劣等商品逐渐占领市场，从而取代好的商品。

样为那些小规模新型农业产品提供了更好的销售平台，使其降低成本和增加销售成为可能。

二　未来农业的发展方向

未来农业的总体发展方向将是现代农业的调整、改进和深化，而不是各种新型农业模式对常规现代农业的替代或取代。常规现代农业由于其内在弊端而导致现代农业危机，这种危机还由于农业全球发展的不均衡性而在延续甚至局部地区加剧，这在当前已经基本上成为共识。但是如前文所述，现代农业是在全球大市场背景下建立起来的，具有很强的竞争力和生命力，同时也具备根据资源环境、供求条件变化而变革的能力。在这种意义上，经过更加现代化的农业或非农业技术手段改造的现代农业模式也可以称为一种新型农业模式。也就是说，新型农业模式的类型是多样化的，既有在现代农业的夹缝里产生的替代性农业模式，也有在现代农业体系里产生的改进性现代农业模式。这两大类新型农业模式不是互斥的关系，而是互利共生的关系，缺一不可。现代农业可以从替代性农业那里学习如何消除其弊端的思想、理念和路径；而替代性农业则可以受益于现代农业发展的技术进步成果，这些成果只有在现代农业体系内才有可能产生。随着市场发育的成熟，替代性农业的市场信任危机将逐渐消除，两类农产品销售将形成更加稳定、清晰的市场细分的关系，各自为不同类型消费者服务。

可以看出，替代性农业具有多种正外部效应，有利于社会、生态环境以及消费者利益。如果其发展处于完全自发状态，那么只有当所有这些正外部效应的相应成本由消费者承担，替代性农业模式才有可能存活。如果要认可替代性农业的外部性效益，那么由消费者和社会共同承担相应的成本就成为合理的政策选择。事实上，不仅在中国很早就设立了鼓励发展生态农业、都市农业的中央或地方政策，西方国家、日韩等东方国家也都在鼓励各种新型农业模式的发展，使其能够在夹缝中生存，逐步被市场和消费者接受，并以更加积极、主动的方式推动现代农业的改良和进步。

我们也许可以接受一种更加广义的农业现代化理论（何传启，2012，第112页）。在这种理论中，农业现代化摒弃基于当初社会背景的石油农业的单纯含义，适应当前时代特征的复合性、动态化的最先进农业发展水平以及为了达到这个水平的发展过程。更重要的是，发展所带来的日益严重的资源、环境、健康、食物保障等压力，人们对食品和饮食的多元化需求，以及农业作为一个更加公平、友善的产业体系等当代人类的诉求都应该成为当前农业现代化的核心内容。替代性新型农业模式和常规现代农业的互利共生角色有利于这种广义农业现代化的推进。

参考文献

鲍宏礼：《全球化时代中国农业的可持续发展》，《农村经济》2005年第 7 期。

卞海霞：《跨国合作：全球化视阈下食品安全治理的新构想》，《行政与法》2010 年第 7 期。

柏振忠：《世界主要发达国家现代农业科技创新模式的比较与借鉴》，《科技进步与对策》2009 年第 24 期。

蔡海龙：《美国农业政策支持水平变化特点分析》，《浙江农业学报》2013 年第 5 期。

曹涤环：《国外生物农药的发展概况》，《湖南农业》2004 年第 7 期。

曹定爱：《世界农业科技革命与我国农业科技的发展》，《科技和产业》2002 年第 12 期。

陈大夫、孙宗耀：《美国的农业生产与资源、生态环境保护》，《生态经济》2001 年第 9 期。

陈健鹏：《转基因作物商业化对农业生产的影响及发展趋势》，《农业展望》2009 年第 12 期。

陈秋珍、John Sumelius：《国内外农业多功能性研究文献综述》，《中国农村观察》2007 年第 3 期。

陈晓娟、穆月英：《技术性贸易壁垒对中国农产品出口的影响研究——基于日本、美国、欧盟和韩国的实证研究》，《经济问题探索》2014 年第 1 期。

陈兴华：《印度农业的政策制定和农村发展》，《东方城乡报》2009

年 11 月 24 日。

程国强：《中国农产品出口：增长、结构与贡献》，《管理世界》2004
年第 11 期。

程序：《国际可持续农业运动对中国生态农业发展的影响》，李文华
主编《生态农业——中国可持续农业的理论与实践》，化学工业出
版社 2003 年版。

揣江宇、胡麦秀：《美国技术性壁垒对中美茶叶贸易影响的实证分
析》，《中国农学通报》2013 年第 29 卷第 20 期。

Clive James：《2012 年全球生物技术/转基因作物商业化发展态势》，
《中国生物工程杂志》2013 年第 2 期。

邓家琼：《转基因农业生物技术的产业化、政策与启示》，《西北农林
科技大学学报》（社会科学版）2008 年第 5 期。

邓家琼：《世界农业集中：态势、动因与机理》，《农业经济问题》
2010 年第 9 期。

董捷：《日本农业支持政策及对中国的启示》，《日本问题研究》2013
年第 1 期。

董银果、严京：《食品国际贸易的官方标准与私营标准——兼论与
SPS 协议的关系》，《国际经贸探索》2011 年第 5 期。

弗罗伊登博格：《走向后现代农业》，《马克思主义与现实》2008 年
第 5 期。

高峰、王学真：《美、日、以经验与中国建设现代农业的技术进步选
择》，《经济问题》2006 年第 1 期。

高尚全：《关于农业现代化问题的探讨》，《红旗》1979 年第 3 期。

龚春红：《欧盟现代农业生物技术应用热点》，《生物技术通讯》2009
年第 1 期。

郭洪渊、张团囡、曹永利：《以福利为取向的美国农业保险制度评
介》，《生产力研究》2013 年第 3 期。

韩薇薇：《我国食品安全国际贸易壁垒的原因透析及对策》，《经济导
刊》2011 年第 12 期。

何传启：《世界农业现代化的发展趋势和基本经验》，《学习论坛》

2013 年第 5 期。

何传启主编：《中国现代化报告 2012——农业现代化研究》，北京大学出版社 2012 年版。

胡冰川：《中国农产品市场分析与政策评价》，《中国农村经济》2015年第 4 期。

胡瑞法：《农业科技革命：过去和未来》，《农业技术经济》1998 年第 3 期。

胡树芳编著：《国外农业现代化问题》，中国人民大学出版社 1983年版。

胡笑形、罗艳：《2011 年全球转基因作物发展概况》，《精细与专用化学品》2012 年第 4 期。

黄波、李欣：《日本型直接补贴政策的构建及启示》，《世界农业》2014 年第 1 期。

黄季焜、胡瑞法、Hans van Meijl、Frank van Tongeren：《现代农业生物技术对中国未来经济和全球贸易的影响》，《中国科学基金》2002 年第 6 期。

黄金煌：《农业生物质能源发展现状及建议》，《能源与环境》2008年第 4 期。

黄圣明：《美国"营养转型"的教训》，《光明日报》2006 年 12 月5 日。

黄亚宁：《美国农业可持续发展的三驾马车》，《他山之石》2012 年第 2 期。

Jeffrey Nawn、Suguru Sato：《日本农业生物技术年报（2011 年）》，《生物技术进展》2012 年第 6 期。

贾兆义：《经济全球化背景下的我国生态农业发展》，《信阳农业高等专科学校学报》2010 年第 4 期。

江宏伟：《俄罗斯农业改革绩效的宏观分析》，《俄罗斯研究》2010年第 2 期。

匡廷云、马克平、白克智：《生物质能研发展望》，《中国科学基金》2005 年第 6 期。

姜姝：《欧盟共同农业政策改革的环境气候因素》，《世界农业》2013年第7期。

金丽馥、刘晶：《基于世界粮食危机的我国粮食安全问题的新思考》，《北京行政学院学报》2011年第1期。

金钟范：《韩国亲环境农业发展政策实践与启示》，《农业经济问题》2005年第3期。

柯文：《食品安全是世界性难题》，《求是》2013年第11期。

李宝健、朱华晨：《展望21世纪的农业生物技术——后基因组时代的农业生物技术》，《中山大学学报》（自然科学版）2004年第43卷第1期。

李慧、张光辉：《英国食品供应链管理特点及对中国的启示》，《世界农业》2010年第10期。

黎继子、周德翼、刘春玲等：《论国外食品供应链管理和食品质量安全》，《外国经济与管理》2004年第12期。

李瑞国：《国际农业生物技术发展趋势分析》，《中国农业科技导报》2010年第12卷第4期。

李腾飞、王志刚：《食品安全监管的国际经验比较及其路径选择研究——一个最新文献评介》，《宏观质量研究》2013年第2期。

李腾飞、王志刚：《美国食品安全现代化法案的修改及对我国的启示》，《国家行政学院学报》2012年第4期。

李婷婷：《欧盟农残标准对我国茶叶出口影响的实证研究》，硕士学位论文，华中科技大学，2007年。

李西林：《印度农业支持政策改革的经验及对中国的启示》，《世界农业》2007年第10期。

李争、马春艳、冯中朝：《国外农业生物技术产业政策研究及其对我国的启示》，《农业展望》2007年第9期。

李先德、宗义湘：《农业补贴政策的国际比较》，中国农业科学技术出版社2012年版。

李岩、孙宝玉：《我国农业政策演变及对农业经济的影响》，《农业经济》2012年第5期。

李荣刚、陈新和、吴昊：《发展生物质经济促进可持续发展》，《中国农业科技导报》2006 年第 1 期。

李周：《生态农业的经济学基础》，《云南农业大学学报》2004 年第 2 期。

栗柱：《未来 10 年世界农业前瞻》，《农业展望》2010 年第 8 期。

联合国粮农组织：《农业多边贸易谈判手册》，中国农业出版社 2001 年版。

联合国粮农组织：《粮食展望》（Food Outlook），2014 年第 2 期。

联合国政府间气候变化专门委员会（IPCC）：《第四次评估报告综合报告》，2011 年。

廖少云：《全球环境危机和农业可持续发展模式》，《中国农村经济》2003 年第 1 期。

林艳、蔡文炎：《日本环境保全型农业对中国农业发展的启示》，《台湾农业探索》2010 年第 5 期。

刘合光：《国际农业政策改革的经济影响研究》，中国农业出版社 2009 年版。

刘力、于爱敏：《世界可持续农业发展模式比较研究》，《世界地理研究》2001 年第 3 期。

刘彦随、吴传钧：《农业持续研究进展及其理论》，《经济地理》2000 年第 1 期。

刘垠：《农残新国标让"菜篮子"拎得更放心》，《科技日报》2013 年 1 月 16 日。

刘忠涛、张慧杰、刘合光等：《北美区域农业政策及其效果分析》，《世界农业》2010 年第 3 期。

罗伯茨：《食品恐慌》，胡晓姣、崔希芸、刘翔译，中信出版社 2008 年版。

马晓春：《中国与主要发达国家农业支持政策比较研究》，博士学位论文，中国农业科学院，2010 年。

马晓河、黄蓓：《当今我国利用了多少世界农业资源》，《农业经济问题》2012 年第 12 期。

蒙少东：《浅谈我国食品供应链的瓶颈制约与因应对策》，《商业研究》2007 年第 12 期。

苗齐、钟甫宁：《我国粮食储备规模的变动及其对供应和价格的影响》，《农业经济问题》2006 年第 11 期。

倪洪兴：《非贸易关注与农产品贸易自由化》，中国农业大学出版社 2003 年版。

农业部农产品贸易办公室、农业部农业贸易促进中心：《2008 中国农产品贸易发展报告》，中国农业出版社 2008 年版。

齐思媛、金剑、邵怡兰等：《日本"肯定列表制度"对我国近 5 年向日食品出口贸易分析》，《食品科学》2011 年第 23 期。

热震衡：《巴西农业的发展和问题》，《国际社会与经济》1996 年第 9 期。

任世平：《世界农业技术创新现状与发展趋势》，《全球科技经济瞭望》2009 年第 24 卷第 10 期，第 5—12 页。

任天志、刘艳：《全球经济一体化时代的农业可持续发展问题聚焦》，《沈阳农业大学学报》2002 年第 3 期，第 190—193 页。

日本综合研究所：《ソ連崩壊後のロシアの農業構造、食生活の変化》，日本农林水产省海外农业研究报告，2009 年。

桑东莉：《能源问题对中国农业持续发展的影响及法律应对》，《湖南农业大学学报》（社会科学版）2008 年第 9 期。

［日］山下一仁：《WTO 农业谈判五大怪状》，《国际金融报》2004 年 7 月 2 日第 4 版。

［日］石井圭一：《共通農業政策の改革下における農業構造の変貌》，日本农林水产省研究报告，2009 年。

沈桂芳：《农业生物技术及其产业发展趋势》，《国际技术经济研究》2004 年第 7 卷第 2 期。

石玉林、封志明：《开展农业资源高效利用研究》，《自然资源学报》1997 年第 4 期。

税尚楠：《世界农产品价格波动的新态势：动因和趋势探讨》，《农业经济问题》2008 年第 6 期。

宋莉莉、马晓春：《南非农业支持政策及启示》，《中国科技论坛》
　　2010 年第 11 期。

宋士菁：《评析美国的农业补贴政策及其对中国的借鉴》，《世界经济
　　研究》2003 年第 2 期。

孙国凤、马鑫：《农业生物技术发展现状与展望》，《农业展望》2010
　　年第 11 期。

陶群山：《欧盟共同农业政策的演变及启示》，《重庆社会科学》2010
　　年第 4 期。

田维明：《世界农产品需求演变趋势及其对农业发展的含义》，《农业
　　展望》2010 年第 2 期。

王国华：《TPP 影响下的日本农业政策走向分析》，《江西农业学报》
　　2013 年第 3 期。

王明明、李静潭：《美国、欧盟和日本生物技术产业政策研究》，《生
　　产力研究》2006 年第 10 期。

王晓君、屠云璋、陈晓夫：《中国户用沼气发展现状及建议》，中国
　　沼气网（http：//www. biogas. cn）2013 年 4 月 18 日。

王新志、张清津：《国外主要发达国家农业政策分析及启示》，《农业
　　经济研究》2013 年第 1 期。

王雅芬、马红霞：《90 年代美国农业政策的改革及其影响》，《湖湘
　　论坛》1999 年第 1 期。

王远路、栾淑丽、姜仁珍等：《几种新型农业发展模式简析》，《现代
　　化农业》2003 年第 12 期。

王志刚：《我国农产品冷链物流产业的机遇与挑战》，《中国农村科
　　技》2012 年第 6 期。

王志刚、彭纯玉：《中国转基因作物的发展现状及展望》，《农业展
　　望》2010 年第 11 期。

王志刚、王启魁、钟倩琳：《农产品冷链物流产业发展现状、存在问
　　题及对策展望》，《农业展望》2012 年第 4 期。

王治河：《两型农村和后现代农业》，《"两型"农村与生态农业发展
　　国际学术研讨会暨第五届中国农业现代化比较国际研讨会论文

集》，2009 年 11 月。

温军：《中国可持续发展战略述评》，《西北民族学院学报》（哲学社会科学版）2001 年第 3 期。

吴广义、刘振邦、王秀奎：《现代农业论》，中国社会科学出版社 2011 年版。

吴彤：《现代生物技术在食品检测领域中的应用》，《大众标准化》2011 年第 1 期。

习近平：《走高效生态的新型农业现代化道路》，《人民日报》2007 年 3 月 21 日。

谢国娥、杨逢珉、陈圣仰：《我国食品贸易竞争力的现状及对策研究——基于食品安全体系的视角》，《国际贸易问题》2013 年第 1 期。

谢小蓉：《国内外农业多功能性研究文献综述》，《广东农业科学》2011 年第 21 期。

信乃诠：《走向 2020 年的世界农业和农业科技（上）》，《世界农业》2008 年第 1 期。

信乃诠：《走向 2020 年的世界农业和农业科技（下）》，《世界农业》2008 年第 2 期。

徐宝泉、傅尔基：《巴西农产品贸易促进政策评述》，《蔬菜》2007 年第 12 期。

许建军、周若兰：《美国食品安全预警体系及其对我国的启示》，《世界标准化与质量管理》2008 年第 3 期。

徐晓亮：《世界农产品贸易市场和贸易环境的变化》，《世界农业》2013 年第 12 期。

徐振英：《环境资源与农业可持续发展》，《河南农业科学》2005 年第 7 期。

徐姝：《论食品安全规制的发展趋势及对食品贸易的双重影响》，《经济研究导刊》2008 年第 8 期。

薛桂霞：《日本新农业经营稳定政策分析》，《农业展望》2007 年第 3 期。

杨辉:《对美国农业农村经济发展及金融支持的借鉴与思考》,《时代金融》2012 年第 12 期。

杨军、董婉璐等:《入世 10 年来农产品贸易变化分析及政策建议》,《中国软科学增刊(上)》,2012 年。

杨明亮、彭莹、朱妮:《食品安全在国际贸易中"瓶颈"效应及对策》,《中国卫生法制》2004 年第 2 期。

杨明亮、钱辉、彭莹等:《全球食品安全管理及其发展趋势》,《中国卫生法制》2004 年第 3 期。

杨晓萌:《欧盟的农业生态补偿政策及其启示》,《农业环境与发展》2008 年第 6 期。

杨秀平、孙东升:《日本环境保全型农业的发展》,《世界农业》2006 年第 9 期。

于立安:《21 世纪欧盟共同农业政策发展研究》,硕士学位论文,云南大学,2012 年。

余瑞先:《欧盟的农业环保措施》,《世界农业》2000 年第 11 期。

袁祥州、朱满德:《南非农业政策的支持水平与结构特征——基于生产者支持估计(PSE)指标的分析》,《价格理论与实践》2011 年第 12 期。

曾贤刚:《对"里约 + 20"成果文件中关于绿色经济的解读》,《环境保护》2012 年第 14 期。

张平军:《当代世界的农业科技发展与未来走向》,《农业科技与信息》2012 年第 12 期。

中国农业考察团:《资源小国为什么能成为农产品出口大国——荷兰农业考察报告》,《中国农村经济》1999 年第 5 期。

张陆彪、刘剑文、张忠军:《会议短讯:东盟——日本稻田多功能性会议》,《世界农业》2002 年第 5 期。

张银定、王琴芳、黄季焜:《全球现代农业生物技术的政策取向分析和对我国的借鉴》,《中国农业科技导报》2001 年第 3 卷第 6 期。

张玉环:《美国农业资源和环境保护项目分析及其启示》,《中国农村经济》2010 年第 1 期。

张祝基：《粮价飞涨如何破解世界粮食安全危机》，《人民日报》（海外版）2011年3月24日。

赵文昌、Nigel Swain：《欧盟共同农业政策研究》，西南财经大学出版社2001年版。

中国21世纪议程管理中心可持续发展战略研究组：《生态补偿：国际经验与中国实践》，社会科学文献出版社2007年版。

周莉、刘春明：《食品可追溯体系研究现状》，《粮食与油脂》2008年第7期。

朱启荣、闫国宏、王胜利：《贸易自由化进程中的农业多功能性问题》，《国际贸易问题》2003年第6期。

朱行：《俄罗斯农业政策最新变化及分析》，《世界农业》2007年第12期。

朱行：《食品微营养素强化——消除"隐性饥饿"的有效途径》，《南京财经大学学报》2005年第1期。

朱行：《世界农业强国巴西农业概述》，《粮食流通技术》2009年第3期。

朱宇、邹小宇：《经济全球化条件下我国农业的现状和面临的挑战》，《农村经济》2008年第5期。

宗义湘、闫琰、李先德：《巴西农业支持水平及支持政策分析——基于OECD最新农业政策分析框架》，《财贸研究》2011年第2期。

Aksoy, M. A. and Beghin J. C. （ed.）（2005）, Global Agricultural Trade and Developing Countries, World Bank Working Paper.

Arovuori, K. and Kola J. （2006）, Farmers' Choice on Multifunctionality Targeted Policy Measures, AAEA Annual Meeting, Long Beach, California.

Bohlen, P. J. and House, G. （ed.）（2009）, Sustainable Agro – ecosystem Management, CRC Press, Boca Raton, FL.

Brown, L. R. （2000）, State of the World 2000, W. W. Norton & Company, New York.

Carson, R. （1963）, Silent Spring, Penguin Books：Harmondsworth,

UK.

Cohen, J. E. (2003), Human Population: The Next Half Century, Science, 302: 1172 – 1175.

Commission of the European Communities (1997), White Paper on Food Safety, Brussels.

Dholakia, B. H. and Dholakia, R. H. (1992), Modernization of Agriculture and Economic Development: The Indian Experience, Farm and Business – The Journal of The Caribbean Agro – Economic Society, Caribbean Agro – Economic Society, Vol. 1 (1), March.

Dimitri, C. and Oberholtzer, L. (2009), Marketing U. S. Organic Foods: Recent Trends from Farms to Consumers, USDA ERS Economic Information Bulletin, No. 58.

European Commission (2013), Overview of CAP Reform 2014 – 2020, Agricultural Policy Perspectives Brief, No. 5.

Ernst, W. G. (2000), Earth System: Processes and Issues, Cambridge University Press, Cambridge, UK.

FAO (2005), The State of Food and Agriculture 2005: Agricultural Trade and Poverty, Can Trade Work for the Poor? FAO Agriculture Series No. 36, Rome.

FAO/WHO (2009), Global Forum of Food Safety Regulators, Marrakesh, Morco, 28 – 30 January 2002. FAO, The State of Food Insecurity in the World: Economic Crises – impacts and Lessons Learned. Rome: FAO, 2009: 8, 9 – 11, 49.

FAO, IFAD and WFP (2013), The State of Food Insecurity in the World 2013: the Multiple Dimensions of Food Security. FAO, Rome.

FAO (2010), The State of Food Insecurity in the World, FAO, Rome.

Godfray, H. C. J. , Beddington, J. R. and Crute, I. R. et al. (2004), Improving Our Understanding of Joint Production as the Basis for Multi – Functionality, Contributed paper for the 90th EAAE Seminar.

Vanslembrouck, I. , Van Huylenbroeck G. and Van Meensel J. (2005),

Impact of Agriculture on Rural Tourism: A Hedonic Pricing Approach, Journal of Agricultural Economics, 56 (1): 17 – 30.

Klümper, W. and Qaim, M. (2014), A Systematic Review of GM Crop Impacts, ISB News Report, December 2014.

Molden, D. (ed.) (2007), Water for Food, Water for Life, A Comprehensive Assessment of Water Management in Agriculture, Earthscan, London.

Montgomery, D. R. (2007), Soil Erosion and Agricultural Sustainability. PNAS 104: 13268 – 13272.

Miettinen A. (2004), On Joint Production of Cereals and Grey Partridges in Finland, Contribution paper for the 90th EAAE Conference.

Montgomery, D. R. (2007), Soil Erosion and Agricultural Sustainability. PNAS 104: 13268 – 13272.

National Research Council (1989), Alternative Agriculture, Washington, DC: The National Academies Press.

UNDP (1996), Urban Agriculture: Food, Jobs and Sustainable Cities, United Nations.

Paoletti, M. G. (1989), Agricultural Ecology and Environment, Elsevier Science Publishers, New York.

Parrlberg (2001), Governing the GM Crop Revolution: Policy Choices for Developing Countries. Discussion Paper 33. International Food Policy Research Institute.

Pimentel, D., and Pimentel, M. (2008), Food, Energy, and Society (3rd ed.). CRC Press, Boca Raton, FL.

Pretty, J. N. (2002), Agriculture: Reconnecting People, Land and Nature. Earthscan: London, UK.

Rao, D. S. P., and Coelli T. (2004), Catch – up and Convergence in Global Agricultural Productivity. Indian Economic Review, (39): 123 – 148.

Rezitis, A. N. (2005), Agricultural Productivity across Europe and the United States of America. Applied Economics Letters, (12): 443 – 446.

Sharma R., Konandreas P. and Greenfield J. (1996), An overview of assessments of the impact of the Uruguay round on agricultural prices and incomes, Food policy, 21 (4/5): 351 – 363.

Siikamäki, J. and Ferris, J. (2009), Conservation Reserve Program and Wetland Reserve Program – Primary Land Retirement Programs for Promoting Farmland Conservation, Resources for the Future.

Smil, V. (2000), Feeding the World: A Challenge for the Twenty – First Century. The MIT Press, Cambridge, MC.

Soil and Water Conservation Society and Environmental Defense (2007), Environmental Quality Incentives Program (EQIP), Program Assessment.

Suhariyanto, K. and Thirtle, C. (2001), Productivity Growth and Convergence in Asian Agriculture, Journal of Agricultural Economics, 52 (3): 96 – 110.

Thomas, S. M., and Toulmin, C. (2010), Food Security: The Challenge of Feeding 9 Billion People, Science, (237): 812 – 818.

Tilman, D., Cassman, K. G. and Matson, P. A. et al. (2002), Agricultural Sustainability and Intensive Production Practices, Nature, (418): 671 – 677.

Enneking, U. (2004), Willingness to Pay for Safety Improvements in the German Meat Sector: the Case of the Q&S Label, European Review of Agricultural Economics, 31 (2): 205 – 223.

Wallensteen P. (1976), Scarce Goods as Political Weapons: The Case of Food, Journal of Peace Research, (13): 277.

WHO (1999), Food Safety, EB105/10, 2.

WHO (2000), Resolution WHA 53.15 on Food Safety Adopted by the Fifty – Third World Health Assembly.

World Bank (2008), World Development Report 2008: Agriculture for

Development. World Bank, Washington, DC. 2009.

Yrjölä T, and Kola J. (2004), Society's Demand for Multifunctional Agriculture, Contribution Paper for the 90th EAAE Seminar.